雅学丛
博史论

爱国观念的转化与北美独立运动的兴起

Transformation of the Idea of Patriotism and the Coming of American Independence

何芊 著

北京大学出版社
PEKING UNIVERSITY PRESS

图书在版编目(CIP)数据

爱国观念的转化与北美独立运动的兴起 / 何芊著.
北京：北京大学出版社，2025.2. ——(博雅史学论丛).
ISBN 978-7-301-35958-7

Ⅰ. K712.41
中国国家版本馆 CIP 数据核字第 2025PW0496 号

书　　　　名	爱国观念的转化与北美独立运动的兴起
	AIGUO GUANNIAN DE ZHUANHUA YU BEIMEI DULI YUNDONG DE XINGQI
著作责任者	何芊　著
责 任 编 辑	李学宜
标 准 书 号	ISBN 978-7-301-35958-7
出 版 发 行	北京大学出版社
地　　　　址	北京市海淀区成府路 205 号　100871
网　　　　址	http://www.pup.cn
电 子 邮 箱	编辑部 wsz@pup.cn　总编室 zpup@pup.cn
电　　　话	邮购部 010-62752015　发行部 010-62750672
	编辑部 010-62752025
印　刷　者	大厂回族自治县彩虹印刷有限公司
经　销　者	新华书店
	650 毫米×980 毫米　16 开本　13.25 印张　244 千字
	2025 年 2 月第 1 版　2025 年 2 月第 1 次印刷
定　　　价	58.00 元

未经许可，不得以任何方式复制或抄袭本书之部分或全部内容。
版权所有，侵权必究
举报电话：010-62752024　电子邮箱：fd@pup.cn
图书如有印装质量问题，请与出版部联系，电话：010-62756370

本书系国家社科基金青年项目"国际史视野下的美国早期国族构建研究〔1788—1848〕"(项目号:19CSS019)的阶段性成果

本书的出版获得国际关系学院中央高校基本科研业务费出版资助项目支持(项目编号:3262024T07)

目 录

导 论 …………………………………………………………… 001

第一章　危机初起与殖民地"爱国"观的初步转变 ……… 022
　一、来自母国的"爱国"观 ………………………………… 024
　二、18世纪中期北美殖民地人的"爱国"观 …………… 029
　三、反《印花税法》运动与"爱国"观的转变 ………… 035

第二章　效忠困境与殖民地内部的主权之争 …………… 046
　一、无远弗届的议会主权与殖民地人的效忠困境 ……… 047
　二、议会主权观的拆解与殖民地新主权观的建构 ……… 054
　三、起源话语、殖民地主权与新帝国秩序 ……………… 067

第三章　"共同事业"与"爱国者"的夺权 ……………… 079
　一、"爱国"与"共同事业" ……………………………… 079
　二、"共同事业"与纽约党争 ……………………………… 089
　三、从基层到殖民地的夺权——法外大会的召开 ……… 102
　四、大陆会议 ………………………………………………… 115

第四章　"爱国"与殖民地人的分裂 ……………………… 127
　一、殖民地人的分裂 ………………………………………… 127
　二、辉格-托利之争 ………………………………………… 130
　三、德兰西派的出局与辉格-托利之争的落幕 ………… 138

第五章　"爱国"与"叛国"：美利坚爱国主义问世 …… 150
　一、战争的爆发与"敌我"的对立 …… 150
　二、"爱国"与"叛国"的法理困境 …… 160
　三、"叛国"和"爱国"的反转 …… 170
　四、叛国审判——新的效忠关系的严厉界定 …… 174

结　语 …… 180

参考文献 …… 184

后　记 …… 206

导 论

美国革命是一项"爱国的事业"（patriot cause）①，这不仅是后世史家在革命史书写中常用的说法，对于革命的亲历者来说，更是他们借以体验、理解和阐释这场变革的核心观念。革命时期，patriot、patriotic以及patriotism等以"爱国"为词根的词语盛行一时。如果只从字面涵义上理解这些词语，容易将美国建国以前的"爱国"与19世纪开始成为意识形态的爱国主义相混淆，忽视殖民地人在当时使用这些语言的动机、逻辑和情感。为什么美国革命是一项"爱国的事业"？要解决这个问题，需要将"爱国"放回18世纪中后期北美殖民地的政治语境中去理解。具体说来，就是要回答以下三个问题：18世纪的"爱国"意味着什么？殖民地人为什么要用"爱国"话语来描摹反英的事业？在反英独立的过程中，殖民地人的"爱国"观念产生了哪些变化？在18世纪中后期的北美殖民地，"爱国"观念经历了一场剧变：它从英美世界共享的语义体系中分离出来，从依附观念转向独立观念，从效忠观念转向反叛观念。若能把握"爱国"观念的转变过程，就能理解"爱国的事业"的"命名逻辑"，从而在话语的剧变中窥探到殖民地人对于独立的体会、理解与态度。然而"爱国的事业"问题并不是美国革命史学界的传统命题。因此，为了论证该问题是否成立，是否有研究价值，为该问题找到

---

① 18世纪中后期在北美殖民地广泛流行的patriot、patriotic以及patriotism等词语，按习惯译为"爱国"，但此"爱国"与现代意义上以主权领土为对象的"爱国"与"爱国主义"概念并不一样。此外，本书题为"北美独立运动"，严格来说，也并不准确。但从国内的历史叙述系统来看，"北美殖民地"的术语从习惯上就是指英属北美十三个殖民地，从这个意义上说，本书题为"北美独立运动"，但研究范围也仅限于讨论后来组成美利坚合众国十三州的英属北美诸殖民地。

合适的问题域就显得至关重要。

得益于丰富的美国革命史研究，美国革命与"爱国事业"之间的关联，实际上已在不同的学术语境中被前辈学人加以阐释。最无法忽略的成果来自共和主义学派对"爱国"的解析。美国革命的共和主义范式兴起于20世纪60年代，奠基者是伯纳德·贝林（Bernard Bailyn）与戈登·伍德（Gordon Wood）。这一派学者的研究用共和主义的意识形态重新界定了美国革命的主题，引发了革命史学界长达数十年的共和与自由之争，但"爱国"话语并不是这场学术论战中的主角。从共和主义的角度关注到"爱国"话语的是J. G. A. 波科克。80年代中期，波科克在回应"共和-自由"之争时，将美国革命时期的"爱国"解释为贯穿了古典共和主义向现代民主共和制政体过渡的一个"见证"性概念。

波科克认为"爱国"观念在英国政治文化传统中有着独特的内涵。"爱国"话语植根于英国17世纪到18世纪的政治转型与变革之中，逐渐成为英国政治反对派话语的代称。在古典共和主义的传统中，"爱国"意味着与英国辉格掌权派治下的政治现实运作截然不同的一套政治理想。共和式的政治理想要求权力的不同分支彼此独立，任何分支试图干涉其他部门的行为都是"腐败"。可是光荣革命之后，英国政坛恩庇成风，私利蔓延，"腐化"不断。这在政治边缘群体看来亟待改革。作为古典共和主义价值观的象征，"爱国"成为辉格反对派、托利派以及激进主义者们用来表达政治不满的反对派话语的核心观念，一直卷在英国上层的派系斗争与社会不满的激进情绪中，随时被反对派赋予新的内涵。从18世纪60年代开始，以年金和头衔不断扩充王权影响力的乔治三世及其内阁成为英国反对派以古典共和主义标准加以责难的对象。乔治三世的作为使得博林布鲁克的"爱国君主观"（patriot king）理想失去了最后的吸引力，而国王的大臣们也不再是捍卫人民自由的"爱国者"。"人民"自身成了唯一真正的"爱国者"。作为政治权力的来源，人民有权在政治腐败盛行时，行使改变政府的权利。这股"激进的洛克主义"思想促使共和主义的核心由政治的独立性转变为人民主权的原则。北美殖民地在向州转变的过程中，率先尝试将古典共和的原则与理念付诸政治实践。随着古典共和试验的失败，代表制民主在美国更快地成为政治现实。①

波科克在贝林和伍德研究的基础之上，为"爱国"的问题提供了共和主义范式的回答。美国革命乃是一场基于古典共和主义意识形态而发动的革命。美国革命最终改写了古典共和主义的理念。"爱国"话语在革命前后的延续性见证了美国革命的共和主义传统。共和学派的研究为美国革命时期的"爱国"观在17—18世纪的英美政治思想谱系与政治文化中找到了合理的位置，也揭示了"爱国"与其他共和主义的政治概念，比如美德、腐败等等之间的相关性。不过共和学派学者们的关注重点始终不在"爱国"观念本身，因而并未将"爱国"观念放在美利坚独立建国的社会语境中作更加细致的考察。②

20世纪八九十年代，受国族主义范式的影响，美国史学界开始关注美国早期的国族认同问题。③ 与国族主义研究同时兴起的，还有史学视角的向下转移以及政治文化研究的盛行。在这三股学术潮流的共同作用下，美国早期史研究出现了不少通过革命仪式、街头游行与庆典礼仪来研究美利坚国族认同的论著。④ 这些研究在取材上由

---

① J. G. A. Pocock, "The Varieties of Whiggism from Exclusion to Reform: A History of Ideology and Discourse", *Virtue, Commerce, and History: Essays on Political Thought and History, Chiefly in the Eighteenth Century* (New York: Cambridge University Press, 1985), pp. 215-310, esp. 258. 269-271; Gordon Wood, *The Creation of the American Republic, 1776-1787*, (Chapel Hill, NC: The University of Carolina Press, 1969); 李剑鸣：" '共和'与'民主'的趋同——美国革命时期对'共和政体'的重新界定"，载《史学集刊》2009年9月第5期，第3—26页。

② 关于社会语境和思想语境，以及波科克、贝林和伍德在这两种语境方面的偏重，参见李剑鸣：《戈登·伍德与美国早期政治史研究》，《"克罗齐命题"的当代回响——中美两国美国史研究的趋向》，北京：北京大学出版社，2016年，第265页。

③ 20世纪八九十年代兴起的国族主义思潮主要是受本尼迪克特·安德森《想象的共同体》一书的影响，见本尼迪克特·安德森：《想象的共同体——民族主义的起源与散布》，吴叡人译，上海：上海世纪出版集团，2005年。

④ 80年代就开始以象征和仪式来考察美国革命的研究，如：Peter Shaw, *American Patriots and the Rituals of Revolution* (Cambridge: Harvard University Press, 1981); 以国族认同为核心解释概念的研究，如：David Waldstreicher, *In the Midst of Perpetual* (转下页)

传统的历史文本与档案记载转向了政治行动；在研究对象上从闭门开会的政治精英转向了在户外行动的普通民众；通过阐释民众政治行动背后的深意，来考察美利坚国族认同的形成与美利坚国族的特性。贯穿这类研究的核心主题之一是美利坚民众对于新国家的态度、诉求以及情感。民众的政治行动与政治表达既构成了新的美利坚共和国凝聚国族认同的重要环节，又成为美利坚国族主义的主要特征。这类研究在学理上主要有两方面的贡献。其一，国族主义的视角被引入了早期史的研究，突破了19世纪90年代美国史学界将美国国族构建限定在19世纪的思维框架。① 其二，这些研究成果改写了国族主义理论中对于统一性与一致性的定义。国族主义要求以国族为核心形成广泛聚合、普遍认可并且内容同质的认同观念。② 但20世纪八九十年代的这批研究成果则更多地关注国族认同的形成过程。国族主义研究从对国族性的静态描述转变成了对认同观形成过程的动态考察。将美利坚国族主义重新放回历史语境中，按照戴维·瓦尔德施特赖歇尔（David Waldstreicher）的说法，就是要对国族主义"去特殊化"，将国族主义视为随时在与其他意识形态相竞争的思想观念。于是，美利坚的国族主义成为随历史阶段变化而展现出相应不同特征

（接上页）*Fetes, The Making of American Nationalism, 1776–1820* (Chapel Hill: University of North Carolina Press, 1997); Len Travers, *Celebrating the Fourth: Independence Day and the Rites of Nationalism in the Early Republic* (Amherst, MA: University of Massachusetts Press, 1999); Benjamin H. Irvin, *Clothed in Robes of Sovereignty—The Continental Congress and the People Out of Doors* (New York: Oxford University Press, 2011);对于共和国初期的印刷文化与国族构建之间的关系，参见 Michael Warner, *The Letters of the Republic-Publication and the Public Shpere in Eighteenth-Century America* (Cambridge: Harvard University Press, 1990)，尤其是最后一章，通过对共和国早期小说的分析，揭示出共和国早期产生了与官方共和主义话语相抗衡的国族主义意识形态。

① 参见 John Bodnar, *Bonds of Affection-American Define Their Patriotism* (Princeton: Princeton University Press, 1996); Cecilia Elizabeth O' Leary, *To Die For: The Paradox of American Patriotism* (Princeton: Princeton University Press, 1999)。

② 国族主义的核心概念中有三个基本理想：自治、统一和认同，参见安东尼·史密斯：《民族主义——理论、意识形态、历史》（第二版），叶江译，上海：上海世纪出版集团2011年，第27—31页。

的流动性概念。①

20世纪八九十年代采取国族主义范式的学者为美国建国之初的国族构建提供了一套比较完整的叙事。在这个叙事框架之中，美利坚的国族认同始于1776年独立。独立战争期间，持有国族主义立场的政治精英设计了诸多促进国族认同的仪式和机制，旨在克服地区主义、利益纠葛与派系斗争，激发国族统一与共同的情感。民众对这些政治庆典与仪式的广泛参与证明了新国家的国族认同正在成型。联邦宪法的制定作为革命的"成果"，既宣告了革命的结束，也为美利坚下一阶段的国族构建提供了一个共同的基点。国族主义命题中对共同认同的追寻，终于在联邦宪法中找到了落脚点。正如约翰·默林（John Murrin）所说，联邦宪法的通过既意味着"美利坚国族主义的胜利"，也为此后接连不断的政治斗争设定了基本的边界与约束。联邦宪法成为"更深层面的国族认同"。②

不难发现，以国族主义视角解释美国革命的研究是将新国家如何从革命中诞生作为核心主题。这类研究几乎完全摒弃了共和学派对于革命的解释。③ 在国族构建的命题之下，美利坚人的"爱国"话语和观念被完全等同于国族主义话语。"爱国"与革命的关联消融在了对革命与国族构建的讨论中，不再构成一个有独立讨论意义的问题。不过，也有学者认为，这类对美国革命的国族主义阐释过分夸大了1776年之后美利坚人对于新国家的认同。在独立战争期间，除了政治仪式、祝酒词和纪念日游行之外，实际上很难再有其他史料来佐证这一时期存在普遍且共同的国族认同，反而有大量史料支

---

① Waldstreicher, *In the Midst of Perpetual Fetes*, pp. 6-7.
② John M. Murrin, "A Roof without Walls: The Dilemma of American National Identity," *Beyond Confederation: Origins of the Constitution and American National Identity*, ed. Richard Beeman, Stephan Botein, and Edward C. Carter II (Chapel Hill: University of North Carolina Press, 1987), pp. 345-347.
③ Waldstreicher, *In the Midst of Perpetual Fetes*, p. 7, note. 11.

持与此相悖的结论。①

由于国族主义范式本身的发展，以国族主义视角阐释美国早期史的研究也存有各种争论，其中美利坚国族何时起源就是争论焦点之一。② 20 世纪八九十年代的这一批研究成果特别强调美利坚的国族认同产生于 1776 年之后，尤其是共和国初期。这种学术共识其实是在回应上一辈学人所倡导的美利坚国族的殖民地起源说。20 世纪 60 年代，美国学界受到"民族自决"与去殖民化浪潮的影响，以国族主义范式关照美国革命的研究多强调美利坚国族形成于革命之前。1776 年之前业已成型的美利坚国族提出的"民族自决"要求支撑了独立战争的正当性。这成为论证独立战争正当性的关键。③ 戴维·M. 波特（David M. Potter）就曾指出：这类研究中的国族主义不再是简单的描述性概念，而更多地成为一种评价标准；国族主义不再是研究的对象，而成为论证的目标。波特将国族主义的研究分为"制度路径"与"心理分析路径"，他的批评主要针对前者。④ 以汉斯·科恩（Hans Kohn）为代表的"心理分析路径"则侧重于对美利坚国族主义特性的剖析。科恩认为，在缺乏共同的宗教、固定的疆域、共有的文化与传统的情况下，殖民地人对英国自由的普遍认同构成了美利坚国族主义萌发的起点。美国革命将原本由国王与议会授予的臣民自由进一步推向了自然权利的高度，将启蒙时代的思想观念变成了政治现实；美国革命也从此被赋予了实践人类使命的重大意义。美国革命产生的"普世"意义激发了美利坚人的使命感和优越感，这又进一步强化和巩固了新生的美利坚

---

① Michael McDonnell, "National Identity and the American War for Independence Reconsidered", *Australasion Journal of American Studies*, Vol. 20, No. 1 (July 2001), pp. 3–17.

② Jasper M. Trautsch, "The Origins and Nature of American Nationalism", *National Identities*, Vol. 18, Issue. 3, 2016, p. 291. (https://doi.org/10.1080/14608944.2015.1027761)

③ Trautsch, "The Origins and Nature of American Nationalsim", pp. 292–293.

④ David M. Potter, "The Historian's Use of Nationalism and Vice Versa", *The American Historical Review*, Vol. 67, No. 4 (Jul. 1962), pp. 924–950, esp. 926–928.

国族主义观念。① 科恩的研究折射出当时的冷战意识形态,他所勾勒的美利坚国族主义起源无异于一曲对自由主义的赞歌。在他的笔下,美利坚国族成了一种国族主义的理想形态,这不仅为东-西方二元论中的西方优越性提供了论据,而且融入了支撑美国国际领导地位的新意识形态。②

无论是以国族起源论证美国独立的正当性,还是将美利坚的国族起源构建为实践人类自由的使命召唤,20 世纪中期的这一批国族主义研究成果都因为时代主题的转变而遭到摒弃。当八九十年代的早期史学者再次拾起国族主义范式时,他们首先对国族主义本身进行了再界定。他们借用了本尼迪克特·安德森的理论,将美利坚国族视为"想象的共同体"。③ 在此基础之上,如何想象国族,通过哪些方式与媒介来想象国族就成为八九十年代史家研究早期国族构建的主题。除了瓦尔德施特赖歇尔将民众在街头的活动视为国族形成的重要环节之外,本杰明·欧文(Benjamin Irvin)也从大陆会议着力构建美利坚物质与仪式传统的内容入手,分析了新国家努力营造共识并汲取政治效忠的国族构建过程。④

国族主义范式在八九十年代的转向一方面重新界定了国族主义的概念,扩展和丰富了国族研究的内容,另一方面也建立了以独立为开端,集中于建国初期探讨美利坚国族源起与构建的新传统。这种人为的分期制造了新的割裂。独立前夕殖民地人与母国抗争过程中采取的行动、形成的话语以及累积的观念,在新的国族构建叙事中都被浓缩

---

① Hans Kohn, *American Nationalism, An Interpretative Essay* (New York: The Macmillan Company, 1957), pp. 3-37.

② Andre Liebich, "Searching for the Perfect Nation: the Itinerary of Hans Kohn (1891-1971)", *Nations and Nationalism*, Vol. 12, Issue. 4, 2006, pp. 579-596.

③ 有学者认为,英属美利坚殖民地的革命是安德森"想象的共同体"概念最好的示例,见 Don H. Doyle and Eric Van Young, "Independence and Nationalism in the Americas", in *The Oxford Handbook of the History of Nationalism*, ed. John Breuilly (Oxford: Oxford University Press, 2013), p. 103。

④ Irvin, *Clothed in Robes of Sovereignty*.

为了开篇或者序章。帝国危机的十年与独立的宣告都成为这种范式中的研究起点。殖民地人与母国的抗争，以及抗争与独立之间的关联，都退出了国族主义范式的研究视野。国族主义不再构成对美国革命成因的解释，转而成为与革命伴生的政治文化现象。

综合共和学派和国族主义范式的研究成果来看，两种学术路径都将"爱国的事业"问题化约在了对美国革命的解读之中。在共和主义范式的研究中，"爱国"既是古典共和主义的美德，又是人民主权原则制度化过程中的见证。在国族主义的视角之下，"爱国主义"是美利坚国族观念的话语表征，殖民地人话语中的"爱国"被完全等同于国族主义。颇为蹊跷的是，两种学术脉络之间甚少有对话和交流。T. H. 布林（T. H. Breen）在20世纪90年代后期曾尝试糅合意识形态、国族主义与跨大西洋视角三种学术取向，力求为美国革命的源起做出新的解释。布林认为，在18世纪上半叶，尤其是到了18世纪中期，殖民地人仍坚信其大英帝国的臣民身份，并且以之为荣。这种帝国认同在七年战争期间达到了顶峰。然而，美利坚人的"帝国爱国主义"并没有帮助他们融入以英格兰本土为核心的英国国族认同之中。美利坚人很快发现，他们只是英帝国中的次等臣民。当殖民地人发现自身被剥夺了英国臣民的特权（自由），这种次等身份造成的"羞辱感"迫使殖民地人走向了从帝国分离的道路。布林的本意是要在"共和-自由"的学术之争中为洛克式自由主义张目。他分析了殖民地人被排斥在英国认同之外的心理失衡，并以此作为社会语境，论证自然权利话语才是殖民地末期主导性的思想资源。布林将国族主义的路径再次拉回到解释革命起源的问题域中，并且试图在共和主义与国族主义两种路径之间建立一定的联系。①

"爱国的事业"问题在两类范式中被触及，但仍有进一步探讨的

---

① T. H. Breen, "Ideology and Nationalism on the Eve of the American Revolution: Revisions Once More in Need of Revising", *The Journal of American History*, Vol. 84, No. 1 (Jun., 1997), pp. 13–39; Bernard Bailyn, *The Ideologial Origins of the American Revolution*, enlarged edition(Cambridge: The Belknap Press of Harvard University Press, 1992).

学术可能。首先,"爱国"是殖民地人抵抗话语中的高频词,足以单独构成研究主题。从前人研究来看,殖民地人的"爱国"观从未成为美国史学界用以理解美国革命的核心概念。如果将殖民地人的"爱国"话语和观念作为核心内容来考察,那么无论是古典共和美德还是国族主义的想象与认同,都是包容于"爱国"观之中的组成部分。也许正是因为殖民地人"爱国"话语当中所展现的包容性与多面性,"爱国"观念在以上两支学术脉络中都没有清晰的学术地位,只是作为相关或边缘的概念而存在,一直没有得到足够的重视。

其次,通过梳理殖民地人的"爱国"观及其相关观念可以发现,独立前夕的殖民地已经出现了以美利坚自由为核心、凝聚政治认同的国族主义倾向。这并不是要重回科恩时代的国族主义阐释。科恩将美利坚人对自由观的认同植入了美利坚国族主义的起源叙事。但他的研究结论一方面因强烈的意识形态指向而被美国早期史学者所摈弃,[1] 另一方面他过于强调英美自由传统在美国国族形成中的延续性,无法解释美国革命的源起问题。共和学派的兴起进一步弱化了自由观、国族主义与美国革命之间的关联性。八九十年代复兴的国族构建研究将国族主义重新界定为一种描述性的解释概念。然而在对美利坚国族主义去特殊化的同时,这些学者也不再以国族主义的视角来分析与描述革命之前的殖民地抗争。布林重建了自由观、国族主义以及革命源起之间的关联,并且以"被排斥的认同"解释了革命的爆发。布林的研究极具启发性。他将自由观念作为英美政治传统延续性的联结点,但以国族主义的排他性揭示了美利坚人不被容于英国率先成型的国族主义的事实,为殖民地与母国之间最终爆发的冲突提供了新的解释。布林的结论建立在他对18世纪中后期英美国族主义发展不均衡的基本判断之上,因此忽视了殖民地人在与母国抗争过程中逐渐展现的国族主义倾

---

[1] Max Savelle, "Review of American Nationalism: An Interpretative Essay by Hans Kohn", *The American Historical Review*, Vol. 63, No. 3 (Apr., 1958), pp. 692-693.

向。自由观、古典共和美德、国族主义以及美国独立的缘起，这些思想、概念与事件之间的关联仍有进一步探讨的余地。从独立前夕殖民地人政治话语中的"爱国"观入手来考察，就可以重新理解这一时期殖民地人思想观念变动中自由观、古典共和美德、国族主义与独立之间的关系。

最后，通过梳理前人研究不难发现，"爱国的事业"问题已被早期史学者们内嵌于对美国革命缘起的阐释之中。如果要承继前人的问题指向，进一步拓宽学术的对话空间，还有必要就革命思想缘起的研究稍作回顾。

美国革命的思想起源一直是革命史学界无可回避的命题。贝林在他的《美国革命的意识形态渊源》一书中用英国反对派话语解释了殖民地人的焦虑、恐惧和猜忌心理，既阐明了殖民地人借以发动革命的思想资源，又将大众心理纳入了对革命起源的解释，开创了以政治文化方法研究革命起源的新框架。贝林对美国革命的观念溯源是近三十年来影响最盛的学说。① 在贝林之后讨论美国革命的思想动因，无论是否同意贝林，都不同程度地受到了贝林观点的影响。②

贝林的阐释颠覆了革命受洛克自由主义思想驱动的传统看法，引来了持自由主义观点的学者的反击。③ "共和-自由"之争深化了美国学界对于革命起源、性质和意义的理解。④ 即便是坚持将自由主

---

① Bailyn, *The Ideological Origins of American Revolution*; 对于贝林治史路径及其影响力的分析，参见李剑鸣：《伯纳德·贝林的史学及其启示》，《"克罗齐命题"的当代回响——中美两国美国史研究的趋向》，第 197—225, 201 页。

② Robert E. Shalhope, "Republicanism and Early American Historiography", *The William and Mary Quarterly*, Vol. 39, No. 2 (Apr., 1982), pp. 334-356.

③ 从卡尔·贝克尔开始直到贝林以前，美国史学界就一直将洛克及其自然权利理论视为理解革命思想动因的圭臬，参见 Carl Lotus Becker, *The Declaration of Independence, A Study in the History of Political Ideas* (New York: Harcourt, Brace And Company, 1922); Louis Hartz, *The Liberal Tradition in America* (New York: Harcourt, Brace, and World, Inc, 1955).

④ Robert E. Shalhope, "Toward a Republican Synthesis: The Emergence of an Understanding of Republicanism in American Historiography", *The William and Mary Quarterly*, Vol. 29, No. 1 (Jan., 1972), pp. 49-80.

义视作美国革命主旨的学者,也改变了对自由主义的阐释方式,为自由主义找到了新的社会语境。乔伊丝·阿普尔比(Joyce Appleby)即为其中翘楚。阿普尔比将自由主义在中下层民众中的普及置于前现代向现代世界转型的大框架之中来讨论。她强调由经济发展造成的一系列社会经济关系变动,以及道德伦理的发展与大众心态的调整。在这样的社会语境中,以自由贸易和追逐私利为核心的自由主义才是顺应市场经济发展潮流的时代观念。① 对于阿普尔比而言,"共和-自由"之争关涉如何定义美利坚国民性的根本问题。② 阿普尔比将美国革命与自由主义的关联放置在资本主义与现代化的大脉络中进行考察,成功地将自由主义带回到讨论革命与国族性的学术视野之中。但是,阿普尔比在用相对宏大的视角重建自由主义社会语境的同时也牺牲了以更为具体的历史事件构建历史阐释的路径。因此阿普尔比的国族主义只是用来概括与抽象美利坚人民整体的学术名词,没有进一步成为解释性的学术概念。

也有一些学者试图绕开"共和-自由"之争,对美国革命的思想渊源提出新的解释。加里·威尔斯(Garry Wills)将《独立宣言》和托马斯·杰斐逊重新放回 18 世纪中后期的文本语境与社会历史语境当中考察。威尔斯认为,对杰斐逊影响最大的思想资源既不是洛克式的自由主义,也不是英国反对派的古典共和主义,而是欧洲的启蒙思想。尤其是 18 世纪中叶苏格兰启蒙思想家的道德哲学与政治观念,比如托马斯·里德(Thomas Reid)、弗朗西斯·哈奇森(Francis Hutcheson)、大卫·休谟(David Hume)与亨利·霍姆(凯姆斯勋爵)(Henry Home [Lord Kames])等人的观念,就对杰斐逊以及

---

① Joyce Appleby, "The Social Origins of American Revolutionary Ideology", *The Journal of American History*, Vol. 64, No. 4 (Mar., 1978), pp. 935-958.

② Joyce Appleby, "Liberalism and Republicanism in the Historical Imagination", *Liberalism and Republicanism in the Historical Imagination* (Cambridge: Harvard University Press, 1992), p. 12.

《独立宣言》的起草有着重要影响。①

另辟蹊径的还有马克·埃格诺（Marc Egnal）。埃格诺避开传统的政治思想，回到了进步主义学派常用的党派概念与政治经济视角。他按照殖民地政治精英内部看待美利坚前景的不同态度，将各殖民地的上层精英划分为"扩张主义者"与"非扩张主义者"。"扩张主义者"坚信美利坚能够成为一个伟大的"帝国"，"非扩张主义者"则对殖民地的实力与未来缺乏信心。美利坚殖民地在18世纪的发展就是持有不同愿景的两派不断斗争的过程。对殖民地当前实力的信任与未来远景的信心促使"扩张主义者"一步步走向了脱英独立的道路。美利坚的独立成为"扩张主义者"实现"伟大帝国"的必经之路。②

21世纪以来美国革命史领域内部出现了"帝国转向"。③ 受这一学术风潮的影响，新一代的革命史学者对于美国革命的思想起源也有了不同的阐释。克雷格·伊鲁什（Craig Yirush）以不列颠第一帝国作为叙事框架，追溯了18世纪60年代殖民地人挑战英国政治权威的思想渊源。伊鲁什认为，殖民地问题从光荣革命时期就已经出现。在将近一个世纪的时间中，大西洋两岸一直未就殖民地人的权利达成有效的共识。在与母国争夺殖民地人权利的过程中，基于平等臣民、契约权利和财产权利的帝国观念在北美殖民地产生。美国革命的爆发既是因为原有的跨大西洋法律与权利话语不再能够处理跨洋帝国的复杂问题，也是因为殖民地人的帝国观始终无法得到帝国中心的承认。④

---

① Garry Wills, *Inventing America, Jefferson's Declaration of Independence* (Garden City, NY: Doubleday & Company, Inc. 1978), pp. 173-255.

② Marc Egnal, *A Mighty Empire, The Origins of the American Revolution* (Ithaca: Cornell University Press, 1988).

③ 新帝国范式的主要倡导者是戴维·阿米蒂奇（David Armitage），参见 David Armitage, *The Ideological Origins of the British Empire* (Cambridge: Cambridge University Press, 2000)。

④ Craig Yirush, *Settlers, Liberty and Empire: The Roots of Early American Political Theory, 1675-1775* (New York: Cambridge University Press, 2011), pp. 15-19, 263-264.

以上这些研究从不同侧面剖析了美国革命的思想起源，它们有着共同的趋向：研究者多注重长时段中思想观念的转型，相对轻视短时段中观念和话语如何被具体使用的微观社会语境。① 在这些长时段的视角下，美国革命变成了一个整体，独立前殖民地人的抗争、独立的宣告、独立战争、邦联的成立与联邦立宪等等这些历史事件都被"整体压缩"成了美国革命。长时段的取向固然带来了深刻的见解，但也不可避免忽视了美国革命本身所蕴含的阶段性与变动性。这种将美国革命"整体化"的认识取向产生了一个直接后果：因革命而产生的思想变动与观念转型反而成了回顾革命思想缘起时难以去除的"滤镜"；现代革命观的兴起及其深刻的影响力使得后世学者在重新理解革命时不得不带上了"后见之明"的视角。

　　现代革命概念是 18 世纪的产物。"革命"的原意是指有规律的天体旋转运动。"革命"在进入政治领域之后，其所指代的事件也相应地具有了"周而复始"且"不可抗拒"的意味，比如光荣革命中的"革命"实际表达的就是复辟。② 莱因哈特·科泽勒克（Reinhart Koselleck）将现代革命概念的出现归结为现代性的产物。科泽勒克认为，在法国大革命之后，革命开始与内战、叛乱、造反等所指类似的术语相区别，出现了独具现代性意味的概念特征。革命从描述周而复始的往复运动的名词转变为指代政治变革、社会解放与实现理想等宏大事件的概念和术语。革命被赋予了进步、革新、永恒与绝对等一系列命题和价值，尤其是革命本身成了合法性的来源与依托。只要成为革命，革命者以革命来论证其手段的正当性就成为理所当然的逻辑。③ 阿米蒂奇看到了这种现代革命观对理解美国革命造

---

① 在美国革命的思想观念起源这个相对狭窄的领域，似乎并未出现阿米蒂奇所说的"长时段的消退"。关于阿米蒂奇号召历史学回归长时段思维，见乔·古尔迪、大卫·阿米蒂奇：《历史学家宣言》，孙岳译，上海：上海人民出版社，2017 年。

② 汉娜·阿伦特：《论革命》，陈周旺译，南京：译林出版社，2007 年，第 31 页。

③ Reinhart Koselleck, "Historical Criteria of the Modern Concept of Revolution", *Futrue's Past, On the Semantics of Historical Time*, translated by Keith Tribe (New York: Columbia University Press, 2004), pp. 43–57.

成的认识障碍。他在科泽勒克的基础上进一步指出，革命与内战这一对语义相近的概念在17、18世纪被逐渐剥离，其实是启蒙思想服膺者刻意建构的结果，大部分的现代革命本质上都是内战。阿米蒂奇对内战概念的强调是为了破除现代革命概念对理解革命造成的干扰。虽然其观点颇有争议，但他试图以现代革命观产生之前的历史概念来重新理解美国革命的做法的确富有启发性。①

阿米蒂奇通过挖掘现代革命概念出现以前的内战概念，尝试将研究视角从"后见之明"拉回到原本的历史语境中。如果以这种"祛魅"革命概念的思路重新审视前人对美国革命思想缘起的解释，不难发现，前人研究多以革命的意义解释革命的缘起，虽然见解深入，但仍有未竟之义。从18世纪中后期北美殖民地人的角度来说，他们尚未形成任何现代革命的观念，也无法预见革命时代的到来。对他们而言，现代革命所自带的合法性话语还未出现。剥离了革命合法性带来的正当性支撑之后，一个问题随即浮现：在反英运动成为革命之前，殖民地人如何自证其言论与行动？尤其在宣布独立之前，殖民地人一直自认为英王臣民，效忠与臣服就是臣民应尽的义务，他们对英国政策的抵制与反抗始终笼罩在潜在的叛国罪阴影之下。身为英王臣民，如何在一个君主制当道的时代语境中合理合法地反抗君主，并以叛乱的方式谋求独立？如何在意识形态层面化解效忠君主与捍卫自由产生的张力以及由此产生的思想和道德困境？梳理殖民地人对于"爱国"的使用、讨论以及相关概念的转化恰好可以为理解美国独立的到来提供新的视角。

本书试图从殖民地人的视角与立场出发，讨论他们在革命的合法性观念出现之前，如何论证反抗母国的言论与行动，如何纾解殖民地人的英王臣民身份与不服英国管制之间的矛盾，如何化解实际上的叛国行为所带来的道德与政治压力。本书试图提出，在现代革

---

① David Armitage, "Civil War in an Age of Revolutions: the Eighteenth Century", *Civil Wars, A History in Ideas* (New York: Alfred A. Knopf, 2017), pp. 121-160, esp. 122-123.

命概念出现以前,殖民地人通过对传统"爱国"观的改造,纾解了道德与政治困境,论证了反英与独立的正当性。

从"爱国"观入手讨论殖民地人的抗争逻辑并不是要提出一套全新的思想观念取代前人对革命缘起的解释,而是要以"爱国"为核心重新理解殖民地人在抗争过程中对于不同思想资源的组合与安排,这就必然涉及"爱国"与其他相关概念之间的关联。这些相关概念有两个来源,一是来自以往涉及"爱国"研究的提炼,比如古典共和美德和国族主义等;二是来自殖民地人"爱国"言辞的指向,比如自由、效忠、主权、共同事业、辉格派、叛国等等。要说明"爱国"观与这些概念之间的牵连,需要借鉴来自政治意识形态理论的分析方法。

20世纪90年代后期,政治学家迈克尔·弗里登(Michael Freeden)提出了一套理解政治概念与政治意识形态的"构词学"(morphology)路径。弗里登将政治概念的形成分解为三个层次:"不可磨灭的成分"(ineliminable component)、"逻辑毗邻"(logical adjacency)与"文化毗邻"(cultural adjacency)。不可磨灭的成分指的是一个概念最为核心的内容,一旦失去了这个内容,相应的概念也就随之瓦解。逻辑毗邻是在逻辑上临近概念核心内容的其他观念,而文化毗邻则是限制和决定哪些在逻辑上接近概念核心的内容可以最终构成概念的文化因素。文化毗邻往往是造成不同意义的内容进行组合或分化的社会和历史环境。而弗里登对于意识形态的构成分析基本照搬了他对政治概念的解读。他将意识形态分解为核心概念、毗邻概念与边缘概念。核心概念决定意识形态的最本质内容,比如自由之于自由主义。毗邻概念决定意识形态的构成。边缘概念是与核心概念在观念与情感上不直接相关的内容,因为历史的层累保留在了意识形态的概念组合之中。意识形态是不同概念的组合。毗邻概念、边缘概念与核心概念之间关联的变化会产生概念次序的变动,进而改变意识形态的特性。意识形态也会变更其"麾下"概念的意义构成,消除概念之间的语义冲突。一套意识形态所蕴含的每个概念都有其在这套意义体系中独有的内涵与地位。①

本书用以论述殖民地人"爱国"观转变的取材,可以从弗里登意识形态研究范式中折射出合理性,但具体的论述与最终的指向并非完全照搬其解释框架。独立前夕殖民地人的思想观念处在激烈的变动和持续的冲突之中,与现实中的政治行动关系更为紧密,受政治剧变的影响更直接,这些特征使得弗里登的解释框架无法完全契合殖民地人新旧意识形态更迭的历史过程。弗里登理论框架的分析对象是 20 世纪的政治意识形态,尤其是自由主义、保守主义与社会主义。现代政治话语的复杂性、概念的流变性以及观念组合的多样性,都与 18 世纪中后期北美殖民地实际的历史语境迥异。即便是作为分析概念的"意识形态"也要到法国大革命时期才出现。② 但弗里登的理论有助于理解"爱国"与其他临近概念之间的关联,以及这些概念之间彼此组合与互动的变化如何促成了意识形态的转变。本书将"爱国"作为"爱国"观的核心概念,将自由、效忠、古典共和美德、主权、共同事业、公共精神等视为支撑"爱国"概念的逻辑毗邻概念;将帝国、派系斗争、辉格派和国族主义等视为影响和制约以"爱国"为核心的意识形态特性的文化毗邻概念。以"爱国"为核心的概念组合,在独立前夕北美殖民地人的思想意识中经历了一场剧烈的变动。"爱国"观的转变体现为其下概念组合的变化,比如不同概念内涵和指向的变动,以及毗邻概念与核心概念之间相对关系的调整与转化。

殖民地人的"爱国"向美利坚人爱国主义的转化,是以"爱国"为核心的概念组合发生变动的过程。殖民地人原有的"爱国"观以忠君爱国为主要特征,效忠概念是最靠近核心概念的关键毗邻

---

① Michael Freeden, *Ideologies and Political Theory: A Conceptual Approach* (Oxford: Clarendon Press, 1996), pp. 47-95.
② Michael Freeden, "Ideology and Conceptual History: The Interrelationship between Method and Meaning", *Political Concepts and Time: New Approaches to Conceptual History*, ed. Javier Fernández Sebastián (Santander: Cantabria University Press and McGraw–Hill, 2011), pp. 73-101, esp. 77.

概念。对英帝国的认同、对自由的推崇、对商贸利益与繁荣的向往、身为英国臣民的荣耀感以及对母国政治腐化的不满等等观念与效忠观念一道，共同组成了殖民地人的"爱国"观念。随着帝国危机的爆发，效忠概念中蕴含的政治服从与殖民地人的自由权利之间产生了潜在的张力。原本的"爱国"观愈发不能调节效忠与自由之间的话语矛盾。最终，自由取代效忠，成为新的美利坚爱国主义中最毗邻爱国的关键概念，而忠君观则被彻底地边缘化。效忠与自由之间的张力不仅促成了殖民地人"爱国"观的转变，也影响到了其他毗邻概念及其与"爱国"之间的关系。殖民地人围绕主权观念的争论就是自由与效忠之间关系日趋紧张的结果。殖民地人通过重新界定主权，分离传统效忠观念中的服从英国统治与效忠英王，保留了效忠的概念，缓和了自由与效忠之间的张力。殖民地人"爱国"观内部的概念矛盾虽然趋于缓和，但并没有终结效忠与自由之间此消彼长的变动。忠君观即便得以保留，也被推向了更为边缘的位置，自由成了更接近"爱国"的关键概念。对自由的普遍认同使得殖民地人得以依托"共同事业"的想象，从基层到大陆建立起掌握实际统治权力的"革命政权"。"爱国"观中效忠与自由一直共存却此消彼长的变动关系，虽然维持了殖民地人抗争与夺权的正当性，但也破坏了原本殖民地人的"爱国"观以忠君爱国为导向的共识。殖民地人内部的分裂折射出新旧"爱国"观之间的冲突。经过"辉格-托利"之争，以自由为依托的"爱国"成为殖民地辉格派的主导观念，而坚持忠君爱国观的另一部分殖民地人被贴上了托利派的标签，退出了殖民地人的"爱国"所涵盖的范围。最后，殖民地人对叛国的重新界定意味着传统的忠君观被彻底地边缘化，自由取而代之，成为美利坚爱国主义的最主要特征。殖民地人由"爱国"向爱国的转变宣告完成。

借用弗里登的解释框架来观照殖民地人在独立前夕"爱国"观的变化，可以有效地展现以"爱国"为核心的意义系统内不同概念之间相互关系的变动，及其对于美利坚爱国主义形成的影响；也可以动态地把握殖民地人对传统"爱国"观的改造过程。然而弗里登的理论只可借鉴,不能照搬,这主要基于以下几方面的考虑。首先,弗里登的解释框架偏重由政治人物的话语、观念和思想构成的概念,相对忽视具体的政治行动对于理解政治概念的重要性,后者正是大量默默无闻的殖民地人参与和表达政治观点的主要途径。其次,政治行动的升级与政治观念的转变乃是相伴相生的关系。反抗母国政策、论证政治抗争的正当性是殖民地人不断援引和转化"爱国"观的直接动力;而殖民地人通过重新界定相关政治概念,也有助于凝聚新的政治共识,激发进一步的政治行动。可见,要想把握殖民地"爱国"观的转化与独立运动之间的动态关系,很难单纯依赖概念史的方法。最后,殖民地人"爱国"观的转化不仅体现在连篇累牍的概念论争上,也有在瞬息万变的紧迫政治环境之中对于具体政治话语的灵活使用。无论是使用新的概念,或者发明新的语义,都要建立在受众普遍接受的基础之上,而指向"爱国"的政治话语往往出现在激烈的政治争论之中。这种独特的语境使得殖民地人"爱国"观的转变过程呈现出反复而曲折的特点。基于以上考量,本书虽然在结构和思路上能够呼应弗里登的解释框架,但仅将这一套方法作为工具加以借鉴。本书根据不同的主题以及材料的呈现方式选择不同的论述方法,力图兼顾政治话语、观念与政治行动之间相互塑造的关联,并在具体的政治语境中展现殖民地人对"爱国"观的转化及其与独立运动之间的关系,依然是一项采用政治文化路径的政治史研究。

以"爱国"观为核心重新理解独立前夕殖民地人的"反叛逻辑",一方面可以正视"爱国事业"的命名逻辑,另一方面也能在一个历史的短时段内,细致梳理核心概念集群在具体政治语境中的使用、流转和变动。尽管或许与近来不断拓宽时空边界的史学研究潮流相悖,但短时段的视角的确有利于跳出现代革命概念对于考察革命思想缘起的桎梏,从殖民地人本身的立场出发,思考美国独立的到来。

考察现代革命到来之前的"爱国"话语可能还需要在历史语境中重构爱国主义与国族主义之间的相关性。从殖民地人对"爱国"麾下不同概念的使用与改造过程来看,不难发现"国族主义"倾向对殖民地人"爱国"观的转变有明显影响。这里所使用的"国族主义"概念借鉴自瓦尔德施特赖歇尔对于"国族主义"的界定。瓦尔德施特赖歇尔将"国族主义"视为与其他思想观念相竞争的一种意识形态。也就是说,历史语境中的"国族主义"并不要求真正实现全体民众以国族为核心的一致认同才算成立。"国族主义"可以意味着,一群持有国族主义观点的人士试图在共同体内部建立统一和共同的国族认同目标。尝试"国族构建"的努力也是国族主义,亦即国族主义倾向。在18世纪六七十年代,殖民地出现了一股超越传统地域,以整体美利坚为对象的政治认同风潮,但短暂风行之后迅速被地方认同所压倒。独立前夕在殖民地风行一时的国族主义倾向,影响了"爱国"观的转变。尤其是毗邻"爱国"的主权观被重新界定,以及"共同事业"成为具有广泛号召力的政治口号,都离不开以美利坚整体为认同核心的国族主义倾向的推波助澜。套用弗里登的概念,国族主义是在文化上毗邻"爱国"的一种观念因素,得以影响甚至左右以"爱国"为核心的概念组合在具体时空中呈现哪些语义和内涵。从这个层面上来说,爱国主义与国族主义并非可以轻易等同的术语或概念。

本书第一章讨论益格鲁-美利坚政治文化中的"爱国"观,梳理殖民地人传统"爱国"观中的概念组合,并讨论帝国危机的爆发如何使传统"爱国"观中的自由与效忠之间产生张力。第二章着重讨论了毗邻"爱国"的主权概念,尤其是以殖民地人的主权之争为重点,分析了殖民地人如何通过对主权的重新界定来转化传统的忠君爱国观念。通过主权之争,殖民地人拆解了"王在议会"的英国议会主权观,否认了英国议会对殖民地的统治权力,论证了本地统治权力,并重新安排了自由和效忠与"爱国"之间的关系。

第三章讨论了殖民地激进派对"共同事业"的塑造、"共同事业"对殖民地人的号召力，以及呈现自由与"共同事业"特征的"爱国"观如何支持殖民地人从基层到大陆夺权的过程。"共同事业"的想象建立在传统"爱国"观中公共精神概念的基础上，同时受到自由与效忠相对关系的改变以及国族主义倾向的影响。"共同事业"口号本是波士顿激进派的发明，而口号的流行是检验以自由压倒效忠的"爱国"观在各殖民地接受度的试金石。以纽约党争为例，纽约不同派系通过"共同事业"竞争自由事业领导权，体现了"爱国"观转变的曲折性与复杂性，也反映了"共同事业"的号召力。以自由与"共同事业"为主要特征的新"爱国"观还支持了殖民地人从基层到大陆的夺权过程。这一方面说明新"爱国"观体现了殖民地人在心态、观念和思维上的变化，逐渐成为能够在不同层级之间实现有效沟通的政治观念；另一方面也表明，殖民地人新的"爱国"观有效地支持了殖民地人夺权的正当性，为夺权提供了合法性的支撑。

第四章讨论了"爱国"观转变在殖民地人内部所引发的争论，展现了"爱国"观转化过程中激烈的对抗性。传统"爱国"观内部效忠概念的毗邻地位逐渐被自由所取代，"共同事业"口号在北美大陆流行，尤其是以新的"爱国"为名形成了新的权力，取代了殖民地原本的统治权力，这些都必然引发殖民地人内部的观念与利益斗争，造成殖民地人内部的分裂。围绕对"爱国"的界定以及新旧"爱国"观的正当性问题，殖民地新旧势力的代表借纽约民选议会拒绝承认大陆会议合法性之契机，展开了激烈的话语斗争。论争的双方均借用了英国政治文化传统中的"辉格""托利"标签。这场争论的实质乃是新旧"爱国"观之争，但派系标签与相关政治话语的援引使争论呈现了党争的面貌。这场争论的结果表明，殖民地保守派呼吁重回传统的忠君"爱国"观已经无法扭转局面，激进派的新"爱国"观在殖民地公共话语中的正当性得以确立。

第五章探讨殖民地人对"叛国"概念的重新界定。殖民地激进派早已通过对"爱国"观的改造重构了鉴别"敌我"关系的标准，但在法理上，只要不宣布独立，各殖民地的叛国罪就仍可用于维护传统的效忠关系；也就是说，依照新的"爱国"标准而采取的政治行动，依旧有被定为"叛国罪"的风险。随着独立的宣布以及各州叛国条例的出台，殖民地人最终在法理上实现了"爱国"与"叛国"的反转，以自由为特点的美利坚爱国主义初步形成。

  研究殖民地人在独立前夕的话语和观念，核心史料以殖民地出版的小册子、布道词、传单以及报纸为主，这批材料主要收录于"美国历史印刷品"（America's Historical Imprints）与"美国历史报纸"（America's Historical Newspapers）数据库。除了收录于数据库中的殖民地出版物以外，19世纪的档案学家彼得·福斯（Peter Force）收集与编录的《美利坚档案》（American Archives）第四与第五两个系列一共九卷的资料集，已出版的当地殖民地文献的汇编，比如《宾夕法尼亚档案》（Pennsylvania Archives）、《北卡罗来纳殖民地记录》（The Colonial Records of North Carolina）、《革命的弗吉尼亚，通向自由之路》（Revolutionary Virginia, the Road to Independence）也是本书所倚重的史料来源。本书也较为依赖开源的电子资源，尤其是收录了乔治·华盛顿、托马斯·杰斐逊、约翰·亚当斯、本杰明·富兰克林以及詹姆斯·麦迪逊等人全集与通信集的 Founders Online 网站，收录了独立前后三种《弗吉尼亚公报》（Virginia Gazette）的 Colonial Williamsburg 网站，以及收录了《马里兰公报》（Maryland Gazette）的马里兰州立档案馆网站等。

第一章
危机初起与殖民地"爱国"观的初步转变

从"爱国"话语入手考察历史中的"爱国"概念,前人不乏贡献。罗纳德·诺尔斯(Ronald Knowles)专门梳理了"爱国者"概念在17世纪与英格兰同时期政治、文学之间的互动。波科克和昆廷·斯金纳(Quentin Skinner)的研究则为理解18世纪的"爱国"观奠定了基础。波科克总结了18世纪英格兰国族意识(national consciousness)的三个来源:意大利人文主义、英格兰古史以及作为上帝选民的优越感。斯金纳则着力从政府反对派语言的角度勾画了"爱国"话语在英国政治语境中的沉浮。休·坎宁安(Hugh Cunningham)结合了二者的研究并将时间维度拉长到了20世纪初期。他以波科克总结的英格兰国族意识作为研究的起点,揭示了爱国主义从18世纪到20世纪,由激进话语向极端保守话语的转变过程。① 如果说以上这些研究多将"爱国"概念放置于长时段中的英格兰地区来考察,那么美国学者威廉·戴维·利特尔顿(William David Little-

---

① Ronald Knowles, "The 'All-Attoning Name': The Word 'Patriot' in Seventeenth-Century England", *The Modern Language Review*, Vol. 96, No. 3 (Jul., 2001), pp. 624-643, esp. 625-627; J. G. A. Pocock, "Machiavelli, Harrington and English Political Ideologies in the Eighteenth Century", *The William and Mary Quarterly*, Third Series, Vol. 22, No. 4 (Oct., 1965), pp. 549-537, esp. 569-570; Quentin Skinner, "The Principles and Practice of Opposition: The Case of Bolingbroke versus Walpole", *Historical Perspective: Studies in English Thought and Society in Honour of J. H. Plumb,* ed. Neil McKendrick (London: Europa Publications, 1974), pp. 93-128; Hugh Cunningham, "The Language of Patriotism, 1750-1914", *History Workshop*, No. 12 (Autumn, 1981), pp. 8-33.

ton）则把视野放在了革命前夕的北美英属殖民地。①利特尔顿从博林布鲁克的"爱国君主论"在殖民地的影响着手，历陈"爱国"概念与君主形象、君主制在殖民地的结合，展现了殖民地人对乔治三世和英国君主制的态度转变过程。"爱国"对于殖民地人还意味着更多内容。贾森·谢弗（Jason Shaffer）通过研究殖民地时期到革命期间的剧场文化，讨论了这一时期大西洋两岸的"专制""爱国""自由"等概念与暴君、烈士及英雄形象在戏剧中的交融模式，进而揭示出大众文化对于革命、建国的理解和想象。②如果说在利特尔顿的研究中"爱国"概念意味着北美殖民地人对君主和君主制的想象，谢弗的研究则从另一个侧面反映了18世纪英美政治文化中作为基本前提存在的"爱国"与自由观之间的紧密联系。这两个方面诚然都是"爱国"观的题中之义，但各有侧重点，尚未完整地展示出殖民地人的"爱国"观所包含的主要概念。

在北美殖民地人的理解中，"爱国"从来不只具有单一的内涵，而是多种概念的组合。③以"patriot"为例，它在不同语境中有不同层次的涵义。比如它可以表达以忠君为前提的政治效忠态度，可以是以自由为核心的政治价值观，也可以代表一套以公共福祉为核心的政治评价体系。在实际的具体历史情境中，这些语义和内涵往往更为多样，且混合杂糅，难以剥离。虽然多种概念都能被包容于"爱国"观之中，因情势需要而被不同程度地调用，但概念之间却存在相互关联、牵扯乃至此消彼长的关系。当外部危机加剧，正是概

---

① William David Littleton, "'A Patriot King, or None': Lord Bolingbroke and the American Renunciation of George III", *The Journal of American History*, Vol. 65, No. 4 (Mar., 1979), pp. 951-970. 大卫·阿米蒂奇也对相关问题做过论述。但阿米蒂奇将"爱国君主观"放置于大西洋共同体中考察，落脚点在于爱国主义的激进性，于"爱国"概念的理解推进不大，见 David Armitage, "A Patriot for Whom? The Afterlives of Bolingbroke's Patriot King", *Journal of British Studies,* Vol. 36, No. 4 (Oct., 1997), pp. 397-418。

② Jason Shaffer, *Performing Patriotism, National Identity in the Colonial and Revolutionary American Theater* (Philadelphia: University of Pennsylvania Press, 2007).

③ 本书接下来将以"爱国"观代指以"爱国"为核心的概念组合。

念组合内部不同概念相对关系的变化促使"爱国"观的重点开始转变。反《印花税法》风波是殖民地与母国政治矛盾激化的开端性事件。这场风波将"爱国"观之中不同概念间的潜在矛盾暴露在公众的视野之下。"爱国"里的忠君观与自由观初显交锋甚至对立。其外在表现就是：危机中的殖民地人首次主动利用"爱国"话语来规劝和制约母国政策，并以之为抵制母国政策的一系列言行正名。原本将母国与殖民地包容一体的"爱国"观开始转变殖民地的反抗话语。反《印花税法》风波既是这一转变的起点，也是推动这一进程加速发展的重要事件。要探讨殖民地人的"爱国"观在这场风波前后产生的变化，还得从殖民地人对母国政治观念的吸收与转述说起。

一、来自母国的"爱国"观

中文里所说的"爱国"，在英文中对应的词为"patriot"及其所衍生出的"patriotic"与"patriotism"等。① "patriot"一词最早出现于16世纪末，极有可能是来自法语的舶来词。"patriotism"则出现得较晚，根据《牛津英语词典》，它的第一次使用是在1716年。② 从它们在18世纪词典中的解释来看，"patriotism"的解释较为固定，指的是对故土家国的热爱之情，而出现了变动的往往是"patriot"条目。据1721年的《英语普遍词源词典》(An Universal Etymological English Dictionary)，"patriot"一词意为"一国之父，公众的施惠者"。在塞缪尔·约翰逊（Samuel Johnson）主编的1755年版《英语词典》(A Dictionary of English Language)中，"patriot"指的是"以对故土家国的热爱为其主宰情感的人"；而到了1775年，约翰逊词

---

① 英语中的"patriot""patriotic"与"patriotism"具有丰富和流动的内涵，并不与"国"必然相连，中文中并无能准确对应其多重涵义的词语，但为了行文方便，以及出于尊重翻译习惯的考虑，若无特别说明，本文都将以"爱国"指代由"patriot""patriotic"和"patriotism"所界定的词义，而以"爱国者"对应"patriot"，"爱国主义"对应"patriotism"。

② 对于英语中"patriot"起源的考证，参见 Ronald Knowles, "The 'All-Attoning Name': The Word 'Patriot' in Seventeenth-Century England", pp. 625-627。"patriotism"一词的起源，参见 Oxford English Dictionary 网络版。

典里"patriot"的条目内增加了一项解释:"它有时被用来指那些扰乱政府的派系分子",直到 18 世纪末,这项释义一直存在。①实际上,字典中释义的变动从侧面反映出 18 世纪英国政坛围绕"爱国"所产生的激烈话语争斗。

在 17 世纪到 18 世纪的英国政治生活中,"爱国"观念伴随着英国政坛的政治斗争,一直处在不断的变动中。从内战前宫廷与议会的斗争,经过内战,到光荣革命后的辉格-托利党争,再到乡村派与宫廷派,辉格执政派与反对派之间的政治博弈,"爱国者"被彼此对立的政治派别(尤其是反对派)争相用作标签,以获得更大的合法性基础,"爱国主义"更是作为崇高的公共美德用以宣扬某一派别政治主张的正义性。对"爱国"的界定,与英国政府的内政外交糅合在一起,成为各个党派都可以阐发和援引的内容。② 多样乃至泛滥的"爱国"话语因而形成。一位保守派以嘲讽的笔调,逐一列举了被称为"爱国者"的种种情形:"如果一个人被控犯罪和叛国,因为逃亡而坐实罪名,被君王赦免后仍继续努力颠覆政府,这样的人是'爱国者';如果一个人唆使掌权者通过国会的一条法案把我们的贸易出卖给法国,卷入詹姆士党叛乱,在近 20 年里竭尽所能的对抗和扰乱这个王国的政府,……他也是个'爱国者';如果一个政客看到比他更优秀的人物被任命为国务大臣而心生厌恶,一个末流的律师抱怨

---

① 参见"Patriot"in Nathan Bailey, *An Universal Etymological English Dictionary: Comprehending the Derivation of the Generality of Words in the English Tongue, either Ancient or Modern, from the Ancient British, Saxon, Danish, Norman and Modern French, Teutonic, Dutch, Spanish, Italian, Latin, Greek, and Hebrew Languages, each in their Proper Characters* (London, 1721), Eighteenth Century Colletions Online, ESTC No: T087493; "Patriot"in Samuel Johnson, *A Dictionary of English Language: in which the Words are Deduced from their Originals and Illustrated in their Different Significations by Examples from the Best Writer, to which are Prefixed, a History of the Language, and an English Grammar* (London, 1755-1756) v. 2, ESTC No: T014931; "Patriot"in Samuel Johnson, *A Dictionary of the English Language* (Dublin, 1775), v. 2, ESTC No: T117233; "Patriot"in Samuel Johnson, *A Dictionary of the English Language* (London, 1799), v.2, ESTC No: T116650。

② Christine Gerrard, *The Patriot Opposition to Walpole-Politics, Poetry, and National Myth, 1725-1742* (New York: Oxford University Press, 1994), pp. 4-16.

他的薪水和级别，他们也能算作'爱国者'；一个书呆子由于自己不得志，心怀报复，于是撰写了大量无价值的报告企图剥夺无辜之人的幸福，细数他们的罪行从而满足一个不满的情妇……通通都是'爱国者'。"末了他还加上一句：对此"只能报以一声荒谬之叹"。① 可见，在18世纪上半叶的英国政治语言中，"爱国者"一词由于遭到极度滥用往往丧失了崇高性，成为被挖苦讽刺的对象。北美殖民地的"爱国"话语虽然脱胎于此，但殖民地人刻意地保留了"爱国"内涵原初的纯洁性与高尚性。对于他们而言，"爱国"仍是一种崇高的公共美德。源自母国的"爱国"内涵，被殖民地人有选择地吸收，这里只就对殖民地产生了较大影响的内容加以论述。

首先，尽管"爱国"名下涵盖的内容丰富，来源各异，但到了18世纪的英语世界中，其核心的内涵是对家国的热爱之情，内心充满这种情感的人就是"爱国者"。在塞缪尔·约翰逊的字典里，对谁可被称为"爱国者"有三条解释，第一条即为"捍卫神圣自由之人"。②显然，自由与"爱国"之间的联系自英国内战后就已建立。随着汉诺威王朝正统性的稳固，专制与自由的二元对立逐渐成型于英国人对本国历史的理解之中。在18世纪英国人的观念里，英国是自由的诞生地，英国臣民享有世界上独一无二的自由权利。自由既是人民最大的福祉，还是令英国区别于法国、西班牙等专制国家的重要标志。于是，捍卫自由成为这一时期"爱国"观念的题中之义。③

其次，英国政府反对派话语中的"爱国"具有特定的内涵和意义。激进辉格派以"美德"与"腐败"二元对立的话语来攻击政府，"爱国"作为诸多美德的集合体与崇高道德原则的体现，也被囊括进这一话语之中。反对派所使用的"腐败"概念来自马基雅维利。

---

① "Modern Patriotism", in *London Magazine: or, Gentleman's Monthly Intelligencer*, (London, Jun., 1733), p. 286.
② "Patriot" in Johnson, *A Dictionary of the English Language* (London, 1755–1756), v. 2.
③ Cunningham, "The Language of Patriotism, 1750–1914", pp. 10–11.

18世纪的"腐败"是指政治体制中由于民众、贵族或君主三者中任意一方权力膨胀,侵蚀另两方的权力,从而危害均衡政制的现象。另外,由于完美的政治制度是个人保有良好德行的前提,"腐败"同时也是道德现象。①与之相对的"美德",则包含质朴、正直、爱国、热爱正义与自由,被视作挽救国民堕落与扭转政府腐败的良药。英国的反对派利用"腐败"的话语来攻击政府的内政外交政策,抨击内阁成员僭越权力的举措。"腐败的"当政者威胁到英国的平衡宪制,使整个国家陷于危险。在这种语境之中,"爱国"就是要反对"腐败的"政府,保留对国家的忠诚,恢复宪制的平衡。②"爱国者"便成为一种荣耀的"头衔",这个头衔被赋予那些能够推动政治改革的精英,他们力挽狂澜,以使英国回归原初的纯洁状态;同时他们还能向民众注入公共精神,改变社会衰退的精神面貌。而有志于改革政治与社会现状的人往往是政府的反对派。在这套话语之下,反对派既能够挑战当权派,宣扬政治主张,又能彰显其政治主张的合法性与崇高性,同时能自如地享有"爱国者"的称号。殖民地人赞同这样一套政治逻辑。殖民地人或许并不推崇母国反对派的具体政治主张,但反对派对英国政制的基本判断以及这一逻辑中的"爱国"概念为他们所认同。③

再次,博林布鲁克的"爱国君主观"一度也有颇大的影响。这种观念与殖民地人的"效忠"概念紧密相连。博林布鲁克的"爱国"观,总结了18世纪前期部分托利党人和激进辉格党人之间关于何为"爱国君主"的共识。博林布鲁克笔下的"爱国者"是那些天赋异禀、才能超群之人。他们应殚精竭虑为国家的利益尽职尽责。当面对政府腐败、国民堕落、自由与美德危在旦夕的困境,他们应

---

① Pocock, "Machiavelli, Harrington and English Political Ideologies in the Eighteenth Century", pp. 569-570.
② Cunningham, "The Language of Patriotism, 1750-1914", p. 9.
③ 有关辉格反对派思想对殖民地人的影响,可见卡罗莱娜·罗宾斯(Caroline Robbins)、伯纳德·贝林和戈登·伍德等人的著作。

有计划地引导政府，向国民注入崇高的美德以挽救沉沦中的英国，这乃是"爱国者"的责任。① "爱国君主"应该具有一种超然的地位，他独立于党派的利益纷争之上，拒绝为了政府的权宜之计而向腐败让步。"爱国君主观"的出现与英国当时的政治风气有关。辉格党长期把持政权，首相沃波尔通过金钱和政治手腕控制议会和内阁，被反对派视为"腐败"。反对派迫切希望能由开明君主来整顿英国的政局，恢复宪制的平衡。博林布鲁克在1738年提出的"爱国君主观"，不仅迎合了当时的戏剧和反对派文学作品里对"爱国君主"话语的使用，对"爱国君主"的标准界定也获得了辉格反对派的认同。② 博林布鲁克的"爱国君主观"是对于统治者所应具有的品质的期许，它既是时人评价国王时常用的政治话语，也表达了对于君王的要求，蕴含着民众对统治者的期待。这种"爱国君主观"在北美殖民地人中与对英王、母国和帝国体系的效忠之情交织融合，影响深远。③ 殖民地的出版物中不断表达过"爱国君主观"的思想，这一点下文会有论述，在此不赘。

最后，"爱国"观还包含道德哲学的意味。"爱国之情并不附着于任何特定的土地、气候或者具体某处；……而是对于同一套法律和长官统治下的道德体系，或共同体的爱慕，这样的共同体有共同的利益作为基础，使得不同的部分之间被紧密联结起来"。这是18世纪中叶苏格兰道德哲学家戴维·福代斯（David Fordyce）在其

---

① Henry St John, Lord Viscount Bolingbroke, "A Letter on the Spirit of Patriotism", *The Works of the Late Right Honorable Henry St. John, Lord Viscount in 5 volumes*, vol. 3, (London, 1777), pp. 19-20, 26.

② Gerrard, *The Patriot Opposition to Walpole*, pp. 208-210; Quentin Skinner, "Augustan Party and Renaissance Constitutional Thought", *Vision of Politics* (Cambridge: Cambridge University Press, 2002), v. 2: Renaissance Virtues, p. 348.

③ 关于博林布鲁克"爱国君主论"对殖民地的影响，参见 Paul S. Boyer, "Borrowed Rhetoric: The Massachusetts Excise Controversy of 1754", *The William and Mary Quarterly*, Vol. 21, No. 3 (Jul., 1964), pp. 328-351; Littleton, "A Patriot King, or None", pp. 951-970; Armitage, "A Patriot for Whom?", pp. 397-418。

《道德哲学要义》中对于爱国的定义。① 福代斯的道德哲学将义务分为对自己的义务、对国家的义务与对上帝的义务。人必须履行这三方面的义务，才能具备美德（virtue），达成俗世中的完满与幸福。爱国是政治义务中的一项，与服从法律、心怀公共精神、热爱自由、为了公益牺牲自我这些内容一起，共同构成了个人对政治体的义务。福代斯的《道德哲学要义》最初是应英国的出版商罗伯特·多兹利（Robert Dodsley）相邀，为其编纂的《蒙师》（The Preceptor）所撰写的道德哲学部分。1748 年《蒙师》出版之后便大受好评。1754 年，由福代斯撰写的部分以《道德哲学要义》为名，单独出版，迅速被殖民地人列为高等学院的必读书目，在北美广为流传，影响甚大。② 福代斯的"爱国之情"，使爱国超越了地域性，成了由共同的政治理念与公共利益所激发的个人对政治体的维护、奉献与牺牲。"爱国"之情由此被视为发自内心的公善。以"爱国"为出发点，个人在维护共同体的福祉时能够获得喜悦与满足，接近人生的完满与幸福。

二、18 世纪中期北美殖民地人的"爱国"观

北美殖民地人"爱国"观的构成主要"取材"于母国，但又不止于对母国政治语境中"爱国"观的重现。独特的自然、社会环境使得殖民地人在使用"爱国"话语时有其特殊之处。"爱国"话语往往通过常见的政治布道方式融入殖民地日常政治生活。牧师以《圣经》所载的上帝与圣人的德行要求尘世中的"爱国者"，意在规劝殖民地的总督、议员与其他官员成为"公众的造福人和国家的贡

---

① David Fordyce, *The Elements of Moral Philosophy, in Three Books with a Brief Account of the Nature, Progress, and Origin of Philosophy*, edited and with an introduction by Thomas Kennedy (Indianapolis: Liberty Fund, 2003), pp. 103, 102.

② 参见 Dale Randall, "Dodsley's Preceptor—A Window into the eighteenth century", *Journal of the Rutgers University Library* 22 (Dec 1958), pp. 10-22; Thomas Kennedy, "Introduction", in Fordyce, *The Elements of Moral Philosophy*, pp. ix-x。

献者"。① 1745 年，波士顿的一次布道就阐释了何为"真正爱国者的品格"。这次布道以摩西、大卫等为例，指出"严格的虔诚之心"、能戒绝肉身需求的"苦行"（Mortification）、"谨慎"（Prudence）、"警醒"（Watchfulness）、"源源不断的勇气"以及"不屑于欢愉、财富和身份"的"淡漠"，是"一位高贵的爱国者"必备的品质。这份布道词宗教意味浓郁，实则是赞美殖民地的立法者们通过践行美德，带领殖民地人民通向幸福和荣耀。②在选举日的布道词中，面向殖民地的执政者们所说的"爱国"，强调的则是"公共精神"。"公共精神"，是"把社会共同体当成自己的家庭，并抚之以父亲般的关怀"，是"为了社会的福祉而耗费精力，并以此为乐"，是"除了为人民谋利所必需的权力外，再不多渴望一分"，"这是每位地方官员就职时须具备的精神"。③ "公共精神"与"爱国"之间的界限较为模糊，二者内涵相近，只是适用对象有别。"公共精神"是圣人贤者的品质，而"爱国"则是殖民地总督和议员们的准则；④二者也可以互相替代。⑤ 而在另一些场合，"公共精神"与"爱国"中"对家国的热爱"一义并列，共同构成"爱国者"的特性。⑥

远离腐败的旧世界，将北美大陆视为最后的净土，也是殖民地人的"爱国"话语中常出现的内容。1752 年，威廉·史密斯（William Smith）在提议兴建纽约学院时就谈到，"在这片远离母国的土地上，我们要从自己（内部）防止她的堕落，并为她那些勇敢的子

---

① James Lockwood, *The Worth and Excellence of Civil Freedom and Liberty Illustrated, and a Public Spirit and the Love of our Country Recommended* (New London, CT, 1759), p. 31.

② Nathaniel Walter, *The Character of a True Patriot—A Sermon Preached at the Thursday-Lecture in Boston* (Boston, 1745), pp. 8, 10, 12–13, 15–16, 18–19.

③ Samuel Cooper, *A Sermon Preached in the Audience of His Honour Spencer Philps, Esq* (Boston, 1756), p. 16.

④ Ibid, pp. 29, 31.

⑤ Lockwood, *The Worth and Excellence of Civil Freedom and Liberty Illustrated*, p. 31.

⑥ William Livingston, *A Funeral Elogium, on the Reverend Aaron Burr, Late President of the College of New-Jersey* (New York, 1757), p. 12.

民，在摒弃了（沉沦的）母国后，提供庇护之所"。① 他认为只有培养出真正的"爱国者"的继承人，才能使殖民地避免同母国一道无可挽回地衰亡。史密斯使用的"爱国者"话语中既可见马基雅维利式"腐败"逻辑中抗衡"腐败的人民"的"爱国者"，又有"支撑自由的栋梁"以及"自由权利"的保卫者之意。史密斯想要用"爱国者"来指称的对象其实是纽约的政治精英。② 可见在殖民地人的思维里，他们的家园远离母国，是一片最后的净土，而这块被上帝庇佑的土地要由真正的"爱国者"来捍卫。

1754 年，"七年战争"在北美地区爆发，"爱国"话语开始频繁地出现于战争动员和征兵布道词中。殖民地的牧师为了发动殖民地居民入伍，在布道词中诉诸了"爱国"观中的多重涵义与概念，除了有对家园的热爱，对自由的珍视、捍卫，还将殖民地人对母国的认同感赋予其中。1755 年 8 月，塞缪尔·戴维斯（Samuel Davies）为汉诺威县的奥弗顿上尉（Capt. Overton）的独立志愿连队做布道，试图以此激起民众的热情。他说道："难道爱国主义的精神在我们之中已经灭绝了吗？难道要我将这里视为已被法国征服而陷入奴役的行省，或是可任由印第安人随意肆掠的地区？"③ 在当时人的观念中，法国作为英国的对立面，是专制与天主教的代名词，印第安人更被等同于野蛮。因此，输掉这场战争意味着殖民地人将在政治、信仰和社会文明方面全方位沦丧。共同的敌人强化了殖民地人对母国全方位的认同感，自由、新教与母国便成为三位一体的观念。北美大陆上的战事危机更是将殖民地人的命运与母国荣辱绑在了一起。对殖民地人来说，"爱国"就是要为了母国，为了信仰，为了家园，为

---

① William Smith, *Some Thoughts on Education with Reasons for Erecting a College in this Province, and Fixing the Same at the City of New-York* (New York, 1752), p. vii.

② Ibid, pp. vi, vii, 9.

③ Samuel Davies, *Religion and Patriotism the Constituents of A Good Soldier—A Sermon Preached to Captain Overton's Independent Company of Volunteers, Raised in Hanover County, Virginia* (Philadelphia, 1755), p. 5.

了自由打赢这场与法国和印第安人的战争。戴维斯显然熟稔地把握了殖民地人的这种心态，因而他才会在1758年在同一地点做征兵布道时，着重从国家荣耀、信仰和殖民地自身利益三方面进行动员，呼吁当地自诩为"爱国者"的精英人物武装起来赶赴前线，以证明自己名实相副。①

战时的"爱国"在强调行动重要性的同时也促进了其所指对象向民众延伸。毕竟，"如果要配得上'爱国者'的光荣品格，那我们必须要为国家的福祉做些什么，而不仅仅只是祈祷"。②为了感召更多的民众加入行伍，"爱国者"的"门槛"被降低，只要入伍，就是"爱国"。这无疑是将本来只属于精英人物的"爱国者"名号抛向了普通民众，借"爱国者"称号的号召力，来发动民众参与需要广泛动员的事业。詹姆斯·洛克伍德（James Lockwood）就明确在布道中提出，"我希望这种精神……在某种程度上能为每个人所拥有"；"对这种精神的呼唤，在这片土地上，从未比现在这些黑暗而危险的时刻更加急需，……让每个人的心中都燃起对家国的热爱——每个人的胸膛中都激发出公共的、宽宏的精神"。③ 即使在为殖民地政治精英所做的政治布道中，牧师也不再以通篇的文辞赞美上帝和其他贤者的"爱国主义"或是"公共精神"，而是期许首脑人物能够进一步在现实政治的层面来践行这些高尚的原则。纽波特的一位牧师布道时如此阐释：如果"在召唤他时，能够与国家利益保持一致，而不是提出无用的反对，或是想办法阻挠或延后它"；如果"在召唤他时，能够用自己的力量援助国家，而不是雇一群流浪汉来充数"；如果"在召唤他时，能够为了国家的安全捐出财富"，只要做到了一条

---

① Samuel Davies, *The Curse of Cowardice - A Sermon Preached to the Militia of Hanover County, Virginia* (Boston, 1759), pp. 16, 14, 21.
② Noah Welles, *Patriotism Described and Recommended, in a Sermon Preached Before the General Assembly of the Colony of Connecticut* (New London, CT, 1764), p. 12.
③ Lockwood, *The Worth and Excellence of Civil Freedom and Liberty Illustrated*, pp. 31-32.

就算得上是真正的"爱国者"。①

普通民众被拉入"爱国者"的指称对象虽是战时需要，但并没有随着战事的结束消失。在 1764 年康涅狄格殖民地的选举纪念日上，诺厄·韦尔斯（Noah Welles）的布道中就再次肯定了这一点："立法者并不是唯一考虑和筹谋公共福祉的人。无论是谁，只要设计了任何有益于国家福祉的事业，……无论是他发明了新奇有用的生活方式，或是传播、改进了某些已经被发现的事物，都足够称得上是一位爱国者，理应得到他的国家的感激。"韦尔斯进一步区分了统治者和臣民的"爱国"，"作为统治者，任何协商良好并富有公共精神的措施，都受到他的认可，获得他的赞成。作为臣民，当国家的安危和幸福需要他的帮助时，他不屑于小气吝啬"；"总而言之，（真正的爱国者）就是充满了对公众的热爱，把自己视作社会成员之一（的人）"。②可见，经过了七年战争，民众被纳入"爱国者"所指称的对象范围，实现这一点的正是殖民地牧师对于"公共精神"概念的使用。由前文的论述可知，"公共精神"对应的是"爱国"话语中"关切人类福祉"的内涵，而"公共精神"又可以连结起国家和民众。"公共"与"公众"相对的是"私人"与"个人"，"私人"组成了社会的共同体，因而每个人都是社会公众的一员，每个人的利益都包含在社会的共同体中。如果国家和社会的利益受到侵害，被包含在其中的个人幸福也将遭颠覆。既然每个人都是公众的一员，那么每个人都有资格并切实需要来关心公众的福祉，即具有"公共精神"。被牧师们用来发动民众的逻辑加上这一时期"爱国"与"公共精神"之间模糊的界限，使得民众开始被纳入"爱国"的话语之中。③

---

① Thomas Pollen, *The Principle Marks of True Patriotism—A Sermon Preached in Trinity-Church, at Newport in Rhode-Island* (New Port, 1758), pp. 9-10.

② Welles, *Patriotism Described and Recommended*, pp. 12-15.

③ Davies, *The Curse of Cowardice*, pp. 8-9; Lockwood, *The Worth and Excellence of Civil Freedom and Liberty Illustrated*, pp. 30-32; Welles, *Patriotism Described and Recommended*, p. 9.

七年战争实际上加强了"爱国"话语中的效忠概念。① 不仅是前述因共同敌人而强化的英国人的身份认同感，殖民地人在战时对"爱国君主观"的调用也体现了这一点。1760 年 10 月英王乔治二世去世，乔治三世即位。在殖民地人悼念乔治二世的布道和演讲中，"爱国"话语频现。牧师塞缪尔·布莱尔（Samuel Blair）用亚历山大大帝代表的宽大胸襟、布鲁图斯代表的爱国主义、加图代表的正直、伊壁孟尼德斯（Epimenondas）代表的对公民的宽宏与热爱、阿道弗斯（Adolphus）代表的战争中的英勇来赞美乔治二世作为君王集众美于一身的品性，哀叹乔治二世的逝世是英国的损失，从而表达对君主和以君主为代表的母国的敬爱和忠诚。② 同时，对逝世君王的美化也道出了殖民地人期待中的理想君主形象。这既是对继位的乔治三世提出要求，也强化了殖民地人对母国政治体制的信心。强调殖民地人与君主之间的直接情感联系是这类"爱国"话语中效忠性的又一重体现。与布莱尔同一日做悼念布道的萨缪尔·戴维斯就认为，再好的君王也可能拥有邪恶的辅臣，并受其影响，这种可能性应该激励每一个殖民地人以请愿的方式来效忠年轻的国王。"这不仅是为了个人，更是为了国家，为了欧罗巴和美利坚，为了世界！"戴维斯以"虔诚""爱国"和"效忠"三者来鼓励殖民地人加强与国王的直接联系。一方面，这说明了"爱国"与"效忠"在时人的认知中，与"虔诚"类似，都表示针对某一对象的强烈情感，以及衍生而来的义务与责任。"虔诚"的对象是上帝，"爱国"的对象是国家，"效忠"的对象是君王，而君王又是国家的象征。三个概念彼此强化，互为支撑。另一方面，强调个人与君主的直接联系无疑揭示了包容着效忠的"爱国"观已更深地混入了私人情感之中。戴维斯对此有所阐述："无论你选择在安宁中颐养天年还是在忙碌中积极

---

① 下文的"忠君""忠心"和"忠诚"如无特别说明，都对应英文中的"loyal"。
② Samuel Blair, *An Oration Pronounced at Nassau-Hall, On Occasion of the Death of His Late Majesty King George II* (New Jersey, 1761), p. 3.

生活，你都与君王相连。你都是这个由君主主持的伟大社群的一员"，于是在某一程度上，每个个体，都可以在自己的领域对国王与国家的福祉产生独特的意义。① 通过个体与君王的情感联系而形成集体感、统一感和认同感，英王成为凝聚殖民地人对英帝国情感的主要象征。

殖民地人的"爱国"观既植根于18世纪大西洋两岸所共享的政治文化，又生出了不同于母国的新意。总体而言，殖民地人的"爱国"观包括了公共精神、古典共和美德、宗教虔敬、英国臣民身份认同、自由、效忠、爱国君主观、帝国的荣耀感等等"毗邻概念"。这些概念与作为核心概念的"爱国"之间的相对位置往往根据具体的语境来决定。毗邻概念之间在语义构成上往往有所重叠，并非彼此泾渭分明。受七年战争影响，到了《印花税法》风波爆发前夕，殖民地人的"爱国"观所蕴含的效忠概念成为最接近核心概念的关键毗邻概念。政治层面上，殖民地人对以政治自由为标志的英国人身份有了更深的认同感；对"爱国君主"的期待加强了对母国政治制度的信心；在情感层面，强大的英帝国为殖民地人带来了荣耀感，进一步巩固了建立在对帝国政治体制与商贸体系认同之上的归属感。这些概念之间的相互强化，使得效忠概念凸显为殖民地人"爱国"观最明显的特征。

三、反《印花税法》运动与"爱国"观的转变

七年战争结束后，英国开始着手调整对殖民地的政策。其目的有二：巩固和加强英国对于殖民地的控制，改变之前松散的管理；通过向殖民地征税，在不增加本土民众负担的前提下填补空虚的国库。1764年，由乔治·格伦维尔（George Grenville）及其领导下的内阁牵头起草，英国议会表决通过了《糖税法》，调整了以糖蜜为代

---

① Samuel Davis, *A Sermon Delivered at Nassau-Hall, On the Death of His Late Majesty King George II* (Boston, 1761), pp. 29-32.

表的传统殖民地进口货物的进口关税。内阁与国会推出《糖税法》，主要是为了加强对殖民地走私贸易的管束，增加国库收入，结果遭到了殖民地人的抵制。如果《糖税法》得到有效的执行，殖民地的经济将会遭受极大的打击，再加上战后的经济萧条，这些都迫使殖民地人通过各种途径抵制《糖税法》。殖民地人赖以抵制这项英国议会法案的核心论点是，身为英国臣民，当殖民地人在议会中无人代表时，议会无权向殖民地征税。《糖税法》就是这样一份违背宪制原则的法案。① 殖民地人的这种逻辑实际上否认了母国议会拥有向北美殖民地征税的权力，也使得长期以来悬而未决的主权问题浮出水面。反《印花税法》风波正是在这样的背景下爆发的。

1765 年 3 月，英国议会正式通过了《印花税法》，决定向殖民地所有的印刷纸张征收印花税，包括船舶文件、法律文书、执照许可、报纸，甚至纸牌等一切印刷品都在征税范围之内。北美主要殖民地迅速兴起了一场抵制运动。在这场风波中，殖民地人通过自身的行动和言说共同改写了"爱国"话语的内涵重点，促使以效忠为主体的"爱国"话语开始转变。在"爱国"的侧重点发生变化之际，普通民众进一步成为"爱国"话语的践行者。他们的行动通过精英们的文辞描述与阐释，构成了这一时期"爱国"内涵的主体部分。

《印花税法》在英国议会通过的消息一传到殖民地，以弗吉尼亚下议院为首，各殖民地议会纷纷否认其对殖民地的征税权。1765 年 10 月，来自马萨诸塞湾、罗得岛、康涅狄格、纽约、新泽西、宾夕法尼亚、特拉华、马里兰和南卡罗来纳的 27 位代表在纽约召开了反《印花税法》的联合会议。代表们通过一份共同声明表明了殖民地的立场，要求英国议会废除《印花税法》的所有条款。② 另一方面，殖民地的激进分子早已开始依靠自己的行动来抵制《印花税法》。波士顿的"忠心九人帮"（Loyal Nine）率先采取了行动。1765 年 8 月

---

① Edmund S. and Helen M. Morgan, *The Stamp Act Crisis, Prologue to Revolution* (new revised edition) (New York: Collier Macmillan Publisher, 1962), pp. 44-58.

② Morgan, *The Stamp Act Crisis*, pp. 139-147.

14日，被委任为印花经销者的安德鲁·奥利弗（Andrew Oliver）的模拟像，以及一只藏着恶魔的靴子（靴子的英文是 Boot，这是以谐音隐射布特伯爵）被悬挂在了波士顿最热闹的"南区"（South End）十字路口的树上。模拟像的胸前写着"忠心九人帮"对奥利弗的判词："我卑贱地放弃了美好而光荣的自由事业，为了金钱背叛了国家，但最后恶魔比我更狡猾，没能向别人征收印花税我只好吊死自己。"当天傍晚，一大群民众重新聚集在树下，开始扛着模拟像从主街道往市政厅方向游行。在经过一栋新完工的砖瓦房时，参与游行的民众认为该处将作为印花经销的办公地点，于是花了半个钟头把它拆了。当游行到奥利弗的居所前，这群人焚烧了模拟像和马车，并且推倒了围墙，冲进了花园，砸了凉亭，打烂窗户，将地下室的酒掠夺一空，还摔坏了屋里一半的家具。第二天，奥利弗为了平息民怨，向几位绅士发帖，表明自己绝对拒绝和"那个职位"有任何关系。当晚，民众再一次聚集，他们用柏油桶组成一座方尖碑形状的堆砌物，中间插着一杆旗，旗上写着奥利弗承诺不会接受委任并愿意为马萨诸塞殖民地效劳等内容。①

波士顿人的行为迅速在其他殖民地得到效仿。1765年9月到12月间，在纽波特、纽约、弗吉尼亚的威斯特摩兰县（Westmoreland）和新泽西的新不伦瑞克县（New Brunswick）等地区的街头，都爆发了形式类似的抵制活动。② 除了参与集会的激进民众，殖民地的部分商人也联合起来，通过决议，在废除《印花税法》之前共同抵制进口英国货物。③

---

① *Providence Gazette*, Aug 24, 1765.
② "Extracts of a Letter from a Gentleman at Newport, dated August 29, 1765", in *Boston Post-Boy*, Sept 2, 1765; "New York, Nov 4", *Boston Post-Boy*, Nov 11, 1765; "Westmoreland, Sep 24", *Newport Mercury*, Dec 11, 1765; "To the Honourable the Governor and Council of Virginia", *Newport Mercury*, Dec 11, 1765; "New Brunswick, Oct 29, 1765", *Newport Mercury*, Nov 11, 1765; *Massachusetts Gazette*, Nov 18, 1765.
③ "Newport, Nov 4", *Boston Post-Boy*, Nov 11, 1765.

殖民地人行动中的"爱国"之义，更多地来自对它们的记录和阐释。行动经言说阐释后，被赋予了更深刻的意义。行动本身所具有的"爱国"意味，经语言提炼、挖掘和升华，又成为殖民地人抗争行为的正义性立场，并为这些行为提供了辩护。"爱国"从而被殖民地人内化为殖民地反抗话语的一部分。殖民地人把反抗行动划归为正义举措，由阐释行动得出的"爱国"言说又成为号召进一步展开这种行动的号角。波士顿动乱发生后，纽波特街头上演了持续3天的"暴民"活动。对此《波士顿邮童报》援引了一位纽波特居民的评价，"火一般的爱国主义热情，从波士顿向西燃烧过来"。①纽波特当地的报纸在1765年末，也摘录了一封巴巴多斯居民声援美利坚人的来信，借信中的言辞美化和渲染殖民地的民众骚乱。报纸上所摘录的内容指出《印花税法》是对美利坚的自由极其有害的一项法案，呼吁每个忠诚的"爱国者"投身到反对它的事业中，并赞美北美人民的激烈行为使他们位列第一等的自由之子行列。②殖民地民众聚众游行，威胁皇家官员，抵制英货等等反抗《印花税法》的行动，通过报纸的"渲染"，被塑造为"爱国"的体现，再加上"爱国"观之中有关道德崇高性的价值指向，申明了这些在传统观念中等同于暴乱甚至反叛的行为拥有正义的动机。

到了1766年初，殖民地的报纸中更加普遍地把抗税斗争与"爱国"等同起来，"爱国主义精神"已经正式被作为抗税斗争背后的精神支撑。1766年1月，新罕布什尔的印花派发官员迫于殖民地人的胁迫再次公开承诺绝不会以任何手段执行印花税，《宾夕法尼亚公报》对此评论道，"通过这些高贵的斗争，这恶毒的阴谋，至少暂时被扼杀了。愿现在美利坚自由之子身上的自由的爱国精神，能永远

---

① "Extracts of a Letter from a Gentleman at Newport, dated August 29, 1765", *Boston Post-Boy*, Sep 2, 1765.

② "Extracts of a Letter from a Gentleman in Barbados, dated November 5, 1765", *Newport Mercury*, Nov 23, 1765.

战胜一切逾越了宪法规定的权利与特权的专制举措"。① 4 月，马里兰的自由之子们要求殖民地的法院等政府机构向他们保证一切公务都不使用须贴印花的文件，他们的行为被评价为"体现了最为正义的爱国主义感情"。② 一位署名"博爱者"的居民致信立场保守的《宾夕法尼亚公报》主编戴维·霍尔（David Hall），希望他能刊登一份张贴在纽波特码头的海报。海报内容是向全体北美人民宣布，绝不为印花税的执行提供任何帮助，署名人为四个学徒。该信的作者认为，这张海报表明"爱国主义的精神"已经扩散到北美大陆的各行各业和各个阶层，每个忠实而明智的胸怀都将对此喜闻乐见。这条消息由《波士顿新闻通讯》最先刊登。③

通过报纸宣传的殖民地"爱国主义"已深入每个角落，这既是纪实性的报道，也是持激进立场的出版商为了宣传抗税斗争，鼓动更多社会力量参与行动的手段，这可以从他们报道的措辞中看出来。报纸上对"爱国主义"的报道包含了殖民地的各个群体，除了自由之子、商人和殖民地民众，传统上不在公共领域范围内的妇女也被包括在内。纽波特的一位淑女，尽管正值谈婚论嫁的芳龄，却宣布宁愿选择终生不嫁，也不要让"非法的"《印花税法》在殖民地施行，可见"燃烧在美利坚儿女的胸膛中的爱国主义精神同样炙热"。④ 罗得岛的 18 位名声良好的少女，聚集到鲍恩医生（Doctor Ephraim Bowen）的家中，"怀抱极大的热情"学习家庭织造。在分别前，她们坚决认为《印花税法》是"不合宪法的"，决定在法案被废除之前不再购买任何英国的产品。⑤ 这些引号中的内容，显然来自主编们的引申。

---

① "Hampshire", *Pennsylvania Gazette*, Jan 30, 1766.
② "Annapolis, Apr 3", *New York Gazette*, Apr 14, 1766.
③ "Newport, Rhode-Island, Jan 6", *Boston News-Letter*, Jan 16, 1766; "Newport, Jan 6, 1766", *Pennsylvania Gazette*, Jan 30, 1766.
④ "Newport, Dec 23", *Newport Mercury*, Nov 23, 1765; *Boston Evening-Post*, Nov 30, 1765; *Pennsylvania Gazette*, Jan 2, 1766.
⑤ "Providence, March 2", *Boston Evening-Post*, Mar 31, 1766.

在殖民地人的思维中，反《印花税法》的斗争行为等同于"爱国"，这要与殖民地人抵制《印花税法》的逻辑依据联系起来才能够理解。依照英国的宪法，征税是属于议会下院所代表的人民的权利，所有征税的法案都要经过人民或是人民选出的代表的同意。殖民地人作为英国臣民，应平等享有同样的自由权利。而现在的英国议会中没有殖民地人选出的代表，因而议会无权向殖民地征税。议会通过的《印花税法》是对殖民地人基本自由权利的侵犯。抵制这项法案就是反抗议会的专制，维护殖民地人的自由。自由对殖民地人来说，是身为英国人所享有的一项基本权利，它与殖民地人的英国身份认同直接联系在一起。七年战争强化了这一点。殖民地人将自由观与作为英国臣民的身份认同，以及效忠概念共同包容在了危机前的"爱国"观中。正是反《印花税法》风波促使殖民地人开始意识到自由与效忠间可能存在矛盾。在这场风波中，殖民地人的"爱国"话语始终被殖民地人的自由概念所主导，这表明自由概念在"爱国"观中地位上升，成为殖民地人"爱国"观的主要特征。自由在"爱国"观中地位的凸显使得殖民地人的"爱国"愈加区别于母国的"爱国"内涵，开始成为辩护和动员殖民地事业的政治能量。

与此同时，民众也成了"爱国"的主体践行者。如果说七年战争期间，牧师以"爱国主义精神"呼吁人民参军入伍使得民众开始被卷入"爱国"的话语，成为承担"爱国"事业的参与者，那么到了反《印花税法》风波中，民众已经成为"爱国"事业中的主角，而传统的"爱国君主观"与诉诸政治精英的"爱国"内容则相对较少为人提及。从上文的分析可以看出，殖民地民众为反抗《印花税法》而自发采取的行动，本身展现了他们对于"公共精神"的理解以及对自由的珍视。殖民地民众通过不断的激进行动使自身成了这一时期"爱国"核心内涵的主要执行者。掌握着殖民地更多话语权的报纸出版人则直接使用"爱国"来描述和阐释这些殖民地人的行为。这既反映了精英群体需要依赖群体力量来维持抗税斗争，也说明民众行动的合法性得到了精英们的承认。①

通过反《印花税法》风波，自由概念的地位在"爱国"观中得到凸显，民众成为"爱国"话语的主要践行人。随着危机的解除，自由与效忠重新结合，共同构成了《印花税法》废止后的殖民地人"爱国"观。1766年3月，英国议会正式废除《印花税法》。殖民地人运用"爱国"话语重申了对母国的效忠。

利用"爱国"表达效忠，首先从殖民地人向母国本土的"爱国者"们所表达的感激与敬意中反映出来。在英国本土反对《印花税法》的一批政治人物中，老威廉·皮特（William Pitt, the Elder）最为殖民地人所熟知。老皮特是当时殖民地人最为推崇与欣赏的英国政治人物之一。七年战争期间，老皮特作为政府的实际领导者，带领英国及北美殖民地取得了战争的胜利，捍卫了国家安全，为帝国增添了领土和荣耀，在殖民地人看来，他正是理想中的"爱国者"。② 在反《印花税法》风波期间，殖民地人将老皮特的失势与殖民地问题放在一起，声称二者都不应受到如此对待。③《印花税法》的废除，更让殖民地人感到，在母国反对《印花税法》的老皮特，是一位心系母国与殖民地利益的"真正的爱国者"。除了老皮特以外，在母国力主废除《印花税法》的亨利·康韦（Henry S. Conway）、巴雷上校（Colonel Barre）以及罗金厄姆侯爵（Marquis of Rockingham）等都得到了殖民地人的感激与赞誉。"愿皮特、康韦和巴雷之名，以及所有那些大胆运用势不可挡之话语来维护陷入危机的祖国事业的（人们），英国的西塞罗们，永被珍视和尊敬"；"愿不

---

① 《印花税法》风波中，殖民地的报纸出版商也有不同的政治立场，并非全部赞成和支持殖民地同母国的抗税斗争，可参见 Stephen Botein, "Printers and the American Revolution", in Bernard Bailyn and John B. Hench, eds., *The Press and the American Revolution* (Boston: Northeastern University Press, 1981), pp. 11-57。

② Jonathan Mayhew, "Of the Great Things Which GOD Hath Done For Us", in *Two Discourses Delivered October 25th, 1759* (Boston, 1759), p. 16.

③ Daniel Dulany, *Considerations on the Propriety of Imposing Taxes in the British Colonies, for the Purpose of Raising a Revenue, by Act of Parliament* (Annapolis, 1765), pp. 18-20.

列颠和美利坚能无时无刻不享有你这爱国美德的恩惠"。正是因为"上帝庇佑，……拥有……一批最杰出的爱国者，并且是人民自由与权利的捍卫者"，殖民地人才能在这"满是暴政和奴役的世界中拥有自由"。① 当时这一类言论较多，其共同的逻辑前提在于殖民地仍是英国的一部分。② 殖民地人将反对并积极推进《印花税法》废除的母国政治人物称为"爱国者"，既是为了感激殖民地的诉求得以实现，更是为了强调英帝国整体的自由得到了捍卫。殖民地是英国的一部分，一旦自由不保，本土英国人的权利也会受到同样的威胁，英国将全面沦为专制国家。③ 因此，反对《印花税法》在殖民地的推行实际上是在捍卫英国的宪制，是在保护全体英国臣民的自由。因而"所有不偏私的、有道德的爱国者，英国利益的热切拥护者们，都会欣喜于殖民地为了国家的自由和福祉而进行的高贵的抵抗"。④

其次，殖民地还涌现出大量直接向英王表达忠诚与爱戴的言行。《印花税法》被废除的消息一经传出，波士顿的市民为了庆祝，张灯结彩，彻夜狂欢。自由之子们在自由树下堆砌了一座锥状方尖碑，最上面四格绘有乔治三世和王后，以及14位热爱自由的"爱国者"

---

① 罗金厄姆作为取代了格伦威尔的内阁首脑，与英国的大商人阶层组成同盟，共同反对《印花税法》。康韦和巴雷在法案出台前的国会讨论中就坚持鲜明的反对立场。David S. Rowland, *Divine Providence Illustrated and Improved, A Thanksgiving-Discourse Preached (by desire) in the Presbyterian, or Congregational Church* (Providence, 1766), pp. 16-18; Stephen Johnson, *Some Important Observations, occasioned by, and adapted to, the Publick Fast* (Newport, 1766), p. 28.

② 除上文所引的两篇，还可见: Samuel Stillman, *Good News from a Far Country—A Sermon Preached at Boston, upon the Arrival of the Important News of the Repeal of the STAMP-ACT* (Boston, 1766), p. 33; Thomas Hopkinson, *An Exercise Containing a Dialogue and two Odes, performed at the Public Commencement in the College of Philadelphia* (Philadelphia, 1766), pp. 6-7.

③ *The Journal of the House of Burgess*, Nov. 21, 1766, p. 30.

④ Johnson, *Some Important Observations, occasioned by, and adapted to, the Publick Fast*, p. 51.

的形象。① 在肖像下方的四面体上，殖民地人用一首诗歌慷慨激昂地总结了反《印花税法》的斗争。诗文里表达了殖民地人维护自由的决心，以"爱国者"之名赞美了老皮特和其他"美德、坚毅、勇敢之子"对这项事业的贡献，并诅咒欲剥夺殖民地自由的罪人。诗文以"殖民地人将向国王回报以坚定不移的爱"收尾。② 在自由的名义下，英王乔治三世位列"爱国者"之中，因为他维护了殖民地的自由，与其他14位美利坚在英国的朋友一样，受到殖民地人的爱戴。

这样的设计反映了殖民地人所向往的理想政制图景，即贤明的君主在"爱国者"的环绕和拱卫下，远离宵小和奸诈之徒，与真正的"爱国者"一道共同治理国家，以增添国家的荣耀，保护臣民的自由权利，如此君王就会获得臣民对他的最坚定的忠诚。"亲君子，远小人"，并听取"爱国者"的建言献策，治理国家的贤明君王暗合了"爱国君主"的观念。可见"爱国君主"与"忠心臣民"的组合这种传统而理想的政治设想，在这一时期颇具影响力。③ 另外值得注意的是，自由之子竖立的方尖碑上将乔治三世和王后置于"爱国者"之中，而非之上。殖民地的祝酒顺序也发生了变化。国王不再是祝酒时唯一的第一个对象，而是与英国议会并列，第二位是"皮特和所有我们的英格兰朋友"，取代了传统中王后的位置，而第四位则是"所有这片大陆上真正的自由之子们"，紧跟在第三位"我们和平融洽的政府"之后。④这是否反映英国王室在殖民地人心目中的地位开

---

① 这14位"爱国者"分别是：约克公爵（Duke of York）、金翰侯爵（Marquis of Rockingham）、亨利·康韦将军、伊萨克·巴雷（Isaac Barre）、威廉·皮特、达特茅斯伯爵（Earl of Dartmouth）、威廉·贝克福德（William Beckford）、查尔斯·汤森（Charles Townshend）、乔治·萨克维尔阁下（Lord George Sackville）、丹尼斯·德·博德（Dennis de Berdt）、约翰·威尔克斯（John Wilkes），以及卡姆登伯爵（Earl of Camden）。

② *Boston News-Letter*, May 22, 1766.

③ "A Letter to the Right Hon. the Earl of CHATHAM", *Massachusetts House Journal*, Nov 30, 1767 to Mar 4, 1768, p. 16.

④ *Boston News-Letter*, May 22, 1766.

始有了下降的趋势还可商榷,①但毫无疑问,殖民地人将维护自由摆在了最重要的位置,英王是因为捍卫了殖民地的自由,才被视作"爱国的"君主,并且与皮特等英国政治精英因为相同的理由——保护了殖民地的自由,共同分享"爱国者"的桂冠,受到殖民地人的尊敬与爱戴。自由实质上已经成了效忠的前提,成了"爱国"话语的核心。同时,殖民地的"自由之子"早在《印花税法》斗争期间就已经成了殖民地实至名归的"爱国者"。②《印花税法》被废除之后,殖民地人在总结这场斗争时所用的"爱国者"一词,已不再是过去指代和赞美议员等政治精英人物的称号,而变成对自由的捍卫者的赞誉,"爱国者"的名号不再为精英人物所垄断,而成为民众也可以分享的荣誉。

殖民地人以"爱国"话语来总结反《印花税法》的斗争,当然有反驳将其视为暴乱、反叛的意图。殖民地人通过"爱国"话语,强调"爱国"观中的效忠概念,借以向英国社会表明,殖民地仍与母国处在同一个共同体之中,绝非有叛乱的意图。同时,殖民地人也乐于强调母国与殖民地在自由的事业上持有共同的态度。当危机解除,自由与效忠之间的潜在张力也被消解。殖民地人重新回到危机之前对于英帝国的认知与想象中。只不过,这样的认知开始明确地以承认殖民地自由权利为前提。自由开始成为殖民地"爱国"观最为显著的特征。

《印花税法》带来的危机促使殖民地人开始认真权衡追求自由与效忠母国之间的潜在矛盾。这场风波中殖民地人的言行实际已经暗示了他们的选择。反《印花税法》风波结束之际,自由在殖民地

---

① Richard J. Hooker, "The American Revolution seen through a Wine Glass", *The William and Mary Quarterly*, Vol. 11, No. 1 (Jan. 1954), pp. 52-77, esp. 56-63. 祝酒词的顺序也会因为节庆场合的不同而调整,比如在同年六月乔治三世的生辰庆典上,纽约的祝酒词第一位是国王,第二位是王后,第三位是王储与皇室,第四位是汉诺威王室。但即使是在这种庆典上,殖民地人仍把有助于废除《印花税法》的政治精英全部列在了祝酒名单中。见 *Pennsylvania Gazette*, Jun 12, 1766.

② "From the Pennsylvania Journal", *Boston Post-Boy*, Feb 24, 1766.

"爱国"观中的关键地位已得到充分彰显。当然,由《印花税法》导致的政治危机很快被化解,殖民地人尚且不用在效忠与自由之间做最终选择。及至风波平息,殖民地人仍延续传统的效忠内涵而重归对母国的政治依附之中。"爱国"观的包容性允许殖民地人兼顾激进与效忠的双重立场,既能捍卫自由权利,又保持对英王的效忠,在抗争的同时继续享有帝国的保护与贸易福利。

反《印花税法》危机中"爱国"观内部展现出的自由与效忠之间的张力,随着帝国危机的加剧而不断加剧。殖民地人对于英国政策的抵制和抗争使得美利坚人的自由权利与效忠英国之间的矛盾愈加凸显,"爱国"观的包容性以及毗邻概念之间自洽的内在要求也使得自由与效忠之间的张力亟待解决。主权之争就是在这样的背景中产生的。

第二章
效忠困境与殖民地内部的主权之争

"爱国"观在帝国危机前期呈现在自由与效忠之间的拉扯张力，折射出了殖民地人潜在的效忠困境。这种困境日渐成为殖民地政治精英无法回避的一大难题。从《印花税法》《汤森税法》直到《茶税法》，殖民地人一面拒不遵从英国立法，一面又仍以英王臣民自居，继续享受着英帝国的保护与商贸便利。如何为殖民地人反抗合法统治权威的一系列举动与诉求找到合理且正当的解释？这种自相矛盾的立场如何才能与帝国宪制框架相一致？殖民地人又应当如何兼顾既抗争又效忠的对立立场？如果这些问题不能解决，那么同时包容自由与效忠的"爱国"观将再难自洽。概念组合的意义在于组合概念的规则可以通过改变概念内涵的偏重或指向，消融概念之间的冲突性。长期以来，英国的政治体制都是激发英国臣民自豪感的重要因素，尤其是对英国议会主权的认识和理解更是构成殖民地人效忠概念的重要内容。主权之争的产生意味着自由与效忠之间的张力发展到了一种新的程度。不辨析政治体内部最高的政治臣服与效忠对象，不明确殖民地人效忠与自由的边界，殖民地人将无法再以"爱国"来为抗争事业提供正当性。通过主权之争，殖民地的政治精英重新界定了效忠概念，在宪制框架中为殖民地人找到了一个暂时性的回旋立场。自由与效忠之间的张力得以缓解，"爱国"观也有了新的变化。主权之争的结论同时也意味着，一旦这种精心构建的中间立场不再成立，舍效忠保自由将成为必然的选择。

一、无远弗届的议会主权与殖民地人的效忠困境

光荣革命之后,国王与议会之争以议会的胜利暂时告终。新的政治体制经几十年的发展而渐趋稳定,议会主权作为平衡宪制的核心原则也逐渐成为被英国主流政治圈所接受的核心宪制理念。威廉·布莱克斯通在《普通法释义》中对此给出了经典阐释。布莱克斯通的"议会主权"定义可分为两个层面。首先他定义了主权,认为主权即任何国家都应当拥有的至高统治权,是一种绝对且专制的权力。主权权威至高无上,不受限制。其次,布莱克斯通阐明了国家主权所在与主权权力的划分。英国的至高统治权被分为立法权与执行权,分别由英国议会与国王掌握。英国议会是国家的立法机构与最高权力机构,由国王、平民院和贵族院三部分组成,国王以其政治身份参加议会。从权力的职能来看,行政权是立法权的一部分,二者在职能上能够互相牵制,彼此都保留独立性。从身份上来看,国王、贵族与平民代表各自不同等级的利益,三方平衡,国家方不致分崩离析。英国宪制设计通过职能与等级的划分,以及不同部门之间的职权牵制,达成完美的宪制平衡。英国议会是英国国家主权之所在,"它对于一切归法律管辖的事务,无论是宗教、世俗、民事,还是军事、海事和刑事问题,都有最高且不受限制的权力来制定、确认、扩大、限制撤销、废止、回复或扩充法律"。每个国家都有这种"绝对专制权力",而英国则是将其安置于议会。简言之,英国议会无所不能,无所禁制,"只要英国宪制不亡,议会权力就绝对且不受限制"。[①]

---

① William Blackstone, *Commentaries on the Laws of England, A Facsimile of the First Edition of 1765–1769*, vol.1, 1765, with an Introduction by Stanley N. Katz (Chicago: University of Chicago Press, 1979), pp. 142–143, 149–150, 156, 157. 译文参见威廉·布莱克斯通:《英国法释义》第一卷,游云庭、缪苗译,上海:上海人民出版社,2006年,第167—168、175—176、181—182、183页。

主权至高无上的观念来自博丹。博丹将主权与君权、封建领主权相结合提出了现代主权理论。他强调主权"意味着权力在力度、作用和存续时间上都不是有限的"。主权从本质上是不可转让、不可分割和不能被消灭的。国家主权包含一系列标志性权力，但其最首要的特征性权力在于立法权，其他权力都自然地包含在立法与废止权中。主权不可分割，任何让渡主权的行为都不恰当。①博丹将政治国家的主权提升到了至高、永存和绝对的高度，这些内容都为英国政治思想家所吸收。博丹的主权论是为了鼓吹君权，这套政治理论为英国的菲尔默、霍布斯所继承，再经过17世纪40年代的保皇派与80年代的托利派的宣扬，成为光荣革命之后新议会主权观的基石。②威斯敏斯特议会取代国王，成为国家绝对权力之所在，君权中的主权特性被完整地在议会主权中保留下来。英国议会的权威与权力从而成了至高、永存且不可分割的绝对权力。这套与议会制度相结合的绝对主权观，经过布莱克斯通的阐述，成为主流的政治信条，也构成殖民地保守派的意识形态的核心。③

英国议会主权观在18世纪中后期的北美殖民地有一大批服膺者，尤以皇家官员和国教牧师为中坚。马萨诸塞总督哈钦森即为其中代表。④ 哈钦森所恪守的议会主权观，在他与马萨诸塞大议会之间

---

① 让·博丹:《主权论》，朱利安·H.富兰克林编，李卫海、钱俊文译，北京:北京大学出版社，2008年，第29、146、110页。

② 马克·戈尔迪、罗伯特·沃克勒主编:《剑桥十八世纪政治思想史》，刘北成、马万利、刘耀辉、唐科译，北京:商务印书馆，2017年，第45页。

③ Janice Potter, *The Liberty We Seek, Loyalist Ideology in Colonial New York and Massachusetts* (Cambridge: Harvard University Press, 1983), p.106.

④ 在主权之争爆发前，保守派与激进派已经有过数轮交锋，议会主权观一直是殖民地官员和国教牧师与殖民地激进人士论战时的基本前提。18世纪五六十年代，殖民地的国教教士与脱离国教派就国王学院和主教制度等问题展开了长达数年的笔战。国教势力以纽约三一教堂院长副手查尔斯·英格利斯(Charles Inglis)、纽约韦斯特切斯特县教区长塞缪尔·西伯里(Samuel Seabury)、国王学院院长迈尔斯·库珀(Myles Cooper)以及新泽西伊丽莎白镇圣约翰教堂院长托马斯·布拉德伯里·钱德勒(Thomas Bradbury Chandler)为代表。到了70年代初，这些国教神父构成了在公共媒介上维护帝国政策与当局统治的主力军。波士顿倾茶事件之后，库珀化名"Poplicola"在纽约散发传单，频繁登报，大声疾呼殖民地人当以英帝国整体利益为先，不要听信一小撮 (转下页)

的公开争论中可见一斑。但是，这场始于1773年的主权之争，并不是哈钦森首次向殖民地人申明他对英国主权观念的理解。实际上，哈钦森与马萨诸塞激进派把持的议会民选分支之间积怨已久。为了打压激进的民意，强化母国权威，哈钦森在1771年与安德鲁·奥利弗合办了一份名为《监查官》(*The Censor*)的周报，每周推送一篇阐发英国宪制原则的文章。然而，事态与政治形势的变化迫使哈钦森走向台前，亲自为英国官方立场发声，直面殖民地与英国之间最敏感的问题。激化矛盾的直接因素是薪水风波。1772年6月，殖民地总督薪水改为皇家薪俸的传闻被证实，议会下院当即谴责其有损不同权力分支间的相互制衡，并要求哈钦森拒绝皇家薪俸。哈钦森以总

(接上页) 辉格派分子的鼓动。"不可容忍法令"颁布之后，保守派一度反应迟缓，直到大陆会议召开才开始有意识地撰文谴责会议决议，以争取民意，对抗占得先机的激进派人士。大陆会议结束后是保守派发表文章、出版小册子的高峰，也是殖民地内部围绕帝国宪制与殖民地人权利进行讨论的顶点。其中，在倾茶事件之后转向保守的早期激进派丹尼尔·伦纳德(Daniel Leonard)在1774年末到1775年初的《马萨诸塞公报》(*Massachusetts Gazette*)上署名"马萨诸塞人"(Massachusettensis)连载十七篇文章，痛斥辉格派煽动民意、搅乱局势的阴谋，招致约翰·亚当斯与之论战。纽约的西伯里出版小册子质疑大陆会议的决定与大会的合法性，引来还在国王学院念书的亚历山大·汉密尔顿与之论战。钱德勒也发文为帝国政策申辩，谴责大陆会议采纳了激进的萨福克县决议书，招来老对手菲利普·利文斯顿(Philip Livingston)以及新定居弗吉尼亚伯克利县的中年将官查尔斯·李(Charles Lee)的回击。马萨诸塞的财政官哈里森·格雷(Harrison Gray)也出版了声讨大陆会议决议的小册子，并撰文反驳了波士顿牧师威廉·戈登(William Gordon)在1774年末出版的布道词。宾夕法尼亚与弗吉尼亚也在大陆会议前后爆发了类似的论战，其复杂与激烈程度比出版物众多的纽约和马萨诸塞有过之而无不及。然而两地的斗争多以现实政治为主要战场，公开出版的论战文本较少。宾夕法尼亚有迪金森与宿敌约瑟夫·加洛韦(Joseph Galloway)之间的论战，弗吉尼亚有殖民地检察官约翰·伦道夫(John Randolph)与财政官罗伯特·卡特·尼古拉斯(Robert Carter Nicholas)之间的交锋，可以让人略窥其一二。激进派与保守派之争在殖民地更多地表现为现实政治中的争权夺利，依托的仍是派系之争。如何应对"不可容忍法令"成为两派争权的新筹码。故而论争立言的文本多以针砭时局开场，主体都着眼于回顾殖民地斗争历史，同时带入对敌方阵营的批判，落脚点都是为己方争取更多民意，谋求更大的政治影响力。1773年初，哈钦森在大议会三度发表演说驳斥激进派，虽然也是派系斗争的产物，但与其他留存文本相比确实最为清晰条贯地展示了殖民地保守派的主权观念。1773—1775年殖民地论争性小册子的出版情况，可参见 Thomas R. Adams, *American Independence, The Growth of An Idea, A Bibliographical Study of the American Political Pamphlets Printed Between 1764 and 1776 Dealing with the Dispute Between Great Britain and Her Colonies* (Providence, RI: Brown University Press, 1965), pp. 68-150, 185-186。

督身份公开回复议会下院，以期平复事态。未料事与愿违。到了9月，法官薪酬也将改由皇家支付的消息在殖民地不胫而走，哈钦森前期对民选议会的公开答复尚未产生足够的政治回响，就迅速被新的态势所吞没。与此同时，哈钦森的政治靠山希尔斯伯勒勋爵（Lord Hillsborough）辞职，殖民地事务大臣改由达特茅斯勋爵（Lord Dartmouth）接任。哈钦森在政治上失去后援，只能独立行事。11月初，波士顿召开村镇会议，起草并通过殖民地人的"权利声明"，决定将包含"权利声明"的村镇会议记录印制600份分送各村镇，以扩大政治影响。① 在哈钦森看来，波士顿的激进分子不啻是在阴谋策动整个北美大陆的反叛与独立。随着马萨诸塞境内越来越多的村镇表示支持波士顿人的权利主张，哈钦森决定召集大议会，希望通过公开辩论来正本清源，控制事态。②

哈钦森对英国议会主权观念的理解与布莱克斯通一脉相承。但在主权话语的使用策略上，哈钦森无疑更为灵活老道，因为他熟读史籍，知识丰富，而且长年与激进分子周旋，拥有应对激进权利话语的经验。1773年，哈钦森在大议会上共发表演说3次，希望借阐释主权话语向殖民地人说明英国宪制的真正内涵。在这3次演说中，哈钦森主要阐明了两点：主权拥有至高权威；主权是不可分割的。哈钦森反复强调，英国议会的最高权威不容置疑，因为主权的至高性无可争议。如果要通过民众自由商讨来决定是否服从最高权威，那势必导致政府的解体。波士顿人使用的自然权利话语无法否认英国议会的最高权威。因为一旦进入政治社会，人民的自然权利就让渡给了政府以保障法律自由。殖民地人通过特许状已经表达了他们的同意。除查理二世复辟前短短数年的无政府时期以外，殖民地人

---

① *The Votes and Proceedings of the Freeholders and other Inhabitants of the Town of Boston, In Town Meeting assembled, According to Law* [Published by Order of the Town] (Boston, 1772).

② 对于哈钦森的政治困境和召集马萨诸塞大议会的决定，主要参考 Bernard Bailyn, *The Ordeal of Thomas Hutchinson* (Cambridge: The Belknap Press of Harvard University Press, 1974), Chap vi, "The Failure of Reason", 尤其是第 199-200、203、206 页。

从未质疑过英国议会的管辖。政治社会内部必然存在一个至高权威，只要政治社会不解体，其权威性就不可被社会成员质疑和动摇。换言之，政治体内部的成员没有革命的权利，这也正是布莱克斯通式的主权观念中最为关键的隐含之义。主权权力不可分割则是哈钦森着力强调的另一方面。英国议会的权威不仅至高无上，并且其权力不可分割。如果殖民地人坚持自己的立法机构对本地事务拥有最高权威，那么"两个立法机构会产生两套不同的政府，就像《联合法案》之前的英格兰与苏格兰王国一样"。殖民地的特许状中并没有明文将"唯一立法权"授予本殖民地的立法机构，相反，"不冲突条款"的存在为英国议会保留了对殖民地的管辖权。而且，议会主权的至高性也要求次级权威的服从，因为两套管辖权力必然无法并存于同一个政治体内。①

不仅主权权力不可分割，作为政治效忠对象的主权权威也是不可分割的整体，这集中体现于"王在议会"的宪制理念上。这乃是哈钦森主权话语中至关重要的逻辑支点。作为国家最高主权所在的英国议会是集国王、贵族院与平民院三者于一体的整体性主权机构，三大分支有等级差异与具体职能之分，但三者共同享有主权，其中任一分支都无法成为主权权力的单一来源。哈钦森认为，对于组成主权机构的任一分支的政治效忠，都意味着对英国议会主权的整体性臣服。因此，自称国王臣民但却拒不服从英国议会立法管辖的中间立场，并不符合英国宪制的基本原则；殖民地人只要效忠英王，就应当服从英国议会的权威。在哈钦森的主权话语中，英王并非国王个人，而是作为政治身份的王权所在，这也符合英国经典主权观念的定义。因此，在哈钦森看来，只要证明殖民地人效忠的是英国王权而非国王本人，那么殖民地人对英国议会的服从也就是顺理成

---

① *The Speeches of His Excellency Governor Hutchinson, to the General Assembly of the Massachusetts-Bay. At a session begun and held on the sixth of January, 1773. With the answers of His Majesty's Council and the House of Representatives respectively* (Boston, 1773), pp. 11–12, 10, 4–10, 115.

章之事。

哈钦森试图从封建义务的角度证明殖民地一切权力来源于英国王权。哈钦森强调，殖民地人是英格兰王权的封臣，殖民地非国王个人采邑，而是英格兰王权分封的结果。领主权和分封权都属于王权，个人通过特许状被授予这些新发现的领土，自然也就成了英格兰王权的封臣。特许状中的效忠条款也能说明殖民地人的效忠对象乃是王权。特许状中规定其持有人的臣服对象是"英王和英王继承人"，这表明特许状持有人臣服的不是英王个人，而是英格兰王权。因为作为自然人的英王会死亡，但特许状持有人并不会因为自然人国王的去世而停止效忠，而是随政治属性的转移而继续效忠于继位的新王。只有公共属性或政治属性的王权才能不受自然人国王生老病死的影响。① 因此，特许状要求殖民地人对世代英王保持效忠，就意味着对英国王权的效忠。哈钦森还提及伊丽莎白女王最早授予汉弗莱·吉尔伯特（Humphrey Gilbert）的特许状，称其中明确要求特许状持有人效忠于女王及女王的继承人，这无异于为王权保留了对该地区的领主权和主权。特许状中也明确规定，殖民地人始终作为王权的臣民乃是授予特许状的前提。殖民地人受英王的分封，就必须臣服于英国王权，尽其"封建义务"。而且，英格兰王权是立法机构的首领，"依照英国宪制原则，其（立法机构）与王权之威一样遍及所有领地的每个角落"；而臣服于王权也就"要服从国王的法律和

---

① 英国国王同时兼具自然人与政治身份双重性，而国王的政治身份被法律赋予了永生。布莱克斯通的《普通法释义》中对此有较为清晰的定义："法律赋予他，在他的政治身份中，绝对的永恒性。国王永生不死。……现任国王的自然人一逝世，他的国王身份或者说皇威（imperial dignity）即刻被投注于他的继任者身上，根据法律，期间没有任何空位期和间隔。…… 自然人的国王去世，被称为'驾崩'，……当我们说到王权的驾崩，我们只是表示，国王的自然身体与他的政治分体分离之后，王国被转移给他的继任者，因而国王的政治身份永存。" Blackstone, *Commentaries on the Laws of England*, v.1, p. 242；布莱克斯通笔下的国王二体论乃是由数个世纪的法律政治思想发展演变而来，见 Ernst H. Kantorowicz, *The King's Two Bodies—A Study in Mediaeval Political Theology* (Princeton: Princeton University Press, 1957).

国王的大臣的统治"。① 按照另一个效忠派的说法，殖民地人是"英格兰议会之王的臣民"（Subjects of an English Parliamentary King），而非英王的臣民；只要保持效忠，殖民地人就必然要臣服于英国议会的最高权威。②

哈钦森并未刻意忽视光荣革命导致的最高权力的转移，但他强调殖民地人通过实际的政治举动表达了对宪制变更的承认。英国议会在革命中的立法对殖民地产生了空前的影响：威廉三世和玛丽女王成了英格兰、法国、爱尔兰以及所有属于詹姆士二世的领地的国王。当光荣革命的消息传来，获取了马萨诸塞湾殖民地统治权的团体当即派出代理人，向英国议会请愿，希望重新恢复马萨诸塞的第一份特许状，这显然是承认了英国议会的权威。双王登基的第一年，英国议会又通过《加冕誓词法》（1 Will & Mary c 6），规定此后继位的英王都须宣誓依照英国议会的制定法以及习惯法来统治人民和领地。当时，马萨诸塞湾殖民地的代理人在本殖民地的授意下，再次请求威廉三世授予特许状，这表明"他们也知道国王必须根据英国议会的法律来统治殖民地人，承认国家的最高权威是并且永远是英国议会，这就是特许状被批准时我们的祖先、国王以及英国国民的意见"。③

显然，哈钦森的主权话语是精心构建出来的。他苦心孤诣地将主权话语所蕴含的二元性意涵杂糅在一起，以产生强大的话语压力，力图使民选议会中的激进辉格派认识到，"在承认英国议会作为最高权威与诸殖民地的完全独立之间没有中间立场"。④ 统治的权威性

---

① "On Tuesday the 16th of February his Excellency was pleased to deliver the following Speech to both Houses in the Council Chamber", *The Speeches of His Excellency Governor Hutchinson*, pp. 63-64, 65, 73.

② Jonathan Boucher, *A Letter from a Virginian, to the Members of the Congress* (New York, 1774), p.10.

③ "16th of February Speech", *The Speeches of His Excellency Governor Hutchinson*, pp. 79-80.

④ "6th of January Speech", *The Speeches of His Excellency Governor Hutchinson*, p. 11.

（authority）与实际的统治权力（power）两个意涵，经过哈钦森的糅合，产生了新的逻辑力量，即承认最高权威的存在就要承认最高权力机构实际的管辖权力，而次级权力机构的"分权"是不能成立的。这实际上是在利用殖民地人不愿意公然叛乱的中间立场迫使其服膺于英国议会的管辖权。对于哈钦森来说，英国议会主权观是一种完美的意识形态，他诉诸议会主权观念中的规范性涵义，相信只要阐明议会主权是英国宪制的核心，殖民地人就会理解正统的宪制原则，并服从英国议会的立法管辖。他主动召集大议会，寄希望于理性辩论，试图以说理来消弭民众对英国主权原则的"误解"，这当然也是出于意识形态的自信。然而哈钦森的失败几乎是不可避免的，因为他的对手并非辉格派，也非诋毁政治权威的激进话语，而是激进话语背后业已成型的全新的殖民地主权观念。

二、议会主权观的拆解与殖民地新主权观的建构

哈钦森将布莱克斯通式的主权观与殖民地具体语境相结合，强调英国议会不仅在权威上无远弗届，其权力也是不可分割的。议会主权观是北美亲英派共享的政治话语。作为官方意识形态，它与宪制原则环环相扣，有着强大的合法性基础。为了拆解这一套庞大而精密的话语体系，殖民地激进派采取了多种不同的路径。

马萨诸塞参事会从否认绝对权力的角度，对英国议会"绝对且无限"的主权加以质疑。在给哈钦森议会演讲的回复中，参事会开宗明义地提出，"最高权威"不应当是"无限权威"，因为"最高或者无限的权威只应当属于这宇宙的主宰，……所有政府的最高权威都应当是有限的，英国议会的最高权威也必然是有限的"。那么，英国议会权威的界限何在？参事会在答复书中强调，英国议会的最高权威是由英格兰宪制演进过程中的一系列习惯法和制定法所约束的，英国议会也必须要在宪制框架内行事。只接受经本人或本人代表同意而制定的法律的统治，乃是英格兰宪制最基本的原则，而英国议会权威的施展必然要符合这条原则。殖民地人在英国议会中没有代

表席位，殖民地人无法对英国议会的立法程序表达同意或反对，因而威斯敏斯特不能通过直接立法来管辖殖民地。况且，英国的政治体制弥漫着自由的精神，最高权威之下的次级权威也可根据当地情况拥有或大或小的立法和执行权。参事会还提出，一旦权力被分割给了次级权威，"只要次级立法权和执行权没有越出被授予的管辖权范围，那么最高权威就无权剥夺或削减当地的次级权威，也无权以自身的立法来取代次级权威通过的法案"。这样一来，当地权威的管辖范围反过来构成最高权威管辖权的界限所在。换言之，殖民地的立法机构合法合理拥有独立的管辖权，在本地事务上不受威斯敏斯特议会权威的管辖。①

所谓的议会"至高"权威，上不能挣脱宪制原则的框架，下不能侵扰次级权威的管辖范围，英国议会主权"绝对且无限"的话语就遭到了解构。然而，英国议会主权观中的"至高性"只是问题的一方面。对于殖民地人而言，议会主权带来的最大挑战还在于，"王在议会"的概念将对国王的效忠与服从英国议会权威牢牢地拴在了一起。只要殖民地人还自认是英王臣民，就难以摆脱要服从英国议会管辖的宪制义务。在当时的形势下，殖民地继续依托于母国，享受其军事保护与贸易优待，仍然是最符合殖民地人的利益的。在效忠英王与独立于英国议会管辖之间找到"中间立场"，化解议会主权观所导致的"效忠困境"，只有通过拆解整体性的英国主权观来实现。为此约翰·亚当斯、詹姆斯·威尔逊和托马斯·杰斐逊分别提出了不同的解决思路。

---

① "To this Speech His Majesty's Council on the 25th of February sent to his Excellency the following Answer, by Harrison Gray, James Russell, James Pitts, Stephen Hall, and James Humphry, Essq'rs; viz.", in *The Speeches of His Excellency Governor Hutchinson*, p. 115; "On the 25th January William Brattle, Harrison Gray, James Pitts, James Humphrey, and Benjamin Greenleaf, Esquires, a Committee of his Majesty's Council, waited on the Governor with an Answer to the foregoing SPEECH, viz.", in *The Speeches of His Excellency Governor Hutchinson*, p.19; "Council on 25th of February Answer", in *The Speeches of His Excellency Governor Hutchinson*, p.86.

亚当斯在以他为主要执笔的民选议会答哈钦森书中宣称，殖民地的所有权力完全来自国王个人，与代表英国人民的英国议会毫无关系。首先，美利坚领土的一切权力只可能属于王权。美利坚本是"异教徒"居住的地区，依教皇敕令，一经英王臣民发现，英王就获得了对该地区的包括所有权、占领权和主权（Property, Dominion and Sovereignty）在内的一切权力。且不论教皇敕令的合法性，可以确定的是，"新获得的境外领土，没有并入英格兰境内，因而王权可以专断处置"；"国王处置和让渡任何没有并入境内的领土，这是国王的宪法专属权力（constitutional Prerogative）"。换句话说，殖民地的所有权力都只来自王权，与英国议会所代表的英国人民无关。英王凭借这项权力，以特许状的形式，向个人或贸易公司授予美利坚的领土和领土之上的权力。获得授予的殖民地人成为英王领地的保有人，对英王效忠，英王对其享有领主权。① 其次，英国议会的管辖权力范围限于四海之内（within four seas）。美利坚的第一份特许状由詹姆士一世授予，其中包含的一份宣言表明，虽然美利坚仍在对英格兰王权效忠的地域范围之内，但并不算英格兰王国境内的一部分。特许状中的"不冲突条款"，旨在要求殖民地的法律能够契合基本宪制原则与根本法，绝非要求殖民地臣服于英国议会的最高权威。此后不断颁发类似特许状而未闻反对之声，这也足以表明，英国议会默认了国王的这项特权。

再者，从国王通过特许状所授予的权力的内容来看，殖民地人获得了"足以让他们组成自由而单独的政治体的权力"。亚当斯强调，殖民地通过特许状所获得的权力和其他英国境内法人通过特许状获得的权力都不同。马萨诸塞的特许状允诺殖民地政府再建次级政府之权，以及裁决和惩处重大犯罪行为，成立普通法法院，判处

---

① "And on the 26th of January the House of Representatives sent up to his Excellency their Answer, by Mr. Adams, Mr. Hancock, Mr. Bacon, Col. Bowers, Major Hawley, Capt. Derby, Mr. Phillips, Col. Thayer, and Col. Stockbridge." in *The Speeches of His Excellency Governor Hutchinson*, pp. 36, 41, 39.

死刑之权。"这些和诸多其他授予（殖民地）政府的权力都清楚地表明，它被视为一个……和政治国家一样的法人团体"。并且，殖民地人也是英国臣民，应当同享英国境内自然臣民的一切权利，而英格兰臣民的一项最基本的权利就是，只受其本人有权利参与制定的法律的管辖。本殖民地的人民无法享有在英国议会的代表权，为了保障殖民地人与在境内的英国臣民一样的权利和自由，就必须在殖民地另设立法机构以管理本地事务。换言之，殖民地的本地议会应享有对本地事务的完全的管辖权。①

对于亚当斯所代表的马萨诸塞民选议会下院来说，殖民地人效忠的对象是国王，而不是英国王权，因此不能通过"王在议会"的概念将殖民地人带入英国议会的管辖范围之内。亚当斯援引了1608年"加尔文案"中大法官爱德华·柯克（Edward Coke）的判决意见：臣民效忠的是身为自然人的国王，"如果忠诚和效忠对象不是国王的政治身份，那也就并不效忠于作为英国立法权威首脑或组成部分的英王"。殖民地人和母国的政治关联只能通过自然人身份的国王所构建。如果根据哈钦森的"本省人民是英格兰王权和英国人民的封臣，那么前者的生命、自由和财产都将由后者任意处置"，殖民地人将臣服于"绝对且没有限制的权力"。换言之，若想不沦为奴隶，殖民地人就只能是国王的臣民。从本质上说，英国人和马萨诸塞人是同质且对等的英王臣民，英国人的议会和马萨诸塞人毫无关系。②

詹姆斯·威尔逊是一名在宾夕法尼亚执业的年轻律师，他没有像亚当斯那样采取完全撇开英国议会作为殖民地政治权力来源的思路，而是选择从代表权入手来否认英国议会权威。1774年7月，

---

① "26th of January the House of Representatives Answer," in *The Speeches of His Excellency Governor Hutchinson*, pp. 38, 47, 44.

② "And on Tuesday March 2d, Mr. Hancock, Mr. Gorham, Major Fuller, Capt. Greenlease, Capt. Heath, Mr. Phillips, Capt. Nye, Capt. Brown of Watertown, and Capt. Gardner, a Committee of the House of Representatives, waited on the Governor with their answer as follows, viz.", in *The Speeches of His Excellency Governor Hutchinson*, pp. 99, 112, 113.

宾夕法尼亚各县推选的代表在费城召开了全殖民地大会（General Convention）（不同于议会的法外会议）。会议闭幕之后，威尔逊出版了《对不列颠议会立法权威的本质与程度的思考》（以下简称《思考》），加入公开的主权争辩之中。① 威尔逊承认每个政治体中都必然有一个至高权威存在，但反对英国议会作为殖民地的主权权威。为了回避"王在议会"的概念，他将问题专门限定在英国议会的平民院。威尔逊的逻辑很简单：立法机构制定的法律之所以对包括国王、贵族和民众的社会全体都有约束力，正因为在立法过程中国王以批准表达了同意，贵族通过上院议员投票表达同意，而民众则通过下院代表表达同意；"如果美利坚人有义务服从英国议会制定的法律，……那也只能是因为，大不列颠下院的代表们投票同意通过这些法案"。②

威尔逊援引了 18 世纪日内瓦的自然法学者让-雅克·博拉马基（Jean-Jacques Burlamaqui）的政府第一原则，强调基于人民的同意与

---

① 有史家考证威尔逊的这篇政论实际成稿于 1768 年。有感于导师约翰·迪金森的《宾夕法尼亚农场主来信》（1767—1768）的大获成功，威尔逊也迅速撰写了一篇质疑英国议会对殖民地征税权力的文章。费城学院的副教务长弗朗西斯·艾利森（Francis Alison）在读过该文后一方面赞赏不已，一方面也建议威尔逊暂避由迪金森文章引发的政治风波。也许是出于如此考虑，威尔逊并没有选择在当年出版这篇文章。1774 年 5 月，英国议会为了严惩波士顿倾茶事件而通过一系列法案的消息传到殖民地，母国与殖民地之间的宪制矛盾愈加激化。为了回应新一轮"压迫"并声援波士顿人，费城的激进派迅速召开了费城集会，并决定动员其他各郡县选派代表来费城共商对策。7 月中旬，由各地选派代表参加的全殖民地大会在费城召开，威尔逊作为坎伯兰县的代表参会。会议通过了致宾夕法尼亚民选议会的指导意见。意见书由约翰·迪金森主笔，这是一份表达殖民地人不满和权利的声明书。会后，这份非官方集会的"官方"文件被命名为"大不列颠对美利坚殖民地的宪制权力"交由费城大出版商威廉·布拉福德（William Bradford）印制出版（见第 59 页注释③）。威尔逊也借机将其 1768 年的旧作重新修改交给同一出版商出版。参见 Charles Page Smith, *James Wilson, Founding Father, 1742-1798* (Chapel Hill, NC: The University of North Carolina Press, 1956), pp. 36-54。

② James Wilson, "Considerations on the Nature and Extent of the Legislative Authority of the British Parliament", Kermit L. Hall, Mark David Hall eds., *Collected Works of James Wilson*, in 2 vols, (Indianapolis, IN: Liberty Fund, 2007), v.1, pp. 14-15.

福祉的统治合法性。① 既然"社会的福祉是所有政府的第一原则",这种以人民的幸福作为合法性基础的主权定义,就具有削弱英国议会绝对主权理论的作用。威尔逊在脚注中专门引用了博拉马基对主权的界定:"主权权利即最终统治的权利——但只能是为了获得真正的幸福;如果没有达成这一目标,主权就不再是合法权威"。因此,宪制原则只是第二位的原则,"政府的第一原则以自然法为基础,它必然支配一切政治准则;它必然能约束立法机构"。②立场相对保守的约翰·迪金森在《大不列颠对美利坚殖民地的宪制权力》一文中,也极力主张人民的福祉不受侵害是一切宪制权力的界限,强调"人民的福祉乃是结成宪制的目的,……我们也可以称之为宪制的身体。自由当是其精神或灵魂。人的灵魂有权利阻止和减轻任何损害个体身体健康的行为,那么宪制的灵魂也有权利尽其可能,防止和缓和任何妨害到社会整体的行为,从而保障其健康运转"。③

人民在同意结成政府之后,也仍然"有权利坚持使第一原则得到遵守"。政府成立之后,人民须确保政府的目标不至发生偏离,于

---

① Jean-Jacques Burlamaqui, *The Principles of Natural and Politc Law*, translated by Thomas Nugent, edited and with an Introduction by Petter Korkman (Indianapolis, IN: Liberty Fund, 2006);作为自然法学家的博拉马基并不以原创性见长,他更多的贡献在于普及了格劳修斯和普芬道夫的自然法理论;他同时也完整地继承了霍布斯的主权理论,并成为殖民地保守派引以论证议会主权的思想资源。根据不完全的报刊记录,最迟在1756年,他的《自然法原则》被宾夕法尼亚的书商引入北美殖民地。1763年伦敦书商将《自然法原则》与《政治法原则》两本书合并为《自然法与政治法原则》出版,该书迅速成为英国与北美殖民地诸多学院的教材。参见 Giorgio Del Vecchio, "Burlamaqui and Rousseau", *Journal of the History of Ideas*, Vol. 23, No. 3 (Jul.-Sep., 1962), p. 421; *The Pennsylvania Gazette*, Aug. 12, 1756; Petter Korkman, "Introduction", in *The Principles of Natural and Politc Law*, p. xiii;保守派对博拉马基主权阐释的引用,见 Joseph Galloway, *A Candid Examination of the Mutual Claims of Great-Britain and the Colonies* (New York: Printed by Rivington, 1775)。

② Wilson, "Considerations", pp. 4, 5.

③ John Dickinson, *An Essay on the Constitutional Power of Great-Britain over the Colonies in America, with the resolves of the committee for the province of Pennsylvania and their instructions to their representatives in assembly* (Philadelphia: Printed by Bradfords, 1774), p. 36.

是就引出了代表制的问题。威尔逊否认英国下院能够"实质性代表"美利坚人。英国宪制的设计确保了英国人民对立法机构的控制,然而美利坚人无法同享这些保障,不能制约下院代表;而且英国下院的权力来自英国国民,英国国民对美利坚人并不具有任何权力。同为英王的臣民,英国民众既无对美利坚人立法的自然权利,也无对美利坚人的征服者权力。美利坚人和英国人都是英王完全平等的臣民,二者唯一的区别只是美利坚人离开了英国本土,前往新大陆开拓殖民地。然而,难道"辞别了本土就同时丧失了自由吗?难道踏上不列颠本土,就是自由人,离开不列颠,在美利坚,就是奴隶"?如果背井离乡为英王拓展疆域、为英国增添财富最终只能换来陷入奴役,那么"不列颠人应当为如此主张而羞愧"。①

基于代表制的合法臣服在英国宪制体系中早有先例。但凡谈及北美殖民地人的权利问题,英帝国内部的其他殖民地往往是常见的比照和参考。和亚当斯一样,威尔逊也翻出了1608年的"加尔文案"。"加尔文案"的判决书给出了爱尔兰居民不受英国议会立法约束的意见,而爱尔兰人之所以不受英国议会立法约束,是因为他们没有派代表参加英国议会。威尔逊指出,王座法庭的大法官依据的原则也正是"美利坚人用以反对英国议会最近为殖民地立法的原则",这就是"英国议会的权威仅仅来自代表制"。在威尔逊看来,"加尔文案"最重要的贡献,正是区分了效忠英王与服从英国议会是基于两套不同的原则:"前者是源自(国王提供的)保护,而后者则以代表制为基础";以往忽视了这种区别,在"理解大不列颠与美利坚殖民地的关系时产生了诸多模糊和混淆"。②

合法统治中只有一类不需要基于被统治者的同意,那就是征服者的统治。在1693年的"布兰卡德诉加尔迪案"(Blankard v. Galdy)中,大法官约翰·霍尔特(John Holt)裁定,牙买加作为被

---

① Wilson, "Considerations", pp. 5, 6-9, 15, 16.
② Wilson, "Considerations", pp. 19, 20.

征服的领土，除非特别说明，也不受英国议会制定法的约束。但在上述两案的判决书中，大法官们为牙买加人与爱尔兰人服从未来的英国议会立法留下了空间，即如果在制定法中明确提到了这些地区，那么该地区就必须要服从法律的约束。威尔逊认为这项原则是基于征服者的权力，然而美利坚从来不是被征服的领地。与北美殖民地的情况不一样，爱尔兰、牙买加与不列颠的连结更接近主从关系。爱尔兰的王座法庭通过复审令仍然要服从不列颠的王座法庭，它对不列颠的臣服地位有迹可循。牙买加更是被征服之地，英王对它拥有征服者的权力。但在北美殖民地的法院系统中，并没有类似的对英国王座法院的臣服关系，而且美利坚人也从未被征服。美利坚人是得到国王允准，受国王的委派，"以个人的身家性命，远征偏僻之地，占领，耕作，逐渐培育"，才有了北美殖民地的发展。最初的开拓者从不会想到自己的后代有朝一日会成为被征服的人民。① 既然美利坚不是被征服的地区，议会立法的具名原则也就不适用。依照威尔逊所言，美利坚人既没有在英国议会中被代表，也不是被征服的人民，更无立法先例可循，因此英国议会没有任何根据可以声称对北美诸殖民地拥有立法权力。

杰斐逊则有别于亚当斯和威尔逊，其立场更为激进。如果说前面两位致力于拆解或者回避"王在议会"所带来的效忠困境，那么杰斐逊则是以一套立足于殖民地的主权话语，既驳斥英国议会对于殖民地的主权权威，又否认英王基于分封的封建领主权力，从而彻底否认了英国对殖民地主权的正义性。

杰斐逊的《英属美利坚权利概论》（以下简称《概论》）原本是他草拟的一份给弗吉尼亚代表的指导意见，并未打算直接发表。杰斐逊原计划在弗吉尼亚大会（Virginia Convention）上与其他地区代表共同讨论指导意见，但因病无法成行，只得将草稿转寄给弗吉尼亚议会议长佩顿·伦道夫（Peyton Randolph）和著名的激进人士

---

① Wilson, "Considerations", pp. 22, 23, 20–21, 24.

帕特里克·亨利（Patrick Henry）。伦道夫等人将这份草稿略作删改，便交付出版。①威尔逊的立场较迪金森已是大为激进，而《概论》在论及北美殖民地与英国关系时，又比威尔逊更推进了一步。

杰斐逊将美利坚殖民地人的权利渊源追溯到撒克逊祖先。撒克逊人本是生活在欧洲不列颠领土上的自由居民，来到英格兰后建立了全新的社会。他们所离开的故土从来没有要求他们臣服和依附。撒克逊人的自由是完整的。从不列颠移居到美利坚的居民与撒克逊移民没有任何区别。所以，移居并不能赋予母国对于移居所到之处建立的社会的主权。杰斐逊进一步提出，殖民地的主权，基于征服者的权利，应当完全归殖民地人拥有。北美殖民地完全是由殖民地人开辟和建立的。凭借着殖民者个人付出的代价，才有了北美社会的存续和繁荣，与不列颠民众无关。"殖民地人付出了他们的鲜血，他们用自己的财产实现了殖民地的运转与存续；他们只靠自己来奋斗，他们只凭自己去征服，因此只有他们才有权掌握殖民地（的主权）。"②

殖民地的所有权力都是基于征服者的权力，然而征服北美殖民地的只有殖民地人。杰斐逊一意强调，英国民众从未在殖民地的建立过程中出力，英国的公共财政也从未援助过殖民地的发展。一直到晚近，殖民地人已经在新大陆的蛮荒之地上站稳脚跟，"成了对大不列颠商贸利益有价值的地区"，不列颠才以贸易补贴的方式支持殖民地人的生产。类似的援助英国也曾给予其他盟友，但是英国从没有声称对给过援助的地区和政治体拥有主权。如果要以服从和依附为代价，他们肯定不会接受这类援助。"我们并不是要贬低这些援

---

① "Draft of Instructions to the Virginia Delegates in the Continental Congress (MS Text of A Summary View, &c.), [July 1774]," Founders Online, National Archives, last modified December 6, 2016, http://founders.archives.gov/documents/Jefferson/01-01-02-0090 [Original source: *The Papers of Thomas Jefferson*, vol. 1, 1760-1776, ed. Julian P. Boyd, Princeton: Princeton University Press, 1950, pp. 121-137.] 更多出版说明可见 *The Papers of Thomas Jefferson*, V.1, Appendix I。

② Thomas Jefferson, "A Summary View of the Rights of British America", in Wayne Franklin ed., *The Selected Writings of Thomas Jefferson* (New York: W. W. Norton & Company, 2010), p. 6.

助，对我们来说它们毫无疑问是有益的，但它们不能成为英国议会凌驾于我们的依据。而且我们给大不列颠的居民独享的贸易特权也足够作为回报。"①

如果英国议会根本就不对殖民地拥有任何合法主权，那么其所有牵涉到殖民地的立法都是对殖民地主权权利的侵害。杰斐逊罗列了从《海上贸易条例》开始，殖民地人被英国议会立法所剥夺的一系列自由权利：自由贸易权，自由销售满足英国市场后剩余烟草的权利，自产帽子的权利，自产铁器的权利，不抵押土地就能向英国人借款的权利，等等。杰斐逊表示："我们宣布这些法案无效的真正根据在于，不列颠议会无权向我们施加权威"；这些法令从前没有引起足够的警觉，是"因为它们都比不上当今陛下统治之下发生的如此频繁和猛烈的伤害"。乔治三世登基之后，英国议会接连通过了《糖税法》《印花税法》《汤森税法》，以至于在北美解散政府，关闭港口，实行异地审判等。这些事关殖民地人财产、自由和存续的重大问题，难道"应当交由另一群他们从未见过、从未授予信任，也无法罢免或施以任何惩罚的人来决定"？为何大不列颠岛上的 16 万选民可以决定美利坚 400 万人的生命、财产和自由？如果承认英国议会的立法权威，就"无异于承认，一直以来我们自认自由民，现在猛然发现其实只是奴隶，……是十六万个暴君的奴隶"。②

虽然杰斐逊依然承认英王君主权威，但他否认英王能在殖民地实际施展的大部分权力。杰斐逊坚持认为，国王无权处置北美殖民地的土地，也无权不经殖民地人同意就往殖民地派兵。在征服者威廉将封建制度引入英格兰以前，撒克逊人早已拥有一部分英格兰的土地。这部分土地是私产，并非分封而来，不用承担对国王的封臣义务。与之类比，"美利坚没有被诺曼的威廉征服，美利坚的土地也没有让渡于他及他的继任者。所有权毫无疑问是完全自由的（allodi-

---

① Jefferson, "A Summary View", p. 7.
② Jefferson, "A Summary View", pp. 9–12.

al）"。关于这一点此前一直无人质疑，是因为"我们的祖先是劳动者，而不是律师。他们被说服相信了王权拥有一切土地这个虚假的原则，继而谋求国王对他们自己所拥有的土地再做授予"。长期以来，殖民地人都没有指明这一错误的动机。然而近来获取土地的代价成倍增长，"正是我们将这个问题提交陛下的时机"。英王更无权不经同意就向殖民地派兵。杰斐逊援引了由乔治二世所树立的先例。乔治二世需征召汉诺威军队进入英格兰，但他没有"妄称君主拥有这样的权力"，而是经英国议会通过了一项严格规定军队规模与驻扎时间的法案，才使外来军队进入了英国领土。与此相应，英王没有权利不经殖民地议会同意就派遣一支"来自不同的地区、有着相异精神的"部队踏上殖民地的土地。如果王权包含这项权力，"陛下就能随意吞没我们其他的所有权利"。国王确实拥有法律的执行权，但是帝国各个地区的法律不能在不同的政治体之间交叉执行，"每个政治体都必须自行决定可信任的武装力量的规模大小，以及对武装人员的限制"。①

杰斐逊不仅不承认英国议会对殖民地的主权，还否认了英王对殖民地的土地所有权与专断派兵权。虽然否认的只是英王的权柄，而非英王作为最高统治者的权威，但《概论》的激进性已经超出了弗吉尼亚政治精英的共识。这与杰斐逊的写作意图有关。杰斐逊与威尔逊的文章都是同一波革命形势的产物。威尔逊的文章是在宾夕法尼亚的殖民地大会结束后，为补充迪金森执笔的官方温和立场而发表的。杰斐逊文章的意图则是，在弗吉尼亚大会召开之前为大会决议确定基调，进而影响本殖民地派往大陆会议的代表的立场。《概论》的立场和意见最终并没有为大会所采纳，也是由于它过于激进的缘故。②

---

① Jefferson, "A Summary View", pp. 20-22.
② *Revolutionary Virginia-The Road to Independence, v.1, forming thunderclouds and the first convention, 1763 – 1774, a documentary record*, compiled by William J. Van Schreeven, edited by Robert L. Schribner, (Charlottesville, VA: University Press of Virginia, 1973), p. 241.

杰斐逊声称，殖民地人是北美的真正征服者，因而拥有对北美殖民地的全部主权。殖民地人的主权意味着殖民地人通过代表来决定殖民地的事务，尤其是征税、立法、贸易和土地分配等关键议题。其实，亚当斯和威尔逊也在行文中以不同的方式强调殖民地的主权权力。以哈钦森为代表的亲英派将权威与权力糅合在一起，试图通过殖民地人的效忠迫使他们服从英国议会的主权权力。为了化解"王在议会"的概念所造成的效忠困境，激进派只能选择反其道而行之。以亚当斯、威尔逊和杰斐逊三人为代表的激进派话语拆分了主权的双重意涵。三人不约而同地将主权的权威性寄托于英王，同时否认英国议会施展主权权力的正义性与合法性。通过区分主权概念中的权威与权力，并在话语阐释中适当对其加以放大和强化，殖民地人不仅化解了效忠英王与拒斥议会之间的矛盾，找到了中间立场，而且还在宪制框架之下阐释出了全新的殖民地主权话语。正是基于这套新的主权观念，殖民地人萌生了与本土英国人平等而同质的身份意识，开始以平等的姿态重新构想英帝国体系。

殖民地激进派在构建主权话语的过程中，将殖民地与母国的政治联系完全寄予国王个人，吁请国王以专属权力否决议会法令，保护殖民地人的权利，这是话语策略和中间立场两相结合的产物。近来有学者以这些话语证明殖民地的一小部分辉格派人士意图复兴王权，其判断未免有失偏颇。① 从 1774 年的情势来看，否认英国议会主权同时又避免完全独立，乃是殖民地精英所普遍认可的政治立场。② 大陆会议发布的"权利宣言"将自然权利、英国宪制与殖民地特许状同时列为殖民地人权利的根源，就是调和了激进派与温和

---

① Eric Nelson, *The Royalist Revolution, Monarchy and the American Founding*, (Cambridge: The Belknap Press of Harvard University Press, 2014).

② 从 1774 年 5 月 10 日《港口条例》的消息传到殖民地开始，经各地的村镇会议、法外集会、省级大会以及民选议会，再到第一届大陆会议的召开，只用了不到四个月的时间。关于各殖民地对于"不可容忍法令"的不同反应，以及革命情势如何一路向南扩展，各地法外集会如何倒逼民选议会的叙述，详见 David Ammerman, *In the Common Cause, American Response to the Coercive Act of 1774* (New York: W. W. Norton & Company, 1974), pp. 19-34。

派立场之后的结果。① 援引自然权利话语能够激发的政治势能与援引后两者迥然有别。主张权利受英国宪制原则的保障,是为了强调殖民地人与本土英国居民享有同等的自由权利。以特许状作为权利来源,是将特许状视为英王授予殖民地人的第二重保障。两者都在英国政治体制之内讨论权利与权力的关系。自然权利话语则很不一样。以自然权利作为权利来源意味着革命的可能性。在殖民地人的政治话语中,对自然权利话语的使用一直有三种形态。帝国官员与殖民地保守派坚称人民的自然权利在进入政治社会之后就已经让渡于政府,英国宪制原则足以保障人民的自由权利。②殖民地的大部分激进派强调,人民仍然保留了一部分不可让渡的自然权利,一旦遭到政府侵犯,人民就有反抗的权利。③ 极端激进人士则主张,殖民地先民在离开

---

① 第一届大陆会议是殖民地温和派的政治胜利,详见 Jerrilyn Greene Marston, *King and Congress, The Transfer of Political Legitimacy, 1774–1776* (Princeton: Princeton University Press, 1987), pp. 87–94。

② 哈钦森即为其中代表。见 1773 年 1 月 6 日哈钦森的演说词,*The Speeches of His Excellency Governor Hutchinson*, p. 10。

③ 生命、财产与自由乃是不可让渡的自然权利。援引自然权利话语以限制英国"无远弗届"的议会主权乃是本文涉及时间段中殖民地辉格派常用的政治话语。在 1774 年末到 1775 年初亚历山大·汉密尔顿与国教牧师西伯里在纽约公共媒介的论战中,自然权利话语即为双方争论的焦点之一。汉密尔顿以自然权利话语反驳西伯里的议会绝对主权论调,西伯里反过来指责汉密尔顿过渡援引自然权利是要完全抛弃政府与法律,将殖民地置于弱肉强食的自然状态,而汉密尔顿则进一步利用自然权利话语指出英国议会主权的诸多不义之处。论战双方对自然权利话语的迥异态度可被视为当时殖民地分裂话语体系的代表。见 Alexander Hamilton, "A Full Vindication of the Measures of the Congress, From the Calumnies of Their Enemies", in *The Revolutionary Writings of Alexander Hamilton*, Edited and with an Introduction by Richard B. Vernier, Indianapolis, IN: Liberty Fund, 2008, pp. 5–6; Samuel Seabury, "A View of the Controversy, in A Letter to the Author of A Full Vindication", in *Letters of a Westchester Farmer (1774–1775) By the Reverend Samuel Seabury (1729–1796)*, edited with an introductory essay by Clarence H. Vance, (White Plains, NY: Westchester County Historical Society, 1930), p.109; Hamilton, "The Farmer Refuted; or A more comprehensive and impartial View of the Disputes between Great Britain and the Colonies. Intended as a further Vindication of the Congress, in answer to a Letter from a Westchester Farmer, entitled a View of the Controversy between Great Britain and her Colonies", in *The Revolutionary Writings of Alexander Hamilton*, pp. 52–54。即便是力求将殖民地人权利主张限制在英国宪制框架内讨论的迪金森,在论及殖民地人权利时也难以完全摆脱对自然权利话语的依赖,Dickinson, *An Essay on the Constitutional Power of Great-Britain over the Colonies in America*, p. 35。

英国本土之际就解除了对原有政治体的全部义务,殖民地与英国的政治纽带是在第一批殖民地人到达美利坚之后再度缔结契约的产物。① 在1774年这个敏感时刻,既要避免过度援引自然权利话语可能导向的完全独立,又要谴责作为英国宪制核心的议会主权,这一两难之境迫使许多激进派精英人士转向英王个人。作为连结殖民地与母国政治关系的纽带,国王的专属权力成为拆解"王在议会"主权观念时无奈的"副产品"。②

三、起源话语、殖民地主权与新帝国秩序

议会绝对主权被拆解之后,国王与议会在殖民地激进派的话语中成了两个彼此独立的宪制分支。议会主权观被激进派用一套以王权为联结的新帝国体制话语所取代。效忠英王成了维系帝国整体的政治纽带。威尔逊认为,通过效忠英王,北美殖民地对不列颠帝国的依附关系建立在"理智、自由权利和法律的原则之上"。臣民的效忠源自一直以来享有国王所提供的保护,这既是感激性的回报,也有利益的牵引。效忠"成为一项债务,除了此生的忠诚无所偿还"。臣民身份不因离开王国的范围而被解除。第一代殖民地人是英王的子民。英国人的后代,无论出生在世界任何地区,也依然是英王臣民。效忠英王才是所谓北美殖民地依附于不列颠真正的所指。因此,美利坚居民与大不列颠居民之间有着"严格限定的关系":他们同为英王臣民,他们对同一个国王效忠,除此之外,再没有任何政治上的联结。基于共同效忠而建立的联盟关系,为双方的商贸繁荣提供了便利,也进一步强化了帝国体制。在威尔逊看来,作为共同效忠对象的英王能够联结并促进各地区的共同繁荣。英王拥有宣战媾和、管控内部贸易、缔结条约以调节对外贸易的权柄,还可以动用否决

---

① 这种极端激进的政治观点一直存在于殖民地的公共政治话语之中,详见下文。
② 对于殖民地辉格派转向王权的政治话语分析,里德提出过类似观点,见 Joseph Philip Reid, *Constitutional History of the American Revolution: The Authority of Law* (Madison, WI: The University of Wisconsin Press, 1993), pp. 155–156。

权防止不同地区的立法互相冲突。总之，国王行使专属权力，较之"英国议会无限制地扩张权力"，更能维护帝国整体的繁荣。①

英王应当如何动用权柄以维系帝国繁荣？杰斐逊在申诉殖民地不满的同时，也提出了自己的构想。杰斐逊认为，作为英帝国的首脑，英王必须公平地协调与平衡帝国不同地区之间的利益冲突。国王拥有立法否决权和解散议会的权力，长久以来英王都没有轻易动用否决权。可是，"不列颠帝国因为新政治体的加入，增添了新生的而且不时会相互冲突的利益。陛下现在的伟大职责就是，重新动用立法否决权，阻止帝国中的任何一个立法机构制定出妨害另一地区权利和利益的法律"。然而，与国王谨慎否决英国议会立法形成鲜明对比的是，殖民地送往英国审批的法律却往往被搁置数年，既不批准也不否决。而且，国王通过王家谕令禁止北美各地总督批准缺少"悬置条款"的任何立法。其结果是，殖民地的任何法案"如果没有两次跨越大西洋"，就不能付诸实行。英王对待英国议会与北美殖民地议会的态度也有明显的差别。自光荣革命以后，无论是当今陛下还是此前诸王，都从未动用权力解散英国议会，可是"在这里，他们的语言和行动是多么不一样"！如果民选代表失去了选民的信任，僭越了民众授予的权力的界限，或者代表们继续开会立法将危害到政治体时，国王就应当解散议会。颇为怪异的是，英王"没有解散英国议会，但殖民地的议会却总是遭到阻碍"。② 显然，杰斐逊是在指责英王厚此薄彼而有失公允，以强调帝国各个部分应当彼此平等。殖民地与英国本土乃是大英帝国同等的组成部分，帝国各部分之间的利益冲突需要作为最高统治者的国王来协调。

在大陆会议记录和文件公布后，保守派的谴责之声激增。正是在与反对者的论战中，激进派提出了愈加清晰的殖民地主权观。1775年初，年轻的汉密尔顿在反驳西伯里的文章中，就王权与殖民

---

① Wilson, "Considerations", pp. 27-30.
② Jefferson, "A Summary View", pp. 16-19.

地主权做了进一步阐述。汉密尔顿将殖民地对英国的政治依附置于英王与臣民的权利-义务的契约关系之中。在他看来，国王拥有英帝国的最高主权。英帝国包括了1707年《联合法案》之后由英格兰与苏格拉组成的大不列颠、爱尔兰，以及西印度群岛和美利坚殖民地等英国海外殖民地。这些帝国的"分支"彼此之间应相互平等，并且各自拥有"独立"且"完整"的立法权。因此，英帝国的每个部分都是独立的"政治体"，各自拥有独立的立法权，它们共同组成一个向英王效忠的帝国。汉密尔顿区分了王权的两种属性，即政治属性与特权属性。王权的政治属性与议会结合，组成体现君主、贵族和人民的混合宪制。其特权属性则包括对新获取领土的绝对权力，随着帝国领土的扩张而延伸。北美殖民地对英国王权的服从，在政治上体现为英王政治属性与各殖民地议会的结合，以及英王的专属权力在北美土地上的延伸。同时，与英国议会相结合的那一部分王权对殖民地并无效力。汉密尔顿认为，殖民地人成为英王的臣民并非源于英国议会的法案，而是通过殖民地人与英王之间的契约。英王通过特许状将北美的土地授予殖民地人，同时作为国家的最高行政长官保护殖民地人的安全，殖民地人则有义务效忠于英王。①

这一时期最明确的殖民地主权声明，出自迪金森和费城激进派领袖查尔斯·汤姆森（Charles Thomson）的笔下。1775年初，迪金森的政治宿敌约瑟夫·加洛韦在纽约出版了一本小册子，呼吁抵制大陆会议的决议，伸张英国议会的主权。② 与加洛韦一道参加大陆会议的迪金森和汤姆森在费城的报纸上发表文章，驳斥加洛韦的观点，宣告殖民地的主权乃是无可争议的事实："您引用洛克来证明，只可能有一个至高权力，那就是立法机构；……但是，先生，这一至高权力，宾夕法尼亚社会已经无可否认地赋予了民选议会和总督，并服从于我们国王的否决权；大不列颠的立法机构当然不是宾夕法尼

---

① Hamilton, "The Farmer Refuted", pp. 64, 69, 56-57.
② Galloway, *A Candid Examination of the Mutual Claims of Great-Britain and the Colonies*.

亚的立法机构。"加洛韦对此反讽道："邪恶的独立阴谋，本来才……刚冒头，现在却被厚颜无耻地宣告和出版了。……请允许我代表美利坚心怀美德和忠诚的一方，感谢你们热诚地泄露了这个长期被掩盖的最重要的秘密。"①激进派人士主张殖民地议会与国王的结合才是各殖民地内部的最高权威，但这在保守派看来不啻是公然"宣告独立"。

然而，英王究竟是如何在宪制框架内绕开英国议会，以各殖民地君主的身份分别与各殖民地议会相结合，构成殖民地的最高主权机构，对此激进派并不能举出确凿的证据。保守派没有放过这个明显的漏洞。1775年初，马萨诸塞的伦纳德在当地报纸上质问激进派："假设各殖民地的忠诚是源于大不列颠国王个人，那么国王将出现一种新的身份——美利坚国王，或者是若干身份——马萨诸塞国王、罗德岛国王、康涅狄格国王……这些新王位的专属权力从未被界定和限制，各省区宪制构成中的王权内涵是会更偏向还是更远离绝对君主制，是会更接近还是更远离共和制呢？"② 加洛韦在驳斥迪金森与汤姆森时也指出，"所有这些论断没有一个有任何根据"。他进而斥责以这两人为代表的激进派"为了引诱殖民地人切断与不列颠国家的联系"，"赋予国王陛下一个亘古未有的身份"；"你们首先用你们哲人般的大脑将本质上不可分割的最高立法权威想象成可以无限分割的物质"，然后"从组成不列颠国家的最高权威中取材，为自己新造了一个'偶像'"。③

保守派指斥激进派的殖民地主权观并无历史来源和根据，的确触及了问题的要害。激进派的主权话语建立在一套随情势演化而日

---

① John Dickinson and Charles Thomason, "To the Author of a Pamphlet entitled 'A Candid Examination'", *Pennsylvania Journal*, Mar 8, 1775; Galloway, *A Reply to the Author of a Pamphlet, entitled "A Candid Examination…"* (New York: Printed by Rivington, 1775), p. 5.

② Daniel Leonard, "Letter IV, Jan 9, 1775", in *Massachusettensis* (Boston, 1775), pp. 42, 43.

③ Galloway, *A Reply to the Author of a Pamphlet, entitled "A Candid Examination…"*, pp. 11, 19, 20.

渐被强调的起源话语上,可是起源本身有其难以追溯之处。激进派为了强调殖民地议会与国王足以构成各殖民地的最高主权机构,就势必不能绕开保守派对于历史证据的追问。亚当斯在 1773 年与哈钦森争辩时曾提到,1679 年查理二世急需弗吉尼亚殖民地提供金钱援助,便通过当时的弗吉尼亚总督卡尔佩珀男爵(Lord Culpeper)将相应的法案送交殖民地,该法案经殖民地议会批准而成为法律。亚当斯以此来论证英国议会与殖民地并无关系:"如果国王认为殖民地属于(王国)境内范围,根据大宪章的原则,他不可能自己出面联合(殖民地的)立法机构向当地人征税,而会通过英格兰的上下两院。"① 1774 年的"不可容忍法令"使形势进一步激化,弗吉尼亚有一位激进人士化名"格老修斯",在《弗吉尼亚公报》上再次提及这项法律,并阐释说:"我们可以看到,国王任命他自己作为该省区立法机构的组成部分;也因此表明他认可了这个最高立法机构。"这位作者照搬了亚当斯当年的观点:如果国王认为殖民地属于王国境内,那他的做法就直接违背了《大宪章》。② 1679 年的这项制定法只是激进派排列出的众多历史证据中的一条。然而单从殖民地的历史中挖掘与阐释,激进派与保守派难免各执一词。为了进一步论证殖民地的主权,一套殖民地的起源话语逐渐从意识形态的边缘地带进入主流的激进话语之中。

北美殖民地起源于英国臣民的迁徙和定居。殖民地人的祖先从英格兰离开之时,国王、议会与最初移民这三方的"原意"是什么,早已成为无从稽考的谜团,却正好可以被激进派拿来大做文章。前文提到,殖民地长期存在一种极端激进的自然权利话语。这套话语将殖民地人祖先的离境等同于重归自然状态,通过与英王重订契约,殖民地人延续对国王的忠诚,继续采取原有的政府形式,而国王则通过新的契约成为殖民地人的保护者。据哈钦森的《马萨诸塞湾殖

---

① "26th of January the House of Representatives Answer," in *The Speeches of His Excellency Governor Hutchinson*, pp. 40–41.

② *Virginia Gazette*, Williamsburg: Printed by Clementina Rind, July 7, 1774.

民地和省区历史》(以下简称《历史》)记载,在查理二世复辟初年,王室专员与马萨诸塞大议会之间发生了一场政治争端,当时马萨诸塞一些议员就表达过一种"自愿政治臣服"(voluntary civil subjection)的观点。这些人"区分了必要政治臣服与自愿政治臣服":"任何国王和国家的臣民都有移居他国和其他地区的自然权利。……在离开的同时,他们的臣服也就结束和终止了";他们移居之处已有被英格兰国王所承认的主权,"因而他们……购买的……不仅仅是土地,而且是这些君主的统治权(dominion, the lordship)和主权(sovereignty),否则在上帝和世人的眼中,他们都无权占据他们所拥有的。……他们也接受了国王设立法人的特许状,包括了约束双方的契约,从此产生了一种新的臣服"。①这种激进观点将殖民地起源塑造为退出国家进入自然状态,再重新订立契约的过程,特许状成了殖民地人主动选择与英王订立的"第二重原始契约",②殖民地的创建便被嵌入对政治社会起源的想象之中。在《糖税法》与《印花税法》引发的政治风波中,弗吉尼亚的极端激进派代表理查德·布兰德(Richard Bland)重申了这种退出国家的权利:"他们保留了足够的天赋自由,可以退出社会,可以放弃社会的利益,并进入另一个社会。……每个人都保有这一自然权利,不能被任何世俗权威剥夺。"③在1773年马萨诸塞的主权之争中,亚当斯为了说明殖民地人

---

① Thomas Hutchinson, *The History of the Colony and Province of Massachusetts-Bay from the First Settlement thereof in 1628 until its Incorporation with the Colony of Plimouth, Province of Main, &c. By the Charter of King William and Queen Mary, in 1691* (London, 1765), pp. 251-252.

② Joseph Philip Reid, *Constitutional History of the American Revolution: The Authority to Legislate* (Madison, WI: The University of Wisconsin Press, 1991), pp. 113-120.

③ Richard Bland, *An Inquiry into the Rights of the British Colonies, Intended as an Answer to The Regulations lately made concerning the Colonies, and the Taxes imposed upon them considered* (Williamsburg, 1766), p. 10. 近来有学者认为布兰德是借激进自然权利话语论证殖民地主权的第一人,并认为这类话语直到18世纪才被殖民地人用来论证其权利,是因为研究年限产生的疏漏。见 Craig Yirush, *Settlers, Liberty and Empire, The Roots of Early American Political Theory, 1675-1775* (New York: Cambridge University Press, 2011), pp. 229-233, 16-17。

从未承认过英国议会主权，重新翻出了哈钦森《历史》中的这段记载。①在"不可容忍法令"引发的讨论中，弗吉尼亚议会代表汤姆森·梅森（Thomson Mason）化名"不列颠美利坚人"在报纸上发表文章，援引退出权利来重构美利坚与大不列颠的关系：美利坚人的祖先在伊丽莎白女王和詹姆士一世的许可下离境，并发现了美利坚，殖民地先民完全凭借自己的财富和鲜血在新大陆站稳了脚跟，全无国王襄助；"但是出于对故土的自然感情，对其法律体系的偏爱，对世界上最为精美的政治制度的崇拜，以及获得保护的愿望，他们希望继续和英格兰相联结"。然而这种政治联结"亦兄亦友"，而不是"臣民的奴隶"。② 到了1775年，亚当斯在与伦纳德的论战中再次沿用这一话语："我们新英格兰人是怎么产生我们的法律的？我说，不是来自英国议会，也不是来自普通法，而是源于自然法以及在我们的特许状中与国王达成的契约。"③ 简言之，殖民地本来就是独立的政治体，殖民地人通过特许状与国王达成了新的政治契约，共同分享殖民地的主权权力。

英王究竟在何时并通过什么方式单独成了殖民地的国王？保守派的追问有了回答。殖民地的主权从一开始就完全掌握在殖民地人手中。殖民地的主权成为激进派笔下"一直以来"的历史事实。不仅如此，以起源话语论证的殖民地主权还成为激进派所构想的新帝国宪制秩序的基础。正因为殖民地的最高主权一直就掌握在殖民地人手中，殖民地人的自愿臣服"并不是作为悔不当初的浪子乞求接受和原谅，而是作为征服者，以合理与公平的条件为交换，让他

---

① "26th of January the House of Representatives Answer", in *The Speeches of His Excellency Governor Hutchinson*, pp. 48–49;

② "The British American, No. VI", 7 July, 1774, *Virginia Gazette* (Rind), in *Revolutionary Virginia-The Road to Independence*, v.1, pp. 181–182.

③ John Adams, "The Letters of Novanglus", No. VIII, (13 Mar, 1775) in *Papers of John Adams*, Volume 2, 1977, p. 328. (Founding Families: Digital Editions of the Papers of the Winthrops and the Adamses, ed.C. James Taylor, Boston: Massachusetts Historical Society, 2017, http://www.masshist.org/apde2/)

（国王）成为一个新世界的君主"。①因此美利坚各殖民地应当与英国本土和英王的其他领地一道，作为平等的成员，共同构建英帝国的繁荣。此外，激进派对起源的重构还有更深一层用意。当加洛韦在1775年驳斥迪金森宣告的殖民地主权时，他首先否认的就是激进派的起源话语："宾夕法尼亚人不是'从自然状态进入社会状态'，他们中的一些人本来就是不列颠国家的成员，从国家的一处领土移居到了另一处，……（但）仍然是国家的一部分"。②加洛韦并没有意识到激进派构建的起源话语并不是为了引证历史，而是为了赋予殖民地主权一种开创性的隐喻。因此，在梳理了冗长的英帝国宪制发展历程之后，亚当斯总结道："在普通法、判例、英国政府条例和宪制原则中，都没有对殖民地的说明。它不是被征服，而是被发现之地。它不是由国王继承，而是通过殖民地人的探索而来。它不是国王通过联姻获得，而是由殖民地人出资从蛮人手中购买。它不是来自国王陛下的授予，而是凭借拓荒者付出劳力、鲜血和财富才一点点驯化而来的。"③这样一来，美利坚殖民地的问题就无法在英国的任何宪制先例中找到解释，只能依赖激进派对自然法原则与特许状的阐释。

革命终究不仅只是笔头的交锋。主权之争在1775年4月戛然而止。论争的结束并不因为双方言尽于此，题无剩义，而是由于激进民众阻断了保守派言论的出版。随着主权之争与革命形势的发展，论战中有实名信息的出版商成了激进民众仇恨的目标。印刷了大量保守派言论的纽约出版商詹姆斯·里文顿（James Rivington）就是其中一例。里文顿出版的小册子与报纸因为印量多、传播广，成了各地激进派的"众矢之的"。1774年底，有激进民众开始焚烧里文顿

---

① "The British American, No. VI", in *Revolutionary Virginia*, v.1, p. 182.
② Galloway, *A Reply to the Author of a Pamphlet, entitled "A Candid Examination…"*, p. 12.
③ John Adams, "The Letters of Novanglus No. XII (Apr 17, 1775)", in *Papers of John Adams*, Volume 2, pp. 373, 373-374.

出版的小册子。1775年初，各地村镇不断有决议谴责里文顿及其出版物。到了1775年4月中旬，对里文顿的模拟绞刑开始出现。4月23日，列克星敦战事的消息传入，纽约城的激进人士在4月28日关闭了港口，并以民间武装接管了纽约城。港口关闭的前一天，里文顿印发传单，为自己一直以来出版的言论向公众致歉。5月10日，里文顿的印刷坊被激进民众捣毁，西伯里的新一篇论战文稿也被毁，加洛韦驳斥迪金森与汤姆森的文章也险些不保。①随着战事爆发的消息传入各地，在宪制框架内对最高权力归属的争论逐渐被淹没在群情激愤的革命话语中，激进民众的街头暴力行动也使得保守派不暇自顾，无心再做笔战。

主权之争始终蕴含两个层面的问题：一是主权权力的性质和归属；二是母国与殖民地之间的政治关系，两者前显后隐。作为政治体内部至高权威的主权权力究竟是否应该受到限制？应当如何限制？这是自17世纪以来一直悬而未决的"有限宪政主义"问题，直到18世纪末英帝国内部也未能达成一致。②以布莱克斯通为代表，有大批帝国官员服膺的一方坚持认为，光荣革命所确立的议会主权应当是帝国内部至高且不受挑战的绝对权力。可是，以英国政界反对派与殖民地辉格派为主的另一方则坚信，除上帝以外的一切世间权力都应当受到合理的限制，专制权力无论是由国王一人掌握，还是由多人组成的议会掌握，都只会侵害人民的自由，无法保障人民的福祉。假若殖民地人对英国议会立法管辖的抗议一直被限定在这一层面，假若殖民地人将其自由权利的主张限定于英国宪制传统的自由-权力二元对立之中，那么他们在伦敦的政治盟友就可能一直支持美利坚的自由事业，殖民地与母国

---

① ［Diss］Leroy Hewlett, *James Rivington, Loyalist Printer, Publisher, and Bookseller of the American Revolution, 1724–1802: A Biographical Study*, University of Michigan: 1958, pp. 70-85; Thomas R. Adams, *American Independence*, p. 126.

② Reid, *Constitutional History of the American Revolution: The Authority of Law*, p. 59.

之间的矛盾也只会是一场宪制原则之争,而非后来的独立战争。①

光荣革命之后,英国议会接替英王成为英国国家主权所在,也成为英国国家意志的象征。对于大多数英国人来说,美利坚人臣服于英国议会是对母国表示臣服的唯一标志;否认议会权威即意味着拒绝接受英国的统治。殖民地人试图从自由-权力二元论的角度否认作为"绝对权力"的议会主权权威,同时以国王特权作为维系政治依附关系的纽带,以继续保持与英国的政治联系。这是当时殖民地人可能做出的最大让步。然而殖民地人拒绝承认英国议会的至高权威,意味着既否认了其无远弗届的主权权力,又否认了作为国家最高权力、代表国家意志的英国议会对于殖民地的统治权,也就否认了英国对殖民地的统治权力。殖民地人的新帝国构想是以拒绝帝国最高权力为前提的和解计划,无异于挑战了光荣革命以来英国宪制的核心原则。双方不可能在现有的宪制框架中解决争端,帝国破裂和殖民地独立也就成为必然。

殖民地人通过这场主权之争彻底否认了强大的英国议会主权观,并代之以殖民地主权观念。这场争论之后,殖民地与英国的政治联系仅依靠作为自然人的英王个人来维系。通过否认英国议会对殖民地的主权,殖民地人与英国议会所象征的英国国家与国民划清了界限。殖民地本是独立的政治体,与英国没有任何臣服的关系。殖民地人对英王的效忠不过是双方共同约定的结果。更重要的是,这场争论区分了作为最高主权象征的英王与实际统治权力的所在,厘清了效忠对象与政治服从对象之间的区别。通过对效忠概念的重新界定,殖民地人依然可以继续效忠英王,同时也只用服从本地议会制

---

① 比如在伦敦的弗吉尼亚人阿瑟·李（Arthur Lee）就深谙此间差别。1773 年 3 月 4 日哈钦森的演讲稿在伦敦曝光后,李第二天即在《公共广告报》（*Public Advertiser*）上化名 "Junius Americanus" 谴责哈钦森,斥其用心险恶,将原本可以在宪制框架内探讨的"无代表不得征税"问题曲解成了对英国议会最高权威的质疑。无代表不得征税是英国臣民的固有权利,不与英国议会最高权威相抵触,也符合国家的宪制原则。*Public Advertiser*, Mar 4, 1773; Mar 5, 1773; Mar 9, 1773。

定的立法和政策。理论层面的强行分割当然是殖民地辉格派的"一厢情愿",① 但也为殖民地人的自由观与效忠观之间日益紧张的关系找到了一点儿回旋余地。殖民地人得以继续在效忠英王的前提下,捍卫殖民地的自由权利。

殖民地激进派所创造的帝国理论,要到 20 世纪前期才最终成为政治现实。② 理论创新是迫于无奈。殖民地人不愿意走向分裂与独立,就必须继续保持对母国的效忠。然而英国的"王在议会"主权观以及由此形成的政治制度与法律体系却使得效忠即意味着政治上的服从,这无疑与殖民地人所坚持的政治自由权利相悖。只要坚持捍卫自由,殖民地人就势必要抵制英国最高的立法主权。抵制法律即为冒犯君主权威,形同叛逆。主权之争的产生印证了效忠困境乃是如鲠在喉一般的存在。从主权之争的论争过程来看,精通法律条文与帝国体制的殖民地精英无法在现有的政制框架中为殖民地人抵制英国立法的举动找到合乎道义与法理的解释。殖民地人既不愿抛弃英王臣民的身份,又无法舍弃自由权利,必须两相兼顾,这种矛盾的立场只能在辉格派精心构造的新帝国体制中才能自圆其说。

对于殖民地的激进派精英而言,主权之争中所提出的殖民地主权与新帝国构想已经在政治理论上解决了帝国危机爆发以来不断累积的效忠困境。通过主权之争,传统的效忠概念被分解为效忠与服从,殖民地人只需效忠英王,无需服从英国议会。作为效忠英王的

---

① 英国的政治激进派也非常推崇这种带有联邦性质的帝国体系新构想,其中的主要代表人物有 John Cartwright, Richard Price, Thomas Brand Hollis, John Wilkes 等等,参见 Linda Colley, "Radical Patriotism in Eighteenth-Century England", in Raphael Samuel ed., *Patriotism: The Making and Unmaking of British National Identity* (New York: Routledge, 1989) v. 1, pp. 176-181。

② 20 世纪 20 年代大英帝国从帝国联邦最终转向了英联邦体制。北美殖民地人在独立前夕要求区分对英王效忠与本地统治权力的提法,被一些帝国学派的学者视为"自治领"地位的历史依据,参见 Randolph Greenfield Adams, *Political Ideas of the American Revolution* (Durhan: Trinity College Press, 1922); Charles Howard McIlwain, *The American Revolution, A Constitutional Interpretation* (New York: The Macmillan Company, 1923)。

效忠概念被继续保留在了"爱国"观之中，但新的效忠概念被进一步边缘化，殖民地人的"爱国"观进一步成为以自由为导向的概念组合。效忠概念的边缘化，也使得殖民地人可以"悬置"英王。这为殖民地辉格派以自由事业为号召，组织殖民地人从基层到大陆的夺权创造了政治余地。

第三章
"共同事业"与"爱国者"的夺权

"共同事业"口号的横空出世首先是外部政治环境的压力所致。殖民地人通过主权之争,重新界定了效忠概念,试图在日益不可缺失的政治自由观与英王臣民身份之间谋求一个平衡的立足点。然而,殖民地人的新帝国理论并没有产生实际的政治影响力。被殖民地人称为"不可容忍"的一系列法令的出台再一次激化了矛盾。受到"严惩"的波士顿人迅速成为自由事业的"受难者"。"共同事业"结合了公共精神概念、殖民地人的政治自由观,以及对波士顿人遭遇的普遍同情,迅速成为响彻北美大陆的政治口号。"共同事业"口号的流行可以看成是以自由为导向的新"爱国"观在殖民地人中的一次"试测"。"共同事业"在各地成了具有政治号召力的口号,这表明新"爱国"观迎合了民众的激进情绪。依托"共同事业"带来的政治热情,各地的激进派迅速制定了具体的联合行动纲领。以自由为特征的"爱国"观具有了普遍的号召力,成为凝聚政治共识,支撑殖民地人从基层到大陆夺权的观念与逻辑。

一、"爱国"与"共同事业"

戴维·安默曼(David Ammerman)在他的经典研究中提出,"不可容忍法令"的颁行使得反抗英国暴政成为美利坚人的"共同事业",各殖民地也因此前所未有地联结成了一个整体。[①] 在这股史无

---

① David Ammerman, *In the Common Cause, American Reponse to the Coercive Acts of 1774* (New York: W. W. Norton & Company Inc., 1974).

前例的政治热潮中,"共同事业"的话语扮演了重要角色。

封闭波士顿港的消息传到南卡罗来纳之际,正逢乔治三世寿诞前夕。① 查尔斯顿城内不但一反常态,毫无以往庆贺氛围,反而出现了对"共同事业"的高歌。一位匿名人士发表了如下激情澎湃的言论:"让我们向真正的爱国者那样,坚持到最后一刻,哪怕只享有须臾高尚的自由,也胜过束缚之下的永生";"所有的美利坚人都应联合起来;彼此坚定地站在一起,直到死亡来临;合众为一的伟大灵魂将鼓舞整片大陆";"只因为我们被放过,就应当做一个事不关己的旁观者么?当然不!任何真正爱国者的灵魂都与生俱来地厌恶这种罪恶的念头,他们会决定要么与那些共同权利的捍卫者并肩作战,要么要他们一同阵亡";"起来吧,义愤之情!高涨吧,爱国主义和一切公共美德!向我们饱受摧残的国家施以援手"。② 到了南卡罗来纳的民众大会前夕,一位匿名作者则进一步以"共同事业"话语宣传贸易禁令的政策主张:专罚波士顿,是为了"分裂和毁灭";"这是一项共同事业,我们需要同心协力,采取有力的措施来反抗",只要"统一意见并坚持不懈,我们的事业将无坚不摧"。这位作者所极力提倡的"共同事业"之核心,正是不进口与不出口协议。③

7月11日,弗吉尼亚楠西蒙县(Nansemond County, VA)的选民与居民大会以决议的形式肯定了波士顿的事件是"全体美利坚殖民地共同事业",要求全体殖民地以联合协议(association)的形式停止进口大不列颠的一切商品,直到针对马萨诸塞湾的不公正立法被废除。决议还鼓励本地农业与制造业的发展,甚至为"穿戴由本

---

① Christopher Gould, "The South Carolina and Continental Associations: Prelude to Revolution", *The South Carolina Historical Magazine*, Vol. 87, No. 1 (Jan., 1986), p. 30; "The King's birth-day", in Peter Force ed., *American Archives: Consisting of a Collection of Authentick Records, State Papers, Debates, and Letters and other Notices of Publick Affairs*, 4th ser., 6 vols. (Washington: M. St. Clair Clarke and Peter Force, 1837–1846), vol. 1: 382 note.

② "Address to the People of Charlestown, South Carolina", *American Archives*, 4th ser., 1: 383–384.

③ "Address to the Inhabitants of the Province of South Carolina, about to assemble on the 6th of July", *American Archives*, 4th ser., 1: 509, 510, 511.

殖民地生产的布料"也贴上了"爱国主义"的标签。① 格洛斯特县（Gloucester County, VA）在 7 月 14 日召集居民大会，大会决定，如果马里兰和北卡罗来纳决定停止向大不列颠出口烟草，那么"我们将不会利用他们的爱国决议，继续本地的出口"。② 波士顿通讯委员会的书记员威廉·库珀（William Cooper）就被来自南部殖民地的消息所激励。在给马里兰友人的回信中，库珀认为，来自远方的好消息终于能让那些质疑殖民地是否存在"公共精神"的人从此闭嘴："尽管爱国主义这个词的涵义可能完全不被理解，但它却充分地存在于北美各处"。③

"爱国"观中的道德哲学、公善以及公共精神，因为自由概念的强化，支撑了"共同事业"话语的效力。爱国是一种发自内心的公善，是个人维护共同体的福祉时能够获得的喜悦与满足，这种理想主义色彩浓郁的"爱国"观念在话语层面被用来支撑这一时期"共同事业"的构建与想象。在其他殖民地的居民看来，处于政治高压下的波士顿激进派尤其需要来自于"爱国"精神的鼓励。在一封告波士顿居民的公开信中，一位罗德岛的匿名作者就采用了这样的话语。这位匿名作者称，"当一个爱国者撑住了国家的尊严、自由与福祉时，他所能真切感受到的内心喜悦，远胜世间财富与荣耀所带来的欢愉"，借此鼓舞波士顿人"继续你们对共同事业的坚持不懈，用不了多久，你们就能成功解救你们的家园（country）"。④ 在一封由威尔明顿（Wilmington, NC）寄往波士顿的信中，当地的"爱国主义"精神也被用来告慰与鼓励被强令封港的波士顿人。信中谈及威尔明顿地区六县召开了民众会议，一致同意采取各种可能手段来援

---

① "Nansemond County (Virginia) Resolutions", *American Archives,* 4th ser., 1: 530.
② "The British American, No. 7", *American Archives,* 4th ser., 1: 541-544, esp. 542.
③ "Letter from the Committee of Boston to the Committee of Baltimore", *American Archives,* 4th ser., 1: 594-595.
④ "Address to the worthy Inhabitants of the Town of Boston", *American Archives,* 4th ser., 1: 626.

助波士顿兄弟,因为"爱国的精神已经占据了每一个人的内心,各阶层人民都争相通过语言或行动来表达这种精神"。① 费城的约翰·迪金森在大陆会议召开前夕与友人谈到当前的局面时也认为,全体殖民地人都意识到了阴谋,"所有阶级的民众出人意料地因为情绪而联合在了一起"。②

6月18日,费城召集了选民大会。在选举通讯委员会之前,费城学院的教务长威廉·史密斯(William Smith)试图劝说民众将"爱国的事业"交予稳重妥善之人,"如此重大的事业",应当避免任何"激烈或匆忙的决议",也不能被"我们之中的宿怨与愤懑所左右";这项伟大的事业所需要的是"爱国者温和而开明的热诚,长者审慎并老道的经验,正当盛年者的强健思维与敏捷朝气;简言之,需要联合所有人的智慧与努力,无论高低,携手并肩,共同立足于理性与政制(宪政)之上"。"这里不应当有派系,……而只应有对美利坚共同事业最坚定与最积极之人"。③

"共同事业"话语的迅速流行离不开以下几方面因素。首先,"共同事业"话语的成功塑造,离不开"爱国"观提供的意识形态支撑,尤其是以自由为导向的新"爱国"观。"共同事业"话语的逻辑内核是公共精神与自由观的结合,尤其是自由概念在"爱国"内涵中的不断放大,使得"公共福祉"完全演变为对自由的捍卫。主权之争重新界定了效忠概念。新效忠观形成及其被边缘化的过程,也进一步促使自由成为"爱国"观的主导性特征,促成了新"爱国"观的成型。新"爱国"观在民众中的普及与流行有一个渐进的过程。1773年底,纽约城正处于茶税所引发的政治风波之中。一位署名"Poplicola"的作者发布了一张传单,劝说纽约民众以

---

① "Extract of a Letter from a Gentleman in Wilmington, North Carolina, to His Friend in Boston, dated Aug 2, 1774", *American Archives*, 4th ser., 1: 670.

② "John Dickinson to Arthur Lee", *American Archives*, 4th ser., 1: 726.

③ "The Speech of the Reverend William Smith, D. D., Provost of the College at Philadelphia, at the very numerous Meeting of the Freeholders and Freemen of that City and County...", 4th ser., 1: 427.

"爱国"为出发点，支持英国的商贸利益，购买东印度公司的茶叶。这位"Poplicola"如此解释"爱国"："每个好公民，无论是出于义务还是利益，都会倾向于爱国，并会热切地想要促进其福祉。……他必然会感受到要对公共福祉有所贡献的义务。"① 这位作者以"爱国"话语援引"爱国"观中公共精神与公共福祉的概念，试图说服纽约民众继续维持原有的效忠观，将帝国整体的商贸利益作为首要的考量。传单的发布说明这套以传统效忠为导向的"爱国"观念在殖民地人中仍有一定的影响力。而到了1774年之夏，风行于各殖民地的"共同事业"口号所折射的意识形态已经转变成以自由为关键特征的新"爱国"观。"共同事业"口号的迅速流行说明了自由在殖民地人中的巨大号召力。新的"爱国"观也由此被普及开来。

其次，"共同事业"话语的成功不仅在于新"爱国"观所提供的逻辑支撑，还因为波士顿人的遭遇为这套话语提供了具体的受难者形象。在帝国危机前期的贸易与消费禁令中，殖民地政治精英也曾频繁地以"爱国"话语来要求殖民地人以牺牲私利为代价遵守协议，但当时的"爱国"话语仍然偏重于公共精神概念。"爱国"与公共精神的结合停留在道德哲学层面，只作为更高要求存在，并未形成具有普遍约束力和感召力的政治观念。而且前几轮的殖民地联合行动也相对缺乏统一的步调，导致联合的贸易禁运行动最终都不了了之，政治行动与政治话语之间并未互相助益，形成声势浩大的政治运动。"不可容忍法令"之后，波士顿人被塑造成为了美利坚人共同的自由事业而率先牺牲的受难者。波士顿港被封闭之后，波士顿人的悲惨遭遇在美利坚各地激起了广泛而普遍的同情。源源不断的捐助、物资与补给从各地募集被送往波士顿，这成为普通美利坚

---

① *To the Worthy Inhabitants of the City of New York* (New York, 1773), Evans, 12956.

人用实际行动参与并认同"共同事业"的机制与渠道。① 联合支援马萨诸塞也构成了各殖民地召集会议，要求促成各殖民地之间广泛联合与协同一致的主要目标之一。到了6月底，已经有9个殖民地公开表态要通过大陆会议共商对策并统一行动。②

再次，"共同事业"话语主要由各地民众大会的决议书为主要的载体，通过通讯委员会的传递在各地之间流转与传播。这种跨殖民地的交流机制来自马萨诸塞辉格派的"发明"。塞缪尔·亚当斯从亚瑟·李（Authur Lee）加入的伦敦辉格派组织"保卫权利法案协会"（Society for the Preservation of the Bill of Rights）中受到启发。1772年底，以塞缪尔·亚当斯、托马斯·扬（Thomas Young）、詹姆斯·沃伦（James Warren）等人为主的激进派借由法官薪水引发的风波，建立了一套跨区域沟通、征询以及凝聚政治意见的新机制。③ 这套机制中最主要的创举在于建立了通讯委员会。通讯委员会的组织形式与马萨诸塞的村镇会议比较接近，因为符合本地的政治传统，也就具有了一定的合法性。通讯委员会与殖民地民选议会不同，它不受议会会期限制，独立于总督征召，因此可以成为常设的政治机构。到1774年4月，随着新泽西通讯委员会的建立，通讯委员会在各殖民地形成了完整的通讯网络。"共同事业"能够从波士顿的地方遭遇迅速演变为诸殖民地的联合事业，离不开这套通讯网络在各地激进派之间"通风报信"的功劳。

最后，"共同事业"话语展现出了前所未有的话语力量，号召各殖民地之间普遍的联合，谋求各殖民地立场一致成为"共同事业"话语的内在要求。"共同事业"口号焕发出了联合性、一致性与共同

---

① T. H. Breen, *American Insurgents, American Patriots* (New York: Hill and Wang, 2010), pp. 110-127.

② Ammerman, *In the Common Cause*, p. 20.

③ William B. Warner, "The Invention of a Public Machine for Revolutionary Sentiment: The Boston Committee of Correspondence", *The Eighteenty Century*, Vol. 50, No. 2/3 (Summer/Fall 2009), pp. 145-164, esp. 153-154.

性内涵，并且在各殖民地都展现出了强大的政治号召力，这依托于"共同事业"话语背后的逻辑。波士顿人的遭遇之所以能够博取广泛的同情，正是因为自由业已成为殖民地人心中普遍的目标，波士顿人被剥夺的政治自由让殖民地人看到了共同的命运。为了捍卫自由就必须联合。波士顿人的受难者形象激发了美利坚人以自由为核心的共同体想象。"共同事业""自由的事业""爱国的事业"成了紧密联系、不可分割的政治话语。捍卫自由成了可以广泛联合殖民地人的共同政治目标。从这个层面上来说，"共同事业"口号既依托于自由，又升华了自由对于殖民地人整体的意义。经过"共同事业"强化的自由观，促使殖民地人开始跳出褊狭的地方主义，逐渐形成以共同的政治价值观为主导的新政治认同。

以"共同事业"号召诸殖民地之间的联合远非高歌凯旋，一帆风顺。即便是在"爱国"阵营中，也有人对万众一心的"爱国主义"保持冷静与清醒。当全面的贸易禁运引发私利与公善之间的对立时尤其如此。弗吉尼亚的乔治·梅森就认为，虽然美利坚人也保有美德，不比任何其他国族逊色，但是"要将一地所有居民，或者大部分居民都想象成拥有如此高尚的爱国主义观念，未免太过不切实际，我担心，这种事情在任何国族的历史上前无古人，也后无来者"。①

各殖民地之间在政府结构、人口组成、宗教文化等等方面均存在着较大的差异性。② 有学者认为，18世纪60年代以前殖民地的"爱国"主义话语所展露的共同体意识是以本殖民地为核心，再辅以帝国意识的政治认同；诸殖民地之间则不存在什么共同体的概念。③ 即使"不可容忍法令"激发了前所未有的政治热情，但同时期各殖

---

① "The British American, No. VIII", in *Revolutionary Virginia,* v.1, p. 189.
② 有关英属北美社会的多样性与统一性关系的讨论，参见李剑鸣：《美国的奠基时代（1585—1775）》（修订版），北京：中国人民大学出版社，2010年，第12—16页。
③ Judith A. Wilson, "My Country Is My Colony: A Study In Anglo-American Patriotism, 1739-1760", *The Historian,* Vol. 30, Iss. 3 (May 1, 1968), pp. 333-349.

民地的政治议题与斗争形势各有不同。弗吉尼亚的殖民地大会在 8 月召开之际，总督邓默尔正指挥两万余民兵在西部边境与肖尼（Shawnee）部落和明戈（Mingo）部落的印第安人争夺俄亥俄河谷。[1] 宾夕法尼亚总督佩恩则忙着就梅森-狄克逊线（Mason-Dixon Line）与各方协商，敲定宾夕法尼亚与马里兰及特拉华之间的边界与管辖权问题。[2] 《波士顿港口法》的消息传来之时，北卡罗来纳的殖民地政府正因为《外邦扣押法》（Foreign Attachment Law）而陷入政治僵局。[3] 从 5 月到 7 月，北卡罗来纳总督乔赛亚·马丁（Josiah Martin）一直在与达特茅斯伯爵共商解决办法。[4] 各殖民地的政治文化与风气也不尽相同。比如纽约和宾夕法尼亚的政治精英之间派系斗争激烈，而南卡罗来纳政坛则较为和睦。[5] 此外，各殖民地之间还往往因为经济冲突与边界争端而摩擦不断。

存在贸易竞争关系的殖民地之间还存在着长年积累的矛盾与猜忌，即便是对波士顿人的同情引发了"汹涌的同情心"也难以轻易

---

[1] Woody Holton, "The Ohio Indians and the Coming of the American Revolution in Virginia", *The Journal of Southern History*, Vol. 60, No. 3 (Aug., 1994), pp. 453-478; *Revolutionary Virginia—The Road to Independence, v.2*, compiled by William J. Van Schreeven, edited by Robert L. Schribner, (Charlottesville, VA: University Press of Virginia, 1975), pp. 105-107.

[2] Cameron B. Strang, "The Mason-Dixon and Proclamation Lines: Land Surveying and Native Americans in Pennsylvania's Borderlands", *The Pennsylvania Magazine of History and Biography*, Vol. 136, No. 1 (Jan 2012), pp. 5-23.

[3] H. Braughn Taylor, "The Foreign Attachment Law and the Coming of the Revolution in North Carolina", *The North Carolina Historical Review*, Vol. 52, No. 1 (Jan, 1975), pp. 20-36; *Minutes of the Lower House of the North Carolina General Assembly*, Mar 2, 1774- Mar 25, 1774, vol. 9, pp. 939-942.

[4] 北卡罗来纳总督马丁与达特茅斯伯爵通信商讨《外邦扣押法》问题，见 *The Colonial Records of North Carolina*, ed. William L. Saunders. Vol. 9. Raleigh, N.C.: Josephus Daniels, Printer to the State, 1890. pp. 987-994, 1007-1008, 1009-1014. Documenting the American South. 2018. University Library, The University of North Carolina at Chapel Hill. 27 November 2007 (http://docsouth.unc.edu/csr/index.php/coverage/1774? fStart=31)。

[5] Robert M. Weir, "'The Harmony We Were Famous For': An Interpretation of Pre-Revolutionary South Carolina Politics", *The William and Mary Quarterly*, Vol. 26, No. 4 (Oct., 1969), pp. 473-501.

消融。① 从一开始，由波士顿通讯委员会所策动的"共同事业"就遭到了纽约商人群体的怀疑。纽约商人的犹豫并非空穴来风。在抵制"汤森税法"的贸易禁运中，波士顿的进出口商人曾私下违反联合协议进口英国商品，遭到纽约商贸协会（Chamber of Commerce）的公开抗议。纽约城的内部纷争也使得纽约与波士顿之间的交流变得更加复杂。《波士顿港口法》消息传到纽约城之后，当地激进派领袖艾萨克·西尔斯（Isaac Sears）与亚历山大·麦克杜格尔（Alexander McDougall）率先致信波士顿通讯委员会。从塞缪尔·亚当斯的转述来看，这封信中表示，纽约人民将波士顿的遭遇视为"对全美利坚权利的野蛮攻击"，并将立即商讨采用全面贸易禁令的手段。② 5月21日，波士顿通讯委员会公开回复了纽约来信。然而信中讥讽了纽约城中一批"拥有高尚又爱国的慷慨之心的兄弟，他们甚至制止我们寻求援助"。这封公开信还披露，纽约商贸协会有可能与一艘载有东印度公司茶叶的商船达成了某项协议。③ 6—8月，纽约城内部因为派系争权，迟迟未能就大陆会议代表及本地基本的抗争政策达成一致。波士顿的辉格派显然认为，纽约拖后了美利坚"共同事业"的进展，这都是纽约大商人群体的保守立场所致。8月9日，由德兰西派掌控的纽约通讯委员会致信波士顿通讯委员会，以知会其纽约大陆会议代表人选。与发往其他殖民地通讯委员会的信函不同，发往波士顿的通信试图纠正业已存在的偏见。信函中叹惋波士顿人因为"某些人"的煽风点火，对纽约的事业充满了偏见；纽约商人"早已证明"，自己是美利坚人自由的支持者，"无论何时，何种情况下，都毫不动摇"；波士顿人没有资格质疑纽约商人们的"爱国主

---

① Breen, *American Insurgents, American Patriots*, p. 121.
② Samuel Adams to Elbridge Gerry, May 20, 1774, Harry A. Cushing ed., *The Writings of Samuel Adams* (New York: G. P. Putnam's Sons, 1907), Vol. 3, pp. 119-120.
③ "Letter from the Boston Committee, in reply to one from sundry Gentlemen in New-York", *American Archives,* 4th ser., 1: 344-345.

义",反而应当给予他们"应得的"承认。①

尽管纽约与波士顿各自的革命领导群体之间关系微妙,但无论是纽约的大商人群体,还是工匠委员会与偏向一方的波士顿通讯委员会,一旦遭遇紧急事态,还是能够迅速地转向共同的目标。1774年9月,一则有关英军在波士顿地区动向的谣言就促使这三方走向了联合。9月上旬,有消息称盖奇要在波士顿之颈(Boston Neck)建立新的军事要塞,从而彻底切断波士顿与其他地区的陆路联系。不久之后,又有人谣传英国士兵屠杀了6位波士顿居民,并且英军已经向波士顿正式开火。消息纷沓而至,纽约城中各方即刻展开了抵制行动。② 9月9日,一则匿名感谢信代纽约人民感谢本城的商人群体,拒绝向英方提供船只运送士兵与军火。9月14日,一位自称"自由公民"的激进派,以纽约商人做出的"爱国举动"呼吁中下层民众以此为榜样,抵制应招英方水手与工匠,拒绝为新的要塞建设提供任何人力。③ 9月24日,纽约的工匠委员会收到了波士顿工匠委员会发来的感谢信,信中向工匠以及商人群体所展现出的"爱国举动",一道表达了感谢。事实上,两则关于英军动向的消息都不实。然而,由谣言所激发的行动与话语都无误地反映出,各殖民地之间已经开始为了共同的目标展现出协同一致的政治行动。各地民众对于"共同事业"的想象以及由此在心理上产生的紧迫性,足以盖过殖民地内部与殖民地之间的固有矛盾。

"共同事业"成了呼唤各地联合的动员口号,其一致性与联合性的内在要求能够促使诸殖民地之间消融积怨、协调冲突并采取一致的立场。"共同事业"口号的广泛流行促进了以"自由"为主导的

---

① "Letter to the Committee of Correspondence, of Boston", *American Archives,* 4th ser., 1: 323.

② "Meeting of the Selectmen and Committee of Correspondence of Boston, Dated September 24, 1774", *American Archives,* 4th ser., 1: 803.

③ "Thanks to Mechanicks of New-York, for Refusing to Make Chests for Transportation of Arms, or to Contract for Building Barracks at Boston, dated September 15, 1774", *American Archives,* 4th ser., 1: 782.

"爱国"观在殖民地民众中的普及,而"共同事业"展现出的政治号召力则进一步反映出,新的"爱国"观不仅迎合了殖民地人对自由的珍视,而且成为具有政治动员效果的话语。殖民地民众开始愈加积极地参与"爱国"的事业,并且以新的"爱国"观作为政治正当性的观念来源,试图更多地影响本地事务的发展。"共同事业"话语对于殖民地内部事务的外在压力,可以通过纽约内部政治势力争夺"共同事业"话语的主导权这一案例得到比较好的展示。

二、"共同事业"与纽约党争

18世纪70年代的纽约政坛,主要是三方政治势力角逐的竞技场。其一是以小詹姆斯·德兰西(James De Lancy, Jr.)为首的德兰西派,主要代表纽约商贸群体与英国国教的利益。德兰西派曾因为老詹姆斯·德兰西(James De Lancy, Sr.)的政治成功,在18世纪50年代全面把持纽约殖民地的总督、参事会和民选议会,以及最高法院三大权力分支。1760年老德兰西去世后,德兰西派一度失势。新的政治形势成就了利文斯顿派(Livingston)的崛起。利文斯顿派是大地产者与长老派利益的代言人,内部成员以律师为主。利文斯顿派在18世纪60年代长期占据纽约民选议会中的多数席位。派别的核心成员,罗伯特·利文斯顿(Robert R. Livingston)与老威廉·史密斯(William Smith, Sr.)从1762年进入纽约最高法院任最高法官。德兰西派与利文斯顿派都是纽约社会中上层利益的代表者。双方都倾向于维护合法的政治秩序,在警惕暴政的同时也时刻提防着暴民和无政府状态带来的失序。与前两者不同,"自由之子"则是纽约殖民地中下层利益的代表。"自由之子"的成员多为酒馆、商铺和手工作坊的小业主。不比德兰西家族与利文斯顿家族几代人的积累,"自由之子"以西尔斯、麦克杜格尔等人为代表。这些激进派均是从七年战争才开始发迹,他们重视自我成就而非门第出身,强调个人私利胜过公共精神。"自由之子"也是三派之中与普通民众联系最为紧密的一派。在战后经济的冲击下,这一派别中的核心人物渴望跻身决策层，从而维护其既得利益。①

帝国危机爆发之后，当权的利文斯顿派应对手段趋向保守，引起了纽约选民的不满。德兰西派趁机瓦解了对手对民选议会的掌控权。"自由之子"（激进派）一方面通过发动民众开展街头行动，赢得"门外政治"的主导权，另一方面通过与主要政治派别结盟，赢得了更多政治话语权。其实无论"自由之子"，还是德兰西派，抑或是利文斯顿派，都坚持殖民地人的宪制权利，无不反对英国议会通过直接立法干涉殖民地的内部事务。三方只在具体的抗争方式上有所分歧。也正因为没有立场与理念的原则性区别，三方政治势力在帝国新政引发的政治漩涡中争权夺利的同时，也不乏共谋与合作。到了70年代初，德兰西派重新控制了参事会，占据了民选议会的多数席位，同时还把持着纽约城的市政参事会。利文斯顿派成了在野派，转而与激进派结盟。②

波士顿港将被封闭的消息传入纽约城之时，距离三派人士合谋抵制东印度公司的茶叶尚不足月余。③《波士顿港口法》的消息再次点燃了派系争权的战火。"自由之子"的领袖麦克杜格尔和西尔斯多方奔走，号召本地商人5月16日集会共商不进口协议与建立通讯委员会事宜。德兰西派在城中活动后，从激进派手中夺走了会议的掌控权。会议推选了50人成立通讯委员会。提名人选中德兰西派的商人占了上风，激进派与利文斯顿派联合也只占据了不到半数席位。翌日，委员会张贴告示，召集纽约民众两日之后集会，以批准或增补通信委员会的提名成员。麦克杜格尔等激进派不日失败，在5月18日另行召集了一场"工匠"集会。他们印发了一份二十五人的通讯委员会提名名单，希望在5月19日的民众大会上取代德兰西派的五十人名单。两份名单相对照，激进派的二十五位人选中只有约

---

① Joseph S. Tiedemann, *Reluctant Revolutionaries: New York City and the Road to Indepedence, 1763–1776* (Ithaca: Cornell University Press, 1997), pp. 32–41.

② Tiedemann, *Reluctant Revolutionaries*, p. 170.

③ Tiedemann, *Reluctant Revolutionaries*, pp. 178–183.

翰·阿斯平沃尔（John Aspinwall）、弗朗西斯·刘易斯（Francis Lewis）不在德兰西派的五十人名单之上。① 显然，激进派是想要重新夺回新一轮的反英行动主导权。

民众大会当天，德兰西派与激进派对于通讯委员会的提名人选各不相让。德兰西派的艾萨克·洛（Isaac Low）主持了选举。洛是纽约商会的创始人之一，曾在 60 年代与之后担任纽约殖民地财政长官（Treasurer）的亚伯拉罕·洛特（Abraham Lott）合伙做过纺织品进口生意。在纽约商人通过贸易禁运抵制帝国政制侵权的过程中，洛一直都是积极的参与者。他曾签署了 1765 年纽约商界抵制《印花税法》发起的不进口协议。1770 年他在纽约不进口运动的检查委员会担任主席，并公开抨击波士顿在协议期间仍有进口活动，赢得了公众的好感。② 洛坚定支持殖民地人争取自由的事业，但始终反对彻底独立。1776 年之后，洛选择继续效忠英王，成为效忠派。在应对"不可容忍法令"风波之际，洛参与殖民地人的自由事业已近十年之久，深谙"共同事业"口号对于纽约民众的吸引力。洛在大会演说时道，"我们只有宽厚地假定，大家都是为了同样的事业，即维护我们合理的权利与自由；我们之间唯一的分歧只有，且应当只有，如何实现它的手段。……先生们，我们应当打消心中那些细微的派系之分，放下争吵与敌意，为了安全，我们最终只能再次回到一致与美德"。③ 洛正是以"共同事业"的话语向激进派施压，希望以整体性的公益和一致性的要求来劝服激进派接受德兰西派的五十人名单。

除了洛的演讲，德兰西派也通过解释"公共福祉"的概念，积极向民众宣传他们的提名人选："时局如此，……公共福祉应当成为

---

① 五十人名单, 见"Committee nominated at a Publick Meeting at the Exchange", *American Archives*, 4th ser., 1: 293；二十五人名单，见 *A committee of twenty-five* (New York: 1774), Evans, 13474。

② John Austin Stevens Jr. ed., *Colonial Records of the New York Chamber of Commerce, 1768-1784* (New York: J.F. Trow & Co, 1867), pp. 74-78.

③ "New-York Committee of Correspondence", *American Archives*, 4th ser., 1: 294-295.

每个人唯一的目的。因而我们迫切希望,今日召集的大会上能够宣布对于提名名单的普遍认可,一切派系忠诚与私人恩怨将被搁置";"被提名的先生们都属于商人群体,他们拥有产业,既笃实,又宽容,他们对于公共福祉的热忱毋庸置疑"。① 德兰西派使用"共同事业"的话语不仅仅是以更崇高的理想主义呼吁激进派停止内耗,尽快妥协,更是为了强调事态紧迫,北美大陆需要尽快达成普遍的联合。美利坚人"自由的事业"仰仗于所有美利坚人的紧密联合,"团结,从而自由"。德兰西派的写手声称,"如果我拥有一种声音,从加拿大到佛罗里达都能被听到,那么我将用那位罗马爱国者的语言向全体美利坚人演说,'如果你想继续保有你所珍视的事物,让它们能一如既往(无论是你的财富,你世俗的还是宗教上的自由,或是你所富余的东西),终究要行动起来,为了国家的自由挺身而出'"。② 通过渲染北美大陆联合的迫切性,呼唤立即行动的紧迫性,德兰西派在施压的同时无疑也是在抹黑对手——纽约建立通讯委员会迫在眉睫,激进派人士却不顾大局,不肯妥协。

最终,激进派终于让步。5 月 23 日,工匠委员会致信五十人会议,表示将"与本城其他居民一致,同意提名"。③ 洛被推举为通讯委员会主席,五十人名单被通过,而属于激进派名单中的刘易斯也被增选为通讯委员会成员。如果要说激进派是迫于"共同事业"话语的压力而妥协,未免夸大了政治口号的话语性作用。不过,在纽约各派系围绕通讯委员会争夺新一轮反英活动领导权的过程中,暂时得势的德兰西派以公共精神与"爱国"来吁求平息党争,确实达到了消弭分歧的效果。从 6 月底开始,推选大陆会议代表又成为激进派与德兰西派新一轮争夺的核心议题。麦克杜格尔希望能为激进

---

① "New-York Committee of Correspondence", *American Archives*, 4th ser., 1: 293n.

② "Address to the People, Urging Them to Sustain Boston, (Note.)", *American Archives*, 4th ser., 1: 295n, 294n-295n.

③ "New-York Committee of Correspondence, May 23, 1774", *American Archives*, 4th ser., 1: 295.

派争取更多政治话语权。6月22日,他在五十一人会议上提议:由该委员会推选五名人选代表纽约市与本县参加全殖民地大会;或者如果其他郡县都同意,并且工匠委员会也表示首肯,那么这五位代表将在纽约市与本郡县全体选民的批准之下,被派往费城参加大陆会议。德兰西派将这一动议推迟到7月4日再做处置。①

到了7月4日,德兰西派在会上首先否决了大陆会议代表人选要经过工匠委员会通过的提议,并绕开了麦克杜格尔动议中要求召开殖民地大会的内容。西尔斯提名艾萨克·洛、詹姆斯·杜安(James Duane)、菲利普·利文斯顿(Philip Livingston)、约翰·莫林·斯科特(John Morin Scott)以及麦克杜格尔为大陆会议代表,然而没有得到响应就被德兰西派的五人提名所取代。除了杜安与利文斯顿维持不变,德兰西派用约翰·艾尔索普(John Alsop)和约翰·杰伊(John Jay)取代了麦克杜格尔与斯科特,显然是希望争取利文斯顿派,分化他们与激进派之间的联盟关系。杜安与杰伊都是与利文斯顿家族联姻的德兰西派成员。艾尔索普则是纽约城的大进口商,也是纽约商会的创始人,是德兰西派的核心成员。② 被德兰西派替换的斯科特,曾在50年代长期担任纽约市外区(Out Ward)的市政官(alderman),与麦克杜格尔一样,也是激进派的中坚分子。③ 提名在通讯委员会通过,委员会决定召集选民,定于7月7日在市政厅进行表决。④

7月5日,不甘落败的激进派张贴告示,宣称"美利坚自由的敌人们正不知疲倦地曲解本城居民对于本地共同事业的情感"。告示上召集所有"支持殖民地真正利益的人士"于翌日(7月6日)到纽

---

① "New-York Committee of Correspondence, June 29, 1774", *American Archives*, 4th ser., 1: 307.

② *Colonial Records of the New York Chamber of Commerce, 1768–1784*, pp. 119–120.

③ *Minutes of the Common Council of the City of New York, 1675–1776*, v.6, in 8 volumes (New York: Dodd, Mead and Company, 1905), v. 6, p. 76.

④ "New-York Committee of Correspondence, July 4, 1774" and "New-York Committee of Correspondence, July 7, 1774", *American Archives*, 4th ser., 1: 308, 309.

约的公共广场集会。① 与此同时，德兰西派也在坚持不懈地利用"共同事业"口号向激进派施压。7月5日，在一份印有通讯委员会提名的大陆会议代表的传单上，德兰西阵营的一位匿名作者化名"美利坚人"，试图强调"共同事业"对于统一与联合的内在要求，以此来向纽约民众说明，为何大陆会议的代表人选须由各方之间达成完全一致。首先，这是各殖民地之间的共识。由各地派出参加大陆会议的代表必须"统一地"为美利坚人指出"共同前行的道路"，因此，必须要保证"最无可指摘之人"被选为代表，从而"避免混乱"。如果对于代表人选不能达成完全的一致，那么他们所组成的"实体……将不够完美，它的决议将不被认为对所有殖民地都有约束力，它的决定也不会被我们的敌人们视为美利坚的决定"。②

德兰西派在当日的另一份传单上向民众阐释了其基本的政治立场与抗争主张。在宪制原则层面，德兰西派与激进派一样，都否认英国议会对于殖民地的主权权力。但是相比激进派，作为纽约政坛当权者的德兰西派需要在更多政治考量中权衡利弊。德兰西派希望督促波士顿人赔偿东印度公司，反对立即停止与英国的进出口贸易活动，拒绝召开殖民地大会（General Convention）来推选大陆会议代表。德兰西派认为只有殖民地分得议会席位，共享英帝国的立法主权，才是帝国危机的解决之道。召开大陆会议是为了更好地向国王陈情，要求殖民地人的自由权利。激进派的矛头则直指德兰西派对于英帝国的温和态度。相较而言，激进派的反驳传单措辞更极端，更富有煽动性。传单中将"我们"构建为与英国彼此对立的阵营。激进派特别指出，面对美利坚当前的危局"应当谴责母国，而不是我们"。激进派的抗争政策也与德兰西派针锋相对。他们支持波士顿拒绝赔偿东印度公司，并要求召开殖民地大会来推举大陆会议代表，

---

① *Advertisement. The Enemie of the Liberties of America...* (New York: 1774), Evans, 13095.

② An American, *To the Inhabitants of the City and County of New-York* (New York: 1774), Evans, 42652.

同时否认殖民地在英国议会中的席位能够确保美利坚人的自由权利。双方在具体抗争政策上的对立反映了两派对"共同事业"莫衷一是的态度。究其本质,双方并非对殖民地人的政治自由存在迥异的判断。"共同事业"作为具有广泛号召力的政治口号正是建立在殖民地人对自由权利的普遍认同之上。然而在共识层面之下,纽约城中的主要派系仍然因为对英帝国的认同差异,对现存政治权威的差别态度,以及对效忠与自由之间张力关系的区别认知,产生了围绕如何主导"共同事业"的政治斗争。

激进派以激进立场区别于对手的应对措施,扭转了德兰西派通过界定"共同事业"话语来制造的民意压力。7月6日,麦克杜格尔主持了广场大会,再次谴责"美利坚的敌人"阴谋"分裂和分散"委员会,"扭曲了本市高尚公民的本意"。与会者"一致"通过了一系列决议,并要求通讯委员会遵照执行。6日当天,激进派还以工匠委员会的名义印发了7月5日经工匠委员会商议的大陆会议代表名单。其中,德兰西派名单中的杜安与艾尔索普被麦克杜格尔和伦纳德·利斯彭纳德(Leonard Lispenard)取代。传单中,激进派指责五十一人委员会无视工匠委员会,并号召民众于7月7日到市政厅支持激进派的五人名单,"表达自己的声音"。①

无论双方如何用"共同事业"作为争权的出发点,两派对立事实上都导致了反抗权力的分裂。在如何组织反英抵抗的问题上,纽约主要的领导力量无法达成一致。在7月7日大会上,两份名单都被纽约选民拒绝。在当晚的五十一人委员会会议上,由约翰·瑟曼(John Thurman)牵头,德兰西派谴责麦克杜格尔等人7月6日另行召开广场大会造成人民的分裂。查尔斯·麦克弗斯(Charles McEvers)提议将瑟曼的动议印发给公众知晓,提议被通过。麦克杜格尔、西尔斯等十一人宣布退出五十一人会议。7月8日和9日,激进派与德兰西派先后发表了致纽约居民的公开信,相互攻击对手阻

---

① *Advertisement... Jul 6, 1774*, Evans, 13093.

碍"共同事业",有意造成殖民地的分裂。麦克杜格尔等退出者坚称"民众本就有权集会,并且通过任何他们认为合适的决议",否认召集民众大会是要分裂"共同事业"。相反,退出者们强调,麦克弗斯要求将瑟曼的动议写入议程并公之于众,尤其是"为了寄送回母国",这样的提议无异于"分裂",此举"必将阻碍公共事业,妨碍我们伸冤"。① 另一方的德兰西派则坚称,作为通讯委员会的一员,既无事先通知,也未和委员会商议,就擅自发布匿名通知召集民众大会,并抛出一系列决议要求表决,这种行为应当受到"最高的谴责"。至于分裂,德兰西派则认为,"如果一定要发生,也应当是这些盛怒之下退出委员会的人负责"。② 双方各以"共同事业"为话语策略,开始了新一轮的互相攻击。

7月9日,麦克杜格尔再度发表公开信,力陈大陆会议代表的选举形式至关重要,指责通讯委员会打算采用的选举方式将"无法体会到居民们的意图",是"侵犯了他们的自由"。③ 没过几日,一位自称"Agricola"的作者也发表了"致纽约居民书",抨击麦克杜格尔沽名钓誉,所谓通讯委员会的选举方式无法反映民意,不过是他"用来阻止一场无法赢得的选举所想出来的借口"。④ 一位"布鲁图斯"(Brutus)则为工匠群体始终被排挤在决策圈之外愤而发声:此事干系到"我们所有人的自由"与"整片大陆的福祉",绝不仅仅是那些本地大商人们的利益。工匠群体才是我们社会的主体,不征得他们的认可,大商人们的决定如何称得上是"为了我们共同

---

① "Address of Francis Lewis and other Members of the Committee to the Inhabitants", *American Archives*, 4th ser., 1: 313.
② "Answer of 'One of the Committee' to the foregoing Address", *American Archives*, 4th ser., 1: 314.
③ Alexander McDougall, *To the Freeholders … July 9, 1774* (New York: 1774), Evans, 13389.
④ *To the Inhabitants of the City and County of New-York, July 12*, 1774 (New York: 1774), Evans, 13097.

的利益"?①

纽约舆论中不断升级的敌意是现实中两派互不相让的真实写照。7月13日,通讯委员会印发了德兰西派拟定的决议书与大陆会议代表人选,并召集纽约选民于19日再次集会表决。然而,纽约城的政治局面已非任何单一阵营可以掌控。德兰西派的决议与提名再遭选民否定。纽约民众要求另行成立委员会起草代表纽约基本反抗立场的决议书。激进派利用德兰西派的失利,趁机占据了新委员会的多数席位。新成立的十五人委员会在第二日召开会议。新委员会中的德兰西派成员艾萨克·洛、约翰·杰伊、亨利·雷米森（Henry Remsen）与约翰·穆尔（John Moore）拒绝参加会议。四人联名发表公开信,否认了新委员会的权威。公开信上指责：选举成立新委员会并非先前拟定的当日议程,居民们完全没有得到"事先通知","这种"不合常规"的选举使得提名结果对通讯委员会不公,"明显是在原本应当协调一致的公民中分帮结派"。②

随着杰伊等人的退出,新成立的十五人委员会成了由激进派与利文斯顿派所控制的委员会。③ 同样,麦克杜格尔等人在7月6日退出后,通讯委员会也成了德兰西派独掌的委员会。两个委员会分别制定了新的决议书,定于7月25日再次召集选民大会进行表决。④ 双方的敌意持续升温。在十五人委员会发布了他们的决议书之后,一位德兰西阵营的作者为其虚构了一份会议记录,称之为"罗宾汉社团的辩论"。这份虚构的记录采用了内幕"揭露者"的视角,在逐

---

① *To the Free and Loyal Inhabitants of the City and Colony of New-York* (New York: 1774), Evans, 13180.

② *To the Respectable Publick. Certain Resolves…July 20, 1774* (New York: 1774), Evans, 13681.

③ 詹姆斯·杜安没有在杰伊等四人的退会公开信上签名,但也没有出席十五人委员会在7月20日召开的会议。

④ 通讯委员会7月19日修改的决议书,见 "Resolutions adopted by the Committee, New-York, 19th July, 1774", *American Archives*, 4th ser., 1: 315–317; 十五人委员会7月20日拟定的决议书,见 *On Tuesday the 19th day of July, 1774* (New York: 1774), Evans, 13480.

条阐释激进派决议书背后"真实意图"的同时,讽刺激进派成员在人群之后伪善、自私与毫无原则的一面。激进派决议书中的"革命原则",被嘲笑以自身利益为行为的准绳;而激进派所谓的"万众一心"则被讥讽为不过是与激进派的核心领袖西尔斯"同心"。①

对于摆在眼前的两份来自不同阵营的决议书,纽约民众的态度究竟如何?究竟谁更能代表纽约人民表达对于"共同事业"的态度?自5月上旬波士顿港将被封闭的消息传来,纽约城中围绕抗争运动而产生的领导权之争,始终未有结论。纽约大商人团体与工匠团体之间,当权的德兰西派与激进派-利文斯顿派的联盟之间,派系斗争愈演愈烈。可是如何声援波士顿,如何向母国抗争,如何向其他殖民地表明纽约人民的一致立场,这些问题都因"党争"悬而未决。与纽约城中复杂的现实局面构成鲜明对比的,是当地报纸对于其他殖民地迅速形成的"一致同意"的密集报道。

独立前夕的纽约主要有三家报纸,除了休·盖恩(Hugh Gaine)的《纽约公报》相对中立,另外两家立场鲜明,分属不同的阵营。约翰·霍尔特受利文斯顿派的资助,旗下的《纽约报》(New York Journal)更为激进。詹姆斯·里文顿出版的《纽约公告报》(New York Gazetteer)则偏向于相对保守的德兰西派。这两份报纸都是周报,也都在每周四发行,是两派观点交锋最常用的阵地。在"共同事业"成为殖民地流行的议题之际,两份报纸也都为各自阵营积极塑造利己的"共同事业"叙事。7月7日,工匠委员会与通讯委员会各执一份大陆会议代表名单要求选民投票取舍的当天,霍尔特的报纸刊载了三则来自其他地区"共同事业"的最新进展:马里兰殖民地(安纳波利斯会议)同意加入联合的贸易禁运;纽约的萨福克县(Suffolk County)、新泽西的蒙茅斯县(Monmouth County)居

---

① *Debates at the Robin-Hood Society, on Monday Night, 19th of July, 1774* (New York: 1774), Evans, 42691, pp. 6, 10. 艾萨克·西尔斯在纽约又有"西尔斯王"(King Sears)的别名,故而推断文中的 Mr. King 应当是指他。

民，都同意开始对大不列颠与西印度群岛的贸易禁运。① 而同日里文顿的《纽约公告报》则报道了其他的决议书，展示了对"共同事业"的不同理解。比如，新泽西的莫里斯县（Morris County）的居民不仅提出，解救波士顿人最有效的办法在于各殖民地的一致与团结，而且倡议各地通过不消费行动来督促英国政府让步。对于贸易禁运，莫里斯县决议中表示，将参与殖民地的联合行动。伯根县（Bergen County）居民则表达了与其他地区团结一致共同推选大陆会议代表的迫切愿望。②

虽然报纸对于"共同事业"自有派系立场，各地决议书不断见报，但其他地区都在积极推进美利坚人"共同事业"成为纽约居民共同认知中的一种事实。决议书中常见的"一致通过""全体同意"等等强调共识的用词，更加深了纽约民众对于本地政治分裂的强烈不满。7月7日与7月19日两次选民大会都未能顺利选出大陆会议代表，固然是政治分裂与派系操纵的结果，但更加反映了民众对此的反感。呼吁止息不必要的争端，督促派别尽快合作的声音也一直随派系争斗而起落。第一次选民大会不欢而散之后，一位"温和之士"发表了呼吁两派和解的评论。"温和之士"以"共同"和"自由的事业"为标准，对两派的做法进行了另一番阐释，希望为双方和解铺路。7月6日麦克杜格尔等人在民众大会发布的决议书在"温和之士"看来，确保了纽约人民继续积极参与美利坚"共同事业"。纽约人民需要"保持精神的高涨"，需要让其他殖民地相信纽约人民对"共同事业"的坚定立场，尤其是"纽约殖民地如此重要，决不能成为让链条断裂的一环"。对于约翰·瑟曼在通讯委员会上的动议，无论是投票支持还是反对，都不足以判断他们是否抛弃了"美利坚的自由"。"温和之士"认为，即便查尔斯·麦克弗斯的动议真是为了向母国告知激进派私自召开民众大会，也并不算破坏"共同

---

① *New York Journal*, July 7, 1774.

② *Rivington's New York Gazetteer*, July 7, 1774.

事业",反而能证明美利坚人对于自由权利的坚持,因为"即便是自由事业中的先锋,一旦犯错,只要造成分裂,我们也会立刻否认出错的步骤"。①

第二次选民大会再度无果而终,民意也从呼唤联合转向对派系争斗的嘲讽。当德兰西派与激进派各持一份决议书号召第三次表决之际,一位"德谟克利图斯"(Democritus)辛辣讽刺十五人委员会的新决议书无甚新意,新决议书中只提不进口协议,完全忽略了不出口协议,这显然与7月6日麦克杜格尔在公共广场上抛出的决议书不一致。这位愤怒的作者扬言要"吊死本殖民地所有敢于产出余粮的农夫",以帮助新委员会完成未竟之业。"德谟克利图斯"最尖刻的讽刺指向了派系争权。他认为,比照现在的情形,新决议案中的第八条难免让人质疑"我们为什么有两个委员会,他们出于什么目的要互相反对"。因为第八条中的"所有殖民地人应当万众一心"与现实反差实在太大。对于纽约内部的团结,乃至各殖民地赖以拧成一股绳的"共同事业","德谟克利图斯"都倍感绝望。在新决议书的最后一条中,十五人委员会"要求"通讯委员会立即将新决议书寄送给临近各县与其他殖民地,"不得延误"。"德谟克利图斯"认为这条决议只是"为了充数"。他建议新委员会将"决定"改成"命令",因为"一旦一场闹剧开幕,用合适的态度来演绎才能让我开心"。"党争"如此,民意已经无关紧要。这位"德谟克利图斯"最后决定"将自己埋在市政厅的角落里",以嘲笑每一个在选举日当天到场的人。② 换言之,纽约"党争"已经超越了"共同事业",成为主导局势发展的主要因素,人民的选择与态度已经不再相关。

"德谟克利图斯"所传递的消极态度引起了警觉。另一位自称"诚实的美利坚人"的作者试图重新将议题从派系争斗拉回"共同事

---

① *To the Freeborn Citizens of New-York, Gentleman... July 11, 1774* (New York: 1774), Evans, 13655.

② *Remarks upon the Resolves of the New Committee... July 22, 1774* (New York: 1774), Evans, 13244.

业"。第三次选民大会当天，这位"诚实的美利坚人"提醒民众，事态依然紧迫，"共同事业"仍然需要共同的参与，不要被"别有用心的出版物"所迷惑，"注意，你们的一切都危在旦夕"。对于各项悬而未决的议题，"诚实的美利坚人"呼吁，派系和解与大陆会议代表的选择才是当务之急："决议书不是实质问题，无论我们赞成哪一套，都没什么影响"，如果继续围绕哪套决议更好而争论不休，"我们会忘记更大的目标"。选出代表才是目的，"不要再为了选举模式而争论"，"让那些最能加速促成派系和解的人"成为我们的代表。① 民意终于迫使德兰西派与激进派相互妥协与让步。7月26日，在得到通讯委员会选出的五人代表保证将尽力促成不进口协议后，激进派同意了通讯委员会的名单。②

纽约的情况虽然曲折，但"共同事业"依然体现出了广泛的号召力。在捍卫自由权利，反抗母国"暴政"的层面，"共同事业"并不存在任何争议。无论是政治精英还是普通民众，无论是德兰西派、利文斯顿派，还是激进派，对此都无疑议。"共同事业"还意味着殖民地只有联合起来，才能化解危局；只有联合，才能共存。这种内涵使得"共同事业"话语初步具有了一定的强制力与压迫性，不参与"美利坚人共同事业"，甚至扰乱"共同事业"之人，可以被轻易地等同于全社会的公敌。当然，这种敌我划分还主要停留在派系之间的话语斗争上。

凝聚共识的普遍化过程产生了社会性的强制力，更引人注意的是"共同事业"话语在具体语境中如何被灵活地使用。谁来主导"共同事业"？如何推动"共同事业"？谁能决定"共同事业"的具体内涵究竟是什么？这些真正能够为空洞的政治口号赋予实际意义的问题，也正是纽约城中派系争斗的焦点所在。"共同事业"对于纽约的不同派系而言，意味着对政治资源的新一轮争抢。因为"共同

---

① *To the Respectable Public. Have a Good End in View... July 25, 1774* (New York: 1774), Evans, 13679.

② Tiedemann, *Reluctant Revolutionaries*, p. 196.

事业"获得了普遍的认同，谁成为纽约"共同事业"的主导者，就会享有广泛的民意支持，稳固并增强其在纽约民选机构中的政治实力。"共同事业"为纽约殖民地旧有的政治矛盾提供了新的势能，实际上加剧了政治派别的分裂。而除了政治精英内部两派相争，纽约城"共同事业"还少不了民众的参与。在党争相持不下，双方互不让步的情况下，是纽约民众看到了"共同事业"与党争之间的矛盾，多方施压，才使得"共同事业"再次超越党争，成为促使派系暂时和解与妥协的当务之急。"共同事业"口号在纽约政局中的曲折发展揭示了政治话语在具体的政治语境里演进与发展的复杂性。从纽约城的情况来看，"共同事业"的话语无疑是由多方共同书写的。但直到大陆会议代表最终确定，对于"共同事业"的具体内涵，无论是派系之间，还是精英与民众之间，① 都并没有达成共同认可的普遍一致。这也说明，依托政治观念形成的政治口号仍需要被注入具体的政治内容，这些内容要由更为直接的政治行动来不断书写、调整与推进。

三、从基层到殖民地的夺权——法外大会的召开

当"共同事业"在纽约遭遇一波三折时，其他殖民地则是另一番情景。各地的激进派利用"共同事业"口号激发政治热情，并以"共同事业"要求协调各殖民地立场，以制定联合抗争方案为契机，实现了从基层到殖民地层面的"夺权"。殖民地层面"夺权"的完成以各地法外大会的召开为标志。

随着"不可容忍法令"的消息陆续在各殖民地传开，各地的基层（村镇、郡县）激进民众开始自发集会，以决议书与指导意见的方式声援波士顿，敦促各殖民地之间尽快采取联合行动。如何抵制新一轮暴政迅速成为各地新的政治议题。有了之前抵制《印花税法》

---

① 有激进民众并不满意以麦克杜格尔和西尔斯为主的激进派在7月26日与德兰西派达成的政治妥协，见 *At a Meeting of the true Sons of Liberty, in the City of New-York, July 27, 1774* (New York: 1774), Evans, 13126。

和《汤森税法》的经验，呼吁发动新一轮的贸易禁令，督促推选本殖民地代表参加大陆会议似乎迅速成为普遍的共识。① 实际上，各殖民地因为政治体制、派系争斗与政治文化不同，各自也经历了一番艰难的斗争过程，此处无法细述。最终，在1774年6月到8月之间，马里兰、新泽西、南卡罗来纳、宾夕法尼亚、弗吉尼亚、特拉华、北卡罗来纳相继以法外大会的形式，推选出了大陆会议代表。② 罗得岛、马萨诸塞、康涅狄格等地则通过殖民地的民选议会选出了大陆会议代表。③

以法外大会形式推选大陆会议代表的殖民地，多是以总督拒绝召集民选议会作为理由，自行召开了超越殖民地宪制框架的法外集会。仍然依托民选议会成功选出大陆会议代表的殖民地中，罗得岛得益于优越的政治体制，康涅狄格是因为总督乔纳森·特朗布尔（Jonathan Trumbull）的支持，而马萨诸塞则依靠民选议会代表们的

---

① Jerrilyn Greene Marston, *King and Congress: the Transfer of Political Legitimacy, 1774-1776* (Princeton, N.J: Princeton University Press, 1987), p. 101.

② 马里兰法外大会，见"Maryland Convention"，*American Archives,* 4th ser., 1: 438-442；新泽西的法外大会，见"General Meeting of the Committees of the several Counties in the Province of New-Jersey"，*American Archives,* 4th ser., 1: 624-625；南卡罗来纳的法外大会，见"South Carolina Resolutions"，*American Archives,* 4th ser., 1: 525-526；宾夕法尼亚的法外大会，见"Provincial Meeting of Deputies, chosen by the several Counties in Pennsylvania" and "Assembly of Pennsylvania"，*American Archives,* 4th ser., 1: 556-564, 602-610；弗吉尼亚的法外大会，见"Convention of Delegates from the Different Counties in the Colony and Dominion of Virginia"，*American Archives,* 4th ser., 1: 686-690；特拉华的法外大会，见"Convention of the Representatives of the Freemen of the Government of the Counties of New-Castle, Kent, and Sussex, on Delaware"，*American Archives,* 4th ser., 1: 663-668；北卡罗来纳的法外大会，见"Instructions to the Deputies appointed to meet in General Congress on the part of North Carolina"，*American Archives,* 4th ser., 1: 733-737。

③ 罗得岛的民选议会决议，见"Resolutions of the General Assembly of the English Colony of Rhode-Island and Providence Plantations"，*American Archives,* 4th ser., 1: 416-417；马萨诸塞的民选议会决议，见"Resolutions of the House of Representatives of Massachusetts"，*American Archives,* 4th ser., 1: 421-423；康涅狄格议会推选的大陆会议代表，见"Delegates to the General Congress of Commissioners of the Enligsh American Colonies, appointed by the Committee of Correspondence of Connecticut"，*American Archives,* 4th ser., 1: 554-555；康涅狄格民选议会声援波士顿的决议，见"Resolutions adopted by the House of Representatives of the English Colony of Connecticut"，*American Archives,* 4th ser., 1: 355-357。

斗争经验。1774年6月17日，马萨诸塞的民选议会顶住了总督的压力，选出了派往大陆会议的代表。为了保障议程不被打扰，马萨诸塞的民选代表们在批准了一项土地授予之后，结束了所有具体事务的商议。代表们先行清空了走廊，锁上了会议厅大门。总督盖奇解散议会的命令因而无法传达，只能被置于通向民选议会厅的台阶之上。①

诸殖民地绕开了由总督代表的英国国王的宪制权利，单独依托由民选代表组成的法外集会或原有的民选议会推选本地大陆会议代表，制定本地的抗争政策，这标志着殖民地政治权力与权威的实质转移。新的殖民地权力机构不仅推选了大陆会议代表，还通过对大陆会议代表的授权，在不同程度上提前赋予了大陆会议决议等同法律的性质。比如南卡罗来纳的大陆会议代表就被授予"完全的权力与权威来代表我们与我们的选民"，他们在费城大会上的决定都将被"郑重遵守"。②特拉华大会承诺将执行大陆会议多数代表同意的方案。北卡罗来纳大会也先行同意了本殖民地的"联合会"协议，同时授权北卡罗来纳的大陆会议代表：他们在费城的一切决定，"所有居民都有义务遵守"。③新泽西大会授权其代表可以在会议上相机行事。弗吉尼亚大会虽然没有对大陆会议代表的类似授权，但大会决定弗吉尼亚先行开展联合协议。只有马里兰大会明确要求，待大陆会议代表返回之后需再度召集殖民地大会，以考虑殖民地的立场。以上这些授权实际上预先确认了大陆会议的决议将成为约束本地居民的规则。

各地以超越殖民地传统政治体制的形式选出了大陆会议的代表，但各地的激进派对于法外的集会也依然充满顾虑。顾虑和犹豫主要来自不明朗的前景。殖民地人何时决定从抗争转向独立，向来是一

---

① *Journals of the House of Representatives of Massachusetts, 1773–1774* (Boston: Massachusetts Historical Society, 1981), p. 287; "Resolutions of the House of Represemtative of Massachusetts", *American Archives*, 4th ser., 1: 421-422.

② "South Carolina Resolution", *American Archives*, 4th ser., 1:526.

③ "Instructions to the Deputies Appointed to Meet in General Congress on the part of North Carolina", *American Archives*, 4th ser., 1:736.

个难以回答的问题。"不可容忍法令"的出台确实促成了一批殖民地人在态度上的转变。在弗吉尼亚召开第一次"省区大会"前夕,汤姆森·梅森就在当地报纸上呼吁民众更为积极地反抗暴政。梅森强调,如果认为当前仍然只能"抗议压迫"与"声称"自由,如果依然相信美利坚人的正当权利只能留待后人"去践行",如果还在犹豫当前时机尚不成熟,那么美利坚在时机到来之前"就已经腐化"了。① 罗得岛的"自由之子"赛拉斯·唐纳(Silas Downer)也在与友人书信中谈到,"不可容忍法令"为殖民地人带来了"解脱","独立的时机终于到来了"。② 然而,是否最终走向独立,尚不足以在公共领域引发充分的政治讨论,也远未形成共识。"不可容忍法令"的实施虽然刺激梅森作出惊人之语,但在弗吉尼亚也尚有人感叹,"望上帝垂怜,我们永无机会看到效忠之心与自由权利不再相容的那一天"。③

如果美利坚的独立尚不足以构成一个值得讨论的问题,那么法外大会的合法性以及潜在的叛国罪风险就显然需要殖民地激进派顾虑且忧思。以自由为导向的"爱国"观成了纾解这种政治与道德困境的思想资源。通过"共同事业"口号所激发的想象,"爱国"观中的自由概念进一步与公共福祉概念相融,成为共同体想象中凝聚认同与共识的核心。当殖民地人使用"爱国"话语来描述这一时期的夺权过程时,话语背后所聚合的捍卫自由、公共福祉与最高利益等概念

---

① "The British American, No. VII", *Revolutionary Virginia-The Road to Independence, v.1, forming thunderclouds and the first convention, 1763-1774, a documentary record*, compiled by William J. Van Schreeven, edited by Robert L. Schribner (Charlottesville, VA: University Press of Virginia), 1973, p. 184.

② Silas Downer, *A Discourse, delivered in Providence, in the Colony of Rhode-Island, upon the 25th day of July, 1768. At the Dedication of the Tree of Liberty, from the Summer House in the Tree. By a Son of Liberty*, Providence: Printed by John Waterman, 1768; Downer to William Palfrey, Providence, July 12, 1774, Palfrey Papers, Part II, a, 60, 转引自 Pauline Maier, *From Resistance to Revolution: Colonial Radicals and the Development of American Opposition to Britain, 1765-1776* (New York: Vintage Books, 1974), p. 266。

③ "Meeting of the Freeholders of Hanover County, Virginia", *American Archives*, 4th ser., 1: 616.

通通成为论证夺权正当性的观念支撑。锁上会议厅大门的马萨诸塞民选议会在赢得政治胜利后不久,波士顿的通讯委员会就公开以"爱国主义"赞美了议会的胜利。在"这一艰难时节",民众出于"明智判断与爱国主义"才将捍卫自由权利的重任交到"如此值得尊敬的人士手中",而这一届议会没有辜负民众的信任。①

以"共同事业"口号与"爱国"话语支持殖民地人的夺权在弗吉尼亚表现得尤为肌理分明。"不可容忍法令"消息传到弗吉尼亚之后,为了激发民众对于"共同事业"的参与感,同时避免触怒总督邓默尔而导致议会提前被解散,民选议会决定在《波士顿港口法》正式生效的当天,全城斋戒。该决定以传单形式印发以告知民众。斋戒日的命令仍然激怒了邓默尔。5月26日,邓默尔以此为据下令解散议会。② 5月27日,被提前解散的民选议会代表以传单形式发布了89位代表(全员126人)签署的联合协议。③

被解散之后,民选议会中的一小部分代表仍然留在威廉斯堡积极活动,商讨接下来的具体行动。5月31日,留下的25位代表发布公开信,援引其他殖民地来信,尤其是波士顿村镇决议作为依据,号召弗吉尼亚各郡县代表于8月1日再聚威廉斯堡,商议是否扩展联合协议,全面停止与英国的进出口贸易。公开信表示,号召会议的措施已经得到了威廉斯堡居民们"欢欣地同意"。同时,该信在结尾处强调,"当前困境,必须承认,对于全美利坚都有最持久的重要性。多重事件急遽酿成惊人的危机,这要求所有关心共同事业的人们迅速、统一共商共议"。有鉴于此,"我们不认为还需赘言,来确认你们的服从"。④ 换言之,召集全殖民地的代表大会,已经完全无

---

① "All the Colonies in motion. Subscriptions for support of Boston Poor, (Note)", *American Archives,* 4th ser., 1: 423 note.

② *Journals of the House of Burgesses of Virginia, 1773-1776, including the Records of the Committee of Correspondence,* ed. John Pendleton Kennedy (Richmond, VA.: E. Waddey co., 1905), pp. 124, 132.

③ *Revolutionary Virginia—The Road to Independence,* v.1, pp. 97-98.

④ *Williamsburg, May 31, 1774* (Williamsburg, 1774), Evans, 42753.

需总督履行召集议会之权,而只要从时局之危与"共同事业"话语中汲取合法性,各郡县的民选代表就理当遵从。

被解散的弗吉尼亚民选议会代表们之后的一系列行动被当地报纸迅速"包装"成了"爱国"之举。5月27日转移到罗利酒馆继续开会的89位剩余代表,被称为"爱国的民选议会"。他们"为了维护美利坚的宪法自由,抵制不列颠议会的压迫性法案",继续坚持会议,并一致同意开始采用联合协议。① 6月2日,威廉斯堡的两家主要报纸对斋戒日的活动进行了报道,它们均以"爱国"话语来赞誉被解散的民选议会。林德夫人(Clementina Rind)的《弗吉尼亚公报》向其读者"保证":"城中的所有居民,以及不少从周边赶来的人士,共聚法院门前,陪同令人尊敬的、爱国的议长一道,以最庄重的礼节,一路走向教堂,在那儿进行了祈祷,并聆听了普赖斯牧师(Rev. Thomas Price)的布道,他们以最具表现力的形式,证明了自己的感激之情。"珀迪和狄克逊(Purdie & Dixon)的《弗吉尼亚公报》也在相同的语境中称赞被解散的议会乃是一个"可敬的、爱国的团体"。②

得益于这一时期特殊的政治环境,弗吉尼亚从上到下都展现出了强烈的政治热情,结合了自由与"共同事业"口号的"爱国"话语助力弗吉尼亚上下迅速达成共识,推进了"省区大会"顺利召开。1774年5月,弗吉尼亚民选议会被解散之后,殖民地各县一度陷入"无政府"状态。由于民选议会的解散,弗吉尼亚各县法院失去了合法得到收入的途径,意外造成了大量地方法院的关停。③ 不过,相较与殖民地议会之间的龃龉,邓默尔总督更看重殖民地的向西扩张。

---

① "Association Agreed to and Signed by eighty-nine Members of the late House of Burgesses of Virginia", *American Archives,* 4th ser., 1: 350.

② Rind's *Virginia Gazette,* Jun 2, 1774, p. 2; Purdie and Dixon's *Virginia Gazette,* Jun 2, 1774, p. 2.

③ *Revolutionary Virginia—The Road to Independence, v. 2, The Committees and the Second Convention, 1773–1775, A Documentary Record,* complied by William J. Van Schreeven, Robert L. Scribner, edited by Robert L. Scribner (Charlottesville, Va: The University Press of Virginia, 1975), p. 101.

西境土地是邓默尔手中最重要的政治筹码。1774 年 4 月开始，在宾夕法尼亚与弗吉尼亚的西部边境，尤其以俄亥俄河谷的惠灵（Wheeling, W. Va）为中心，土著居民与拓殖边境的白人居民冲突不断，代理人约翰·康诺利（John Connolly）斡旋无效，宾夕法尼亚又不愿出力，于是邓默尔决定亲赴边境，处理西境问题。① 7 月 10 日，邓默尔离开了威廉斯堡。10 月 10 日，波因特普莱森特（Point Pleasant, W.Va）之战后，邓默尔与部落首领签订了《夏洛特营条约》（*Treaty of Camp Charlotte*），平息了西部边境的危机。从 7 月到 12 月，邓默尔都不在威廉斯堡。邓默尔的缺席、民选议会的解散以及地方法院关停，都为弗吉尼亚的激进人士提供了绝好的时机。

与威廉斯堡的报纸媒体相似，弗吉尼亚各县以"爱国"来赞誉被提前解散的议会，对于回到地方的本地代表也多以"爱国者"相称。7 月 12 日，新肯特县（New-Kent County, Va）发布决议，盛赞弗吉尼亚的民选议会自 1765 年的"爱国决议"以来，就一直"捍卫着美利坚的正当权利与自由"。② 汉诺威县（Hanover County, Va）在决议书中对本地民选议会代表"爱国、忠诚与坚决的行动表达感谢"。伊丽莎白城（Elizabeth City County, Va）也在决议书中以"爱国"之名对之前的本地代表表达了赞赏。③ 在"爱国"话语的运用中，将人民的代表视为"爱国者"，尤其是在面临暴政与压迫的语境下，象征了对能力超群、才华卓绝的政治精英托付以人民的信任，交予其捍卫人民自由的权柄。这种语言的象征形式乃是 18 世纪英美政治文化中的惯例（详见第一章）。然而在这里，政治话语中的惯例

---

① James Corbett David, *Dunmore's New World: the Extraordinary Life of a Royal Governor in Revolutionary America—with Jacobites, Counterfeiters, Land Schemes, Shipwrecks, Scalping, Indian Politics, Runaway Slaves, and Two Illegal Royal Weddings*, (Charlottesville, Va: University of Virginia Press, 2013), chap 3, Promised Land, 1773-1774, pp. 56-93.

② "Meeting of the Freeholders and Inhabitants of the County of New-Kent, in Virginia", *American Archives*, 4th ser., 1: 535.

③ "Meeting of the Freeholders of Hanover County, Virginia", *American Archives*, 4th ser., 1: 615-616; "Meeting of the Freeholders and other Inhabitants of the County of Elizabeth City, and Town of Hampton, in Virginia", *American Archives*, 4th ser., 1: 634.

性内涵是次要的。地方决议书中以"爱国"赞美被解散遣回的本地民选代表,更多地是为了公开表达一种政治态度,呼应来自威廉斯堡的政治决定,宣告本地对于"共同事业"的支持。

仅有25位代表署名的法外大会召集信得到了弗吉尼亚地方的积极回应。1774年,弗吉尼亚殖民地共有65个选区,其中61个县拥有2个民选代表席位,还有4席分别来自威廉-玛丽学院、威廉斯堡、诺福克区(Borough of Norfolk)以及詹姆斯敦。1774年的6—7月,共有31份由弗吉尼亚各地民众公开发布的演说、决议书与公开信。①这些公开发表决议书、公开信与演讲的区县都肯定了8月1日再派代表于威廉斯堡议事的决定。基层之间的区别与异议仅在于贸易禁运的范围和尺度。在几乎所有的"民意书"中,都可以看到"共同事业"话语为弗吉尼亚激进派日后的抗争政治议程(威廉斯堡大会、联合贸易禁运和大陆会议)提供了正当性的论证支持。其中,约克县(York County, Va)的公开决议书最有力地论证了威廉斯堡大会的合法性。

对于约克县的居民来说,弗吉尼亚民选议会的提前解散,乃是英国议会对美利坚整体阴谋的一部分。"真正爱国"的民选议会被解散,使"我们的国家失去了法律的统治,再无法抵挡入侵的敌人"。与其他发布"民意书"的各县一样,约克县也通过本地选民大会,再度推选之前的民选议会代表作为威廉斯堡大会的本选区代表。民众大会的再度授权,对于法外大会夺权的政治行为合法性而言尤其重要。约克县的大会通告就对此有清晰的阐释。在约克县大会上,选民们一致同意:"既然弗吉尼亚政制(宪制)框架内的民选议会被阻止,不再能以权利为人民的自由提供保障,那么这些权利就重新回到了人民身上,因为人民才是一切权力与立法的源泉;这项权利与人类的自然属性共生,是从上帝自然之法中而来。"在阐明政治权力已全数归属于人民之后,约克县再度任命之前的民选议会代表达

---

① *Revolutionary Virginia—The Road to Independence*, v.1, p. 109.

德利·迪格斯（Dudley Digges）、托马斯·纳尔逊（Thomas Nelson）作为参加弗吉尼亚大会的本地代表。①

约克县的大会通告中，捍卫自由权利成为政治权力的最高宗旨。因此，只要是以捍卫自由为宗旨，人民可以重新将权力委托给值得信赖的人士。人民的再度授权，成功改写了8月大会的性质。原本25位剩余代表所号召的大会，既无全体议会代表同意，也未得总督认可，是不折不扣的"法外大会"。而经过各地民众大会的再度推选和授权，8月1日在威廉斯堡召开的大会则成为弗吉尼亚殖民地全体选民授权商讨公共事务而召开的大会。

推动了弗吉尼亚从上至下迅速达成一致的"爱国"话语，也被进一步用来论证具体的行动纲领。从弗吉尼亚大会制定联合协议开始，弗吉尼亚人的"爱国"开始有了具体、确定并且强制性的行动内容。自由、"爱国"与"共同事业"支撑了联合协议的出台，而依托于联合协议，以"爱国"为名的行动也获得了新的正当性。

具有强制力的联合协议原型来自费尔法克斯县的决议书。在7月18日的全县大会上，费尔法克斯县率先通过具有强制力的不进口、不出口与不消费协议，同时宣布成立地方委员会。该委员会"在紧急情况下，有权召集全县大会，有权协调并采取任何必要措施"。② 费尔法克斯县是华盛顿和乔治·梅森的家乡，该县的"民意书"也直接影响到了8月的弗吉尼亚大会，甚至是9月召开的大陆会议决议。费尔法克斯大会要求全县民众服从联合协议，同时成立具有地方政府性质的地方委员会，虽然没有就殖民地议会被解散后弗吉尼亚以及本地的主权归属做出任何阐释，但已然直接践行了"复归人民"的政治权力。

8月召开的弗吉尼亚大会"一致通过"了在全殖民地范围内开

---

① "Meeting of the Freeholders and other Inhabitants of York County, in Virginia", *American Archives*, 4th ser., 1: 595-596.

② "General Meeting of the Freeholders and other Inhabitants of the County of Fairfax, in Virginia", *American Archives*, 4th ser., 1: 597-602.

展贸易禁令的联合协议。与费尔法克斯决议比对来看,弗吉尼亚联合协议基本照搬了前者的逻辑与框架,只对禁令开始的时间以及包括的品类等细则做了修改。弗吉尼亚联合协议推荐各地代表在当地成立委员会,以确保协议内容得以落实;同时宣布将孤立所有拒绝签署联合协议以及违反协议内容的人士。至于费尔法克斯决议中更激进的强制举措,比如授权地方委员会公布所有拒绝签署与违反协议人士的名字,以确保"国家的叛徒"能见闻于乡里,遭受社会性憎恶,同时要求居民"宣誓"服从"郑重的契约与联合协议"等内容,并没有被弗吉尼亚联合协议明文采纳。相反,弗吉尼亚大会希望以"荣誉和对国家的热爱来束缚我们严格遵守"联合协议的内容。①

弗吉尼亚大会是闭门会议,外界民众对于会议讨论过程无从得知。作为与民选议会合作的出版商,消息灵通的林德夫人于 8 月 4 日率先在《弗吉尼亚公报》上公布了大会关键议程——大陆会议代表推选的结果。同期的头版头条刊登的是一封"告弗吉尼亚人民"公开信。公开信试图以"爱国的美德"激发弗吉尼亚民众的斗志,为全殖民地的不进口、不出口和不消费的联合协议背书。这位署名"B. D."的匿名作者将"爱国"精神回溯到英国民众对查理一世暴政的反抗,同时又类比荷兰人民英勇反抗西班牙国王菲利普二世的事迹,继而疾呼,"只要由公共美德所主导,自由的精神将不可战胜,……压迫只能增其蓄势,只要由某些勇敢的首领唤醒行动,它将如同被点燃的火药一般迸发,摧毁一切障碍"。②弗吉尼亚的"爱国"话语以大量涌现的基层政治宣言为底色,由紧跟时事的报章社论奠定叙事基调,在不断渲染时局之危、事态之紧急以及联合之必

---

① "Convention of Delegates from the different Counties in the Colony and Dominion of Virginia", *American Archives,* 4th ser., 1: 686-688; "General Meeting of the Freeholders and other Inhabitants of the County of Fairfax, in Virginia", *American Archives,* 4th ser., 1: 601.

② Rind's *Virginia Gazette,* Aug 4, 1774; "To the People of Virginia", *American Archives,* 4th ser., 1: 685-686.

要的过程中，将上下联动共谋夺权的激进派政治行动塑造为"爱国的事业"。在言说与行动交织而成的爱国话语中，"爱国""共同事业"、自由权利、最高福祉以及崇高的公共精神等富有号召力的表述构成了多面的概念组合，使得单一概念的表述也能获得整体性的话语力量。"共同事业""爱国事业"与"自由事业"可以互相替换，既扩展了殖民地事业的动员能力，又为弗吉尼亚人在爱国与公益的掩护之下，转变本地最高政治权威提供了正当性支持。与此同时，弗吉尼亚联合协议的强制推行也逐渐使得"爱国"观具有了实质性的强制力。

1774年8月的弗吉尼亚大会结束后，从威廉斯堡返回各县的代表需征得当地民众的同意，落实联合协议的要求。这个过程远非一帆风顺。10月20日，约翰·平克尼（John Pinkney）的《弗吉尼亚公报》头版刊登了一封"致哈利法克斯县人民"的公开信。一位化名"布鲁图斯"（Brutus）的匿名作者谴责一位有名望的人士在哈利法克斯县劝说民众退出联合协议。"布鲁图斯"谴责的对象是当地的治安法官托马斯·尤伊尔（Thomas Yuille）。

作为治安法官的尤伊尔公然劝说居民退出联合协议，无论在当地还是在整个弗吉尼亚，都显得事关重大。尤伊尔是苏格兰移民，那么对于第一代移民而言，哪里才是"故土家国"（country）呢？"布鲁图斯"的回答是，既然在此成家立业，就表明了对国家的选择。尤伊尔娶了一位本地人作为妻子，孩子都是在本地出生，而且在此坐拥地产，这"无疑是打算要和我们一同在此安顿下来"。当生命、财产以及迅速积累的财富都得益于本国法律的保护，"布鲁图斯"质问道："难道出于天性、血缘与感激之情，您没有义务用您的生命与财产，去捍卫您所选择的国家与您的后代，不受暴政利刃的戕害？"①

---

① Pinkney's *Virginia Gazette*, Oct 20, 1774; "Address to the People of Halifax County, in Virginia", *American Archives*, 4th ser., 1:883.

在"布鲁图斯"看来,当前殖民地人所面对的政制危机已经毋庸赘言,只有对英国采取完全的贸易禁运,才能逼迫英国议会妥协与让步,这也无需再做争辩。问题的关键只在于不进口、不出口与不消费的协议是在要求民众为了公共福祉而放弃个人私利,而相当一部分民众尚不了解这意味着什么,这才容易受人蛊惑。共同体的成员必须为了"公益"而心甘情愿、无所保留地付出,这是每个共同体成员的义务。为了说明这一点,"布鲁图斯"专门援引了福代斯在其《道德哲学要义》中的阐释。①一个社会,是为了实现共同的利益而构成。"社会一旦由共同的利益缔结而成,随即就成为为公众所关注、尊崇、服从、依附且不可违逆的对象,既不当为贿赂所诱惑,也不该因威胁而畏惧";"联盟"(confederacy)的诞生就是为了捍卫这样的"政制构成"(Constitution);社会中的每个成员都应当人尽其才,促其福祉;竭其全力,抵御腐蚀;"牺牲自我的安逸、财富、权力,甚至生命,来捍卫他的国家",这些乃是"每个社会成员的义务、荣耀、利益与福祉","这将使他在生前备受尊敬与爱戴,而如果他因为光荣的事业而不幸陨落,他也会被哀悼和铭记,他的名字将获得不朽的名声,代代相传"。②

从"布鲁图斯"的角度来看,把弗吉尼亚联合协议与福代斯的道德哲学相结合,构建私利与公益之间的对立,可以让普通民众更好地理解服从联合协议的宏大意义。福代斯的道德哲学将义务分为对自己的义务、对国家的义务与对上帝的义务。人必须履行这三方面的义务,才能实现美德(virtue),达成俗世中的完满与幸福。服从并坚持联合协议的要求是在履行对国家的义务。国家面对自由还是奴役的关头,迫切需要每个人都能牺牲个体利益。弗吉尼亚大会制定的联合协议就是当前唯一能保护"公益"的机制,而服从联合协议不仅是在履行共同体成员的义务,更是享有荣耀与获得幸福的

---

① Fordyce, *The Elements of Moral Philosophy*, pp. 105-106.
② "Address to the People of Halifax County, in Virginia", *American Archives*, 4th ser., 1:884.

途径。① 与之相反，尤伊尔的所作所为也许符合短期私利，但却"将满怀爱国之心的民众诱入歧途"，因此他是国家的公敌，应当被鄙视与唾弃。通过强调私利与公德的对立，"布鲁图斯"同时也在影射完整的"爱国"概念组合。社会成员为了共同体的最高利益应当甘于牺牲，而自由显然是"布鲁图斯"所说"共同利益"的潜在之意。更重要的是，"布鲁图斯"以"爱国"为名公开谴责尤伊尔，这也意味着"爱国"开始获得强制力的势能。

哈利法克斯县（Halifax County, Va）位于弗吉尼亚与北卡罗来纳边界，1752 年才从卢能堡（Lunenburg County, Va）中分离出来。② 与 18 世纪弗吉尼亚的其他郡县一样，哈利法克斯的日常事务由县法院主理。因此，县法院不仅是处理低级刑事案件与民事案件的初级法院，往往还要兼顾当地的行政事务。有学者认为，在 18 世纪的弗吉尼亚，县法院完全掌控着当地人民的经济、社会与政治生活等各方面。③ 县法院由县治安官、警官和治安法官组成，在王室殖民地，均由皇家总督任命，且一般不轻易更换。到 1773 年 10 月为止，包括尤伊尔在内，哈利法克斯县共有 20 位治安法官。④ 尤伊尔显然不是籍籍无名之辈。虽然公开信遮掩了尤伊尔姓氏的部分字母，但对于从 1767 年就开始担任当地治安法官，颇富名望的尤伊尔来说，无异于掩耳盗铃。⑤ 将"共同事业"的反对者姓名半遮半掩地公之于众，"布鲁图斯"显然在弗吉尼亚联合决议与费尔法克斯决议之间更倾向

---

① "Address to the People of Halifax County, in Virginia", *American Archives*, 4th ser., 1:883-884.

② *Halifax County, Virginia, a Handbook*, prepared under the Direction of the Board of Supervisors by Alfred J. Morrison (Richmond, Va: Everett Waddey Co., 1907), p. 66.

③ Isabel Ferguson, "County Court in Virginia, 1700-1830", *The North Carolina Historical Review*, vol. 8, no. 1 (Jan, 1931), p. 15.

④ *Justices of Peace of Colonial Virginia, 1757-1775*, p.123.

⑤ 托马斯·尤伊尔担任哈利法克斯县治安法官的记录，见 *Justices of Peace of Colonial Virginia, 1757-1775*, as *Bulletin of the Virginia State Library*, vol. XIV., Apr, Jul, 1921, Nos. 2, 3, edited by H. R. McIlwaine (Richmond, Va: Davis Bottom, Superintendent Public Printing, 1922)。

于举措激进的后者。任何人一旦违背联合协议，就要被公布个人信息，这正是费尔法克斯决议中的要求。弗吉尼亚汹涌的政治激情在牵引殖民地反抗政治的跃进。尤伊尔的遭遇也表明，顶着"爱国"名义召开的法外大会不仅自"爱国"话语中获得了合法性，大会制定的联合决议还开始自社会权力中汲取强制力。尤伊尔的案例只是弗吉尼亚所上演的前奏，"爱国事业"的强制逻辑，要随着大陆会议的成果公布，才开始在各殖民地铺展开来。

四、大陆会议

大陆会议的召开使得殖民地人的"爱国"观从纯粹的政治观念与话语转变成了具有实际政治效力的行动方案。随着大陆会议的联合协议方案的出台，前期略显空洞的政治口号开始被赋予具体的内容。殖民地人的"共同事业"与执行大陆会议的联合协议之间被划上等号。依托联合协议方案，各地委员会相继成立，方案的执行有了明确的组织实体，这也使得"共同事业"被进一步严格限定为对大陆会议决议的落实。帝国危机前期松散的抗争联盟被解散，"爱国"的内容也相应与限定性的"共同事业"更紧密地结合在一起，在各殖民地皆成为有强制效力的政治话语。

大陆会议的召开既巩固了"共同事业"，又重新定义了"共同事业"。对于波士顿的困境，大陆会议决定，如果英国当局决定要以武力在波士顿强制施行"不可容忍法令"，那么"美利坚的所有地区都应当为波士顿人的反抗施以援手"。①对于落实"共同事业"，大陆会议最重要的举措在于达成了各殖民地同时参与的联合协议。联合协议旨在向英国政府施压，确保自七年战争以来英国政府向殖民地施加的"暴政"得到全面纠正。为达目的，协议要求各殖民地对英帝国发动贸易禁令，不再向英国本土及海外殖民地出口和

---

① United States. Continental Congress, *Journal of the Proceedings of the Congress, held at Philadelphia, September 5, 1774*, Evans, 13738 (Philadelphia: Printed by William Bradford, 1774), p. 53.

进口任何商品,禁止殖民地人再消费茶叶,禁止购买和使用任何违反禁令进口的商品。联合协议重在"联合",因为这是一项针对全体殖民地人的决定,意在以万众一心的协同行动来达到目的。为了保证"共同事业",协议针对不同群体分别做出了规定。商人群体,除了不能再继续与英帝国的商贸活动,还必须保证在禁令期间销售已囤积的英国商品且不得涨价。对于制造业者,必须保证所有制成品的销售在禁令期间处于合理的价位。对于普通的殖民地居民,协议要求戒除以往奢靡享乐之风,尤其是赛马、斗鸡等耗资甚多的娱乐项目,同时要求改变殖民地的传统葬仪中颇为靡费的风俗。①

大陆会议最终采取的联合协议方案,主要参考了弗吉尼亚的费尔法克斯县决议。② 这种斗争形式与机制承袭自帝国危机以来殖民地组织的贸易禁运行动。在殖民地人反对茶税的斗争中,各地的反抗势力就曾以全民协议的方式将不进口英国商品作为对全体人民的要求,同时由各地的基层委员会负责监督与联络,将违背者的姓名公开示众,进行社会惩处。殖民地的保守派一直对这类反抗机制,尤其是对负责监督执行的各类委员会权威充满质疑。而在激进派的辩解之辞中,我们得以窥探这类基层法外组织如何从"共同事业"中汲取合法性。

在纽约抵制茶税的末期,就有匿名作者质疑纽约的监督委员会究竟"由谁任命","有何权威"?③ 这些质问在公共话语的交锋中迅速得到了回应。同样是一位自称"布鲁图斯"的作者回顾了纽约民

---

① Continental Congress, *Journal of the Proceedings of the Congress, held at Philadelphia, September 5, 1774*, pp. 69-74;关于大陆会议限制殖民地奢靡行为的分析及其来龙去脉,参见 Ann Fairfax Withington, *Toward a More Perfect Union, Virtue and the Formation of American Republics* (New York: Oxford University Press, 1991)。

② "General Meeting of the Freeholders and other Inhabitants of the County of Fairfax, in Virginia", *American Archives*, 4th ser., 1: 597-602.

③ "In the same Paper, enclosed by Lieutenant Governor Colden to the Earl of Dartmouth, in the Preceeding Letter, was this Additional Notice of the Same Transaction", *American Archives*, 4th ser., 1: 251 note.

众从《汤森税法》开始的抗争历程，论证了当前委员会的合法性。在这位立场激进的作者笔下，法外委员会与联合会协议的强制力完全以民众同意为基础。联合协议书由民众通过签名表达了同意，通讯委员会是在"两千居民"的大集会中选举产生，而监督委员会则是通讯委员会为了保障协议得到严格执行而相机委派。这位匿名作者认为，在纽约执行不进口协议的过程中，商人群体所展现的"无私与克己的爱国主义精神"，只能是源自本殖民地"所有角落"的"各阶层人民"向往自由的"共同心声"。①

　　大陆会议的联合协议在强制力上进一步突进，不仅向各殖民地普遍发起了不加入就孤立的广泛号召，为"共同事业"赋予了区分敌友的色彩，而且正式要求各地以委员会形式组织起来，以确保"共同事业"的真正落地。联合协议规定，所有违反协议中任一条款的人士将被视为"美利坚自由的敌人"，他的名字将在当地报纸上被公之于众，以便为"公众所周知"。若个人违反，将被社会孤立；若任何殖民地拒绝加入或违反规则，都"是自由的敌人"，所有签署了联合协议的地区都将与之断绝一切往来。为了进一步确保和监督联合协议被各地执行，大陆会议要求各郡、市、镇分别设立委员会，监督一切与联合会相关的事宜。② 与前几轮的不进口协议相比，设立地方监督委员会成为大陆会议最重要的决定。美国史家 T. H. 布林就认为，地方委员会的成立意味着地方社会认可了大陆会议这种权力来源于民众的中央统治机构，这种政治建构成为后来联邦体系的基础。③ 地方委员会的成立不但将政治动员从以往的政治中心城市渗透到了更为地方化的殖民地基层社会，而且也为地方新势力迅速崛

---

① "A Full Answer to the Animadversion on the Conduct of the Inhabitants of the City, Relative to the Return of Captain Lockyer, &c., which were Inserted in Last Weeks' Gazetteer, will be Presented in Our Next", *American Archives*, 4th ser., 1: 251–258 note, esp. 253, 254, 256.

② Continental Congress, *Journal of the proceedings of the Congress, held at Philadelphia, September 5, 1774*, pp. 73–74.

③ Breen, *American Insurgents, American Patriots*, p. 172.

起、构建革命政权开辟了道路。① 各地新成立的基层委员会迅速成为捍卫"联合协议"，共襄"共同事业"最重要的中坚力量。

大陆会议的联合协议进一步促成了美利坚统治权力的转移。② 大陆会议的决议有力推动了尚在犹豫不决的殖民地倒向更为激进的立场。大陆会议对于联合协议的意义，不在于反抗机制与执行逻辑的创新，而在于大陆会议本身为联合协议在各殖民地的真正实施，提供了更高的合法性。③ 大陆会议召开之前，对于如何应对英国议会接连不断的"违宪"立法，捍卫殖民地人的自由权利，在各殖民地内部以及不同殖民地之间都远未达成一致。各殖民地对于是否以及如何在本地推行全面的不进口、不出口与不消费协议，态度参差。殖民地中最先召开法外大会的马里兰，就因为拿捏不准弗吉尼亚与北卡罗来纳的态度，无法先行禁止烟草与水稻的对英出口。大陆会议结束后，马里兰立即召开大会，一致同意了大陆会议的所有决议，同时暂停会议，以便等待先前态度暧昧的各县补派代表到会表达支持。④

对于抗争态势被派系争斗所左右的纽约来说，大陆会议为长期无法挤入本地议会的激进派提供了充分的政治筹码。全面的贸易禁令是纽约殖民地掌权的德兰西派一直想要回避的措施。1775 年 1 月 10 日，纽约代总督卡德瓦拉德·科尔登（Cadwallader Colden）下令召集议会开会。议会中的德兰西派与利文斯顿派都在积极谋求控制议会的表决结果，以决定纽约殖民地对于联合贸易禁令的官方态度。代表商贸利益的德兰西派希望先以谋求和解的立场向英国再次请愿，而利文斯顿派及其激进派盟友则态度坚决地要求推行大陆会议的联

---

① Rebecca Starr, "Political Mobilization, 1765–1776", *A Companion to the American Revolution*, ed. Jack P. Greene and J. R. Pole (Oxford, UK: Blackwell Publishers, 2000), p. 227.
② Marston, *King and Congress*, p. 103.
③ Ibid, p. 128.
④ "Maryland Convention", *American Archives,* 4th ser., 1: 991.

合协议。最终,德兰西派略胜一筹。纽约议会没有对大陆会议的贸易禁令予以表决。会议最后以若干决议的形式,重申了对国王的效忠与殖民地人的政制权利,并将会议记录抄送英国,上呈国王与英国议会两院。①

德兰西派把持的纽约民选议会,在拒绝承认大陆会议合法性的同时,也一道否认了用"爱国"赞美帝国危机以来殖民地抗争行动的话语惯例。1775年1月26日,奥尔巴尼县(Albany County)代表、利文斯顿家族的姻亲坦恩·布勒克(Ten Broccok)提请议会考虑大陆会议的议程与决议,提议被否决。2月17日,奥兰治县(Orange County)代表杰西·伍德哈尔(Jesse Woodhull)提议,向纽约的大陆会议代表奉上民选议会的谢意,提议再度被否决。2月21日,利文斯顿派再次提议,由民选议会向纽约商人与居民一直抵制进口并拒绝消费英国商品,坚持遵守大陆会议联合协议的"无私、充满公共精神的爱国举动"致以感激。利文斯顿派是在利用"爱国"的话语惯性设计文字游戏,混淆大陆会议的联合决议与此前被冠以"爱国"之名的抗争手段,从而将大陆会议的行动方案偷换入"爱国"表述之内,以诱使议会中的德兰西派承认大陆会议的权威。该提案仍然遭到否决。德兰西派的强硬态度与他们选择的斗争方式有关。纽约民选议会一召开,德兰西派就促使议会通过了同时向英王与英国上下两院呈交抗议书的决定。为了敦促英国方面主动纠正殖民地人当前所蒙受的冤屈,德兰西派必须在议会记录中避免任何可能激怒英国的议程。②压根不在政制框架内、非法召开的大陆会议显然不能为纽约民选议会直接承认。在议会外活动的德兰西派则是另一种态度。艾萨克·洛从大陆会议返回纽约之后,就以纽约城通讯委员会的名义号召尽快成立本地的监督委员会,以

---

① Tiedemann, *Reluctant Revolutionaries*, pp. 212-216.
② "New-York Assembly", *American Archives*, 4th ser., 1: 1281-1324, 1286, 1289-1290, 1288.

贯彻联合协议的要求。① 1774 年 11 月 22 日，纽约城选举产生了 60 人的监督委员会，德兰西派的核心成员都赫然在列。②

德兰西派成功钳制住了纽约民选议会，没有在议会层面承认大陆会议的合法性，甚至还在议程中拒绝了帝国危机以来在殖民地的"爱国"话语惯例，这在大陆会议后的诸殖民地中显得与众不同。在纽约之前，马里兰、马萨诸塞、南卡罗来纳和新罕布什尔均已由殖民地大会同意并批准了大陆会议的决议。宾夕法尼亚的民选议会也同意了大陆会议的所有决议。其中，马萨诸塞大会和南卡罗来纳大会更是以"爱国"话语赞美了大陆会议代表。③ 纽约城中以西尔斯和麦克杜格尔为领导的激进派一直希望能绕开德兰西派掌控的民选议会，通过法外的殖民地大会掌握纽约抗争运动的领导权。大陆会议的召开，以及其他殖民地的表态也都为"共同事业"在纽约的激进化发展施加了外部合法性。而德兰西派在议会中拒斥大陆会议决议进入议程，无疑为利文斯顿派与激进派在议会外的社会动员提供了最好的政治素材。

1775 年 1 月 26 日，布勒克提案被否决的消息被公之于众。激进派逐一分析了所有投票反对布勒克提议的代表，并结合这些代表此前对大陆会议的赞同态度，大肆抨击德兰西派背叛了"共同事业"。④ 激进派在纽约城中不断造势的同时，地方上也展现了与殖民

---

① "New-York Committee Recommend the Election of a Committee of Inspection, for the purposes expressed in the Association of Congress", *American Archives*, 4th ser., 1: 967.
② "Committee of Sixty Persons elected in New-York", *American Archives*, 4th ser., 1: 992.
③ "Maryland Convention", *American Archives*, 4th ser., 1: 991; "Massachusetts Provincial Congress", *American Archives*, 4th ser., 1: 993; "South Carolina Provincial Congress", *American Archives*, 4th ser., 1: 1109–1112; "Province of New-Hampshire", *American Archives*, 4th ser., 1: 1180–1181; "Assembly of Pennsylvania", *American Archives*, 4th ser., 1: 1023; "Massachusetts Provincial Congress—Monday, December 5, 1774, Afternoon", *American Archives*, 4th ser., 1: 998; "South Carolina Provincial Congress", *American Archives*, 4th ser., 1: 1111–1112.
④ *To the freemen, freeholders, and other inhabitants of the city of New-York* (New York: 1775), Evans, 14170; "Extract of the Votes and Proceedings of the General Assembly of the Colony of New-York, January 26, 1775", *American Archives*, 4th ser., 1: 1189–1190.

地民选议会不同的意见。艾萨克·洛在费城开会时曾要求通讯委员会与里士满（Richmond County）、金斯（Kings County）、昆斯（Queens County）和特赖恩（Tryon County）各县取得联系，以弥补大陆会议中纽约代表的合法性。① 1774 年 11 月，纽约通讯委员会再向地方致信，敦促各地公开表态，支持大陆会议。洛作为主席签署了信函。② 由于地方民众政治热情迟滞，回音缓慢，由洛牵头调动的地方政治激情没有赶上大陆会议的会期，反倒成为会后供激进派造势的资源。1774 年底，隶属于昆斯县的杰梅卡村（Jamaica）率先以村镇大会的名义表态，愿意不遗余力贯彻大陆会议的一切举措。1775 年初，杰梅卡村的通讯委员会再向纽约大陆会议代表致信，赞美他们及所有代表都是"国家的维护者与解救者"，应当为"整片大陆所歌颂"。③ 1 月 27 日，阿尔斯特县（Ulster County）的汉诺威村也发布了村镇大会的决议，一致赞同联合协议，并对大陆会议的"爱国举措"表达了谢意。④ 萨福克县在 2 月下旬公布了 1774 年底本地通讯委员会支持大陆会议的决议，同时也遵循惯例，给予大陆会议代表"爱国"之赞美。⑤

然而，纽约各地对于"爱国"事业的回应其实相当有限。昆斯

---

① "Letter from Isaac Low, Philadelphia, received, Committee appointed to Write to Richmond, Kings, Queens, and Tryon Counties, Requesting them to Send Delegates to the Congress Now Sitting, or to Approve of Those Now There, for the Province of New-York", *American Archives,* 4th ser., 1: 326.

② Joseph S. Tiedemann, "Communities in the Midst of the American Revolution: Queens County, New York, 1774-1775", *Journal of Social History,* Vol. 18, No. 1 (Autumn, 1984), pp. 57-78, 57; "New-York Committee recommend the election of a Committee of Inspection, for the purposes expressed in the Association of Congress", *American Archives,* 4th ser., 1: 967.

③ "Meeting of Freeholders and other Inhabitants of Jamaica, in Queen's County, New-York", *American Archives,* 4th ser., 1: 1027-1028; "Address from the Committee of Correspondence of Jamaica, in Queen's County, to the Delegates who Represented New-York in the late Continental Congress", *American Archives,* 4th ser., 1: 1166-1167.

④ "Meeting of the Freeholders of the Precinct of Hanover in Ulster County, New-York", *American Archives,* 4th ser., 1: 1191.

⑤ "Proceedings at a meeting of the Committees of Observationof several Towns in Suffolk County", *American Archives,* 4th ser., 1: 1258.

县的五个村庄中只有杰梅卡村公开表态支持大陆会议决议,① 而且唯一的公开声明也很快遭到了否定。1 月 27 日,杰梅卡村的"重要人士"联名发布了"杰梅卡宣言",澄清此前的杰梅卡通讯委员会未经本地主要选民同意,经其发布的所有决议一概不能被承认。② 即便是在"爱国"热情相对充沛的阿尔斯特县,也出现了类似的公开分裂。③ 1775 年 1 月 6 日,该县的金斯顿村(Kingston)、赫利村(Hurley)、马布尔顿村(Marbletown)、罗切斯特村(Rochester)以及纽帕利村(New-Paley)中"许多最值得尊敬的选民"在赫利村举行会议,选出了六人委员会,并宣布同意并坚决执行联合协议的规定。1 月 26 日,雄格姆区(Precinct of Shawangunk)选出了五人委员会,宣布加入"共同事业"。3 月 14 日,新温莎区(New-Windsor)也宣布成立监督委员会,并通过决议,赞美大陆会议代表"捍卫了我们的自由权利,向世界展现了爱国的原则"。而 2 月 11 日,也是在雄格姆区,"诸多忠顺的臣民"在约翰·格雷厄姆(John Graham)的住所前竖起了一座 75 英尺高的桅杆,挂上了大不列颠的王旗。桅杆上刻着:"以此证明我们对最英明的国王的毫不动摇的忠心;……我们对共和统治的厌恶与反感;我们对一切叛国协议、非法勾连,反叛会议、杂乱集会与可恶暴民的憎恶。"④ 即便是在民众

---

① 昆斯县对于政治争端的冷漠态度,参见 Joseph S. Tiedemann, "Queens County", *The Other New York—The American Revolution beyond New York City, 1763–1787*, eds. Joseph S. Tiedemann and Eugene R. Fingerhut (Albany, NY: State University of New York Press, 2005), pp. 44–46。

② "Declaration of Freeholders and Inhabitants of the Township of Jamaica, in Queen's County, New-York", *American Archives,* 4th ser., 1: 1191–1192.

③ 关于阿尔斯特县对于革命事业的态度与参与,见 Thomas S. Wermuth, "The Central Hudson Valley: Dutchess, Orange, and Ulster Counties", *The Other New York,* pp. 129–138。

④ "Meeting of Freeholders of several Towns in Ulster County, New-York Meeting", *American Archives,* 4th ser., 1: 1100; "Meeting of the Freeholders and Inhabitants of the Precinct of Shawangunk, in Ulster County, New-York", *American Archives,* 4th ser., 1: 1183; "Meeting of the Freeholders of the Precinct of Hanover, in Ulster County, New-York", *American Archives,* 4th ser., 1: 1191; "Meeting of Freeholders and other Inhabitants of New-Windsor, in Ulster County, New-York", *American Archives,* 4th ser., 2: 131–133; *American Archives,* 4th ser., 1: 1230.

一边倒地支持联合协议的萨福克县,也仍有少数中坚的亲英派人士公开谴责联合协议是新的暴政。①

纽约城中激进派试图主导"共同事业"发展方向的斗争并没受到地方上对"共同事业"态度起伏参差的干扰。若干村县的"爱国"表态成为激进派在城中造势的舆论资源。在民选议会之外,1774年底成立的60人委员会已经开始执行大陆会议的联合决议,将违反协议规定的纽约商人公之于众,动员社会力量加以惩处。② 围绕下一届大陆会议代表的人选名单,激进派经过一番激烈的舆论战之后,终于在相持不下的60人委员会内部困局中赢得了优势,决定以殖民地大会的法外形式推选下一次大陆会议代表,法外大会的各地代表由选民公投产生。③ 4月20日,纽约的殖民地大会终于召开。

殖民地大会的召开意味着局势尤其复杂的纽约也开启了更为激进的权力转移。大陆会议之后,"共同事业"被赋予了额外的合法性与强制性,大陆会议的联合协议方案将"共同事业"变为捍卫自由权利的行动纲领。帝国危机以来不断铺垫与累加的话语和行动,罗织成表明立场、标识态度与牵引行动的意义惯性。而当德兰西派拒绝在民选议会中承认大陆会议,他们此前对"共同事业"的贡献反而成为前后矛盾、态度转向、企图背叛共同事业的证据。除了因话语惯性产生的龃龉,其他殖民地积极响应的消息以及联合协议不加入就孤立的逻辑,都为大陆会议之后"共同事业"在纽约殖民地的落地增添了不少外部压力。纽约激进派的阶段性成功正是得益于此。

大陆会议授意各地成立委员会,并规定委员会通过所有选民选举产生,既为激进派动员广大民众投身"共同事业"提供了渠道与

---

① "Address to the Americans", *American Archives,* 4th ser., 1: 1211-1213; 萨福克县对于革命事业的整体态度以及对该县效忠派的介绍,参见 John G. Staudt, "Suffolk County", *The Other New York*, pp. 64-66。

② *To the Freeholders, Freemen, and Inhabitants of the City and County of New-York* (New York: 1775), Evans, 14497; *In Committee, of Inspection and Observation, February 5th, 1775* (New York: 1775), Evans, 14316.

③ Tiedemann, *Reluctant Revolutionaries*, pp. 216-219.

平台，也为原本远离殖民地政治中心的地方郡县民众提供了参与和表达的机会。① 地方民众的政治热情被释放。大陆会议的联合决议一公布，弗吉尼亚内就有不少区县抢先召开了民众大会，肯定并执行了大陆会议的决议，且直接成立了本地的监督委员会。在这些地区的大会上，大陆会议的合法性都是通过"爱国"话语来肯定的。詹姆斯城县（James City County）"向全世界发誓"，本县的所有居民都将"以美德、荣耀与爱国"为约束，严格遵守大陆会议的联合协议规定。② 威廉王子县（Prince William County）和奥古斯塔县（Augusta County）等地通过决议，对弗吉尼亚的大陆会议代表在会议期间的"爱国"举动表示感谢。③ 博特托尔特县（Botetourt County）大会专门向弗吉尼亚代表致信，对他们在大陆会议中坚定维护美利坚人自由的"爱国举动"表达感激。④

对于错过了1774年5—8月各县公开表态时机的奥古斯塔县和博特托尔特县，在大陆会议之后率先表态可及时向周边各县及全弗吉尼亚展示本地的决心与立场，免遭其他地区的怀疑。而对于早已立场鲜明加入"爱国"阵营的詹姆斯城县与威廉王子县，争先表态是为了尽早确立本地新的统治权力。如詹姆斯城大会，就以执行"联合协议"作为新的合法性来源，迅速选出28人委员会，取代了原本由18位治安法官所组成的县法院。该县的治安法官分裂成两个阵营，其中11人进入了新的委员会，誓将联合协议当作"唯一指导原则"贯彻到底。⑤

---

① Ammerman, *In the Common Cause*, pp. 107–110.

② "Meeting of Freeholders of James City County, Virginia", *American Archives*, 4th ser., 1:1007–1008.

③ "Meeting of the Freeholders of Prince William County, Virginia", *American Archives*, 4th ser., 1: 1034; "Meeting of the Freeholders of Augusta County, Virginia", *American Archives*, 4th ser., 1: 1253–1254.

④ "Address of the Freeholders and Inhabitants of the County of Botetour, to the Delegates from Virginia in the late Continental Congress", *American Archives*, 4th ser., 1: 1256.

⑤ "Meeting of Freeholders of James City County, Virginia", *American Archives*, 4th ser., 1: 1008; *Justices of Peace of Colonial Virginia, 1757–1775*, p. 117.

地方政治势能的释放同样得益于对"爱国"话语惯例的调用。地方村县通过本地民众大会决议，以"爱国"话语致谢大陆会议代表，既是一种传统的延续，又表达了本地民众对于大陆会议的同意与肯定。对于和政治中心意见相左，或是不满其行动迟缓的地方基层，大陆会议的联合协议方案，为原本难以影响中心地带政治议程的地区提供了绕开首府、单独行动的合法性。地方民众使用"爱国"话语为大陆会议的联合决议赋予意义，不仅表达了当地民众在大陆会议之后对"共同事业"的态度、判断与认同，同样也对各殖民地政治中心的"共同事业"有推波助澜之效。

大陆会议制定的联合协议方案将美利坚人的"共同事业"从政治口号与零散行动变为了有组织、可执行的事业。通过联合协议，殖民地人的"自由事业"和"爱国事业"有了更为统一的纲领和内容。这种一致性又通过联合协议授权成立的地方委员会得到了强制力的保障。各地如雨后春笋般冒出的委员会网络帮助美利坚人逐步实现了政治权力的转移。在英国议会主权基本被否定，新的主权实体尚不明确之际，大陆会议暂时充当了新的政治权威，大陆会议通过的联合协议实际上成为美利坚权力过渡期新的政治黏合剂。而依托于协议，激进派通过新成立的委员会也在不断扩展自由事业的民众基础。大陆会议的联合协议没有促成英国当局的让步，但它对殖民地内部的作用则效果非常。各地委员会的职权基本延伸到了社会生活的各个方面。委员会所采取的孤立手段对本地社会成员造成的冲击与威慑也史无前例。① 约翰·亚当斯在晚年与友人回忆1774年的联合协议时说道："除了能团结美利坚人民以外，我对于它们会否奏效毫无信心。"② 另一位亲身经历政治权力转移的保守派人士西伯里，更是对此愤恨难平。

---

① Ammerman, *In the Common Cause*, pp. 111–122.
② "From John Adams to Joseph Bradley Varnum, 26 December 1808", Founders Online, National Archives, last modified November 26, 2017, http://founders.archives.gov/documents/Adams/99-02-02-5284.

西伯里指责纽约人拒绝臣服于英国议会权威,却"顺从地"将自身的安全与财产交由"非法、专横的"大陆会议来处置。他警告殖民地人,"选出的委员会"不过"是你们的新主人",而"他们不受任何世俗权力的限制",这是"一个在法律上闻所未闻的实体"。从此"你们的商务、交易、生活方式,你们家庭成员的行为与规矩,都要服从于他们的审慎和斟酌",而他们手中的权力更容易侵蚀你们的自由与财产,"他们现在还只要求征收进口商品的利润,下一步就会拿走商品本身"。① 这是西伯里对激进派宣扬的"共同事业"的极端讽刺:以自由之名反抗合法政府的下场就是,创造出一个无所限制的暴君,从此,原本争取所谓"自由"的人民彻底"沦为奴隶"。

西伯里攻击大陆会议是自授权力,联合协议形同法律的说法毫无根据,他文辞中的怒意也恰好反证了殖民地政府统治权力所受到的巨大冲击。大陆会议之后,相应建立的基层委员会成为大陆会议决策最为坚定的执行机构。通过推行"共同事业",动员民众力量,新的革命政府开始在各地成形。西伯里所代表的保守人士最反感的,正是毫无主权权威依托的大陆会议和新委员会夺去了殖民地政府的合法权力。纽约萨福克县的一位保守人士在1775年2月发布了一份"告美利坚人"公开信,信中痛斥联合协议与"我们的完美宪制的健全法律截然相悖",它的手段在向"西班牙宗教法庭"看齐,以强制殖民地人"服从大陆会议所制定的规则"。新的权力与新的手段有权宣布谁"是美利坚的敌人",谁是"叛徒"。它们依据的不是殖民地和帝国的法律,而是完全从是否遵从大陆会议的决定来做考量。这股"专制且无限"的权力,"从总督、参事会和民选议会夺去了统治权力,取代了治安法官和陪审团的法律执行权。由大陆会议行使立法主权,地方委员会行使执行权"。②

---

① Samuel Seabury, "A View of the Controversy Between Great Britain and Her Colonies…in a Letter to the Author of A Full Vindication of the Measures of the Congress", *Letters of a Westchester Farmer (1774–1775)*, edited with an introductory essay by Clarence Hayden Vance (White Plains, N.Y.: Pub. for Westchester County by the Westchester County Historical Society, 1930), pp. 87, 90, 86, 91, 86, 89.

② "Address to the Americans", *American Archives,* 4th ser., 1: 1212.

第四章
"爱国"与殖民地人的分裂

从"不可容忍法令"到第一届大陆会议召开,通过"共同事业"话语激发的政治想象与话语惯性的不断调用,殖民地激进派在"爱国"之名的掩护下,由抵制走向了夺权。而新的政治行动也为"爱国"注入了新的内涵,改变了"爱国"观念集群中的概念秩序。随着大陆会议的联合协议出台,以"爱国"为名的行动获得更多政治势能,但也不可避免地引发了殖民地社会内部的分裂。联合协议与"爱国事业"的结合直接动摇了保守派的政治权势。对于保守派来说,虽然自由也同样是"爱国"观中的重要内涵,但自由不能压过效忠,效忠英王始终应当是"爱国"观中第一位的"毗邻概念"。保守派与激进派围绕"爱国"的界定展开了论争。新旧"爱国"之争原本借用了英国党争政治文化中的政党标签,寄生于纽约派系斗争的外壳之内,但论争的结果却并不是"爱国"话语继续以公益消弭分歧,反而是促成了"爱国"话语的派系化,加速了殖民地人的分裂。最终,被贴上"托利"标签的殖民地保守派失去了继续在公共领域定义"爱国"的发言权,"爱国"成为殖民地"辉格派"的专属话语。

一、殖民地人的分裂

"爱国"的"共同事业"究竟意味着依托于各地新成立的法外委员会,通过全面的贸易禁令,逼迫英国政府废除18世纪60年代以来的所有不公正立法;还是意味着继续在原有的帝国宪制框架中,以传统的请愿方式要求英国政府体察殖民地人的苦情?哪种方式才能完成殖民地人的"共同事业"？在第一届大陆会议之后，两条路径开始迅速分离，很快成为渐行渐远、无法兼顾甚至彼此对立的道路。路径分野的背后是殖民地内部"敌我"阵营的逐渐分化与定型。随着"共同事业"内涵日益具象化，"爱国"话语和殖民地激进人士的言行通过在公共话语中的反复重申、连续宣传，愈加紧密地糅为一套难以剥离的整体意涵。除了激进人士不断的自我强化外，来自对手的反向塑造也至关重要。"爱国"话语成为殖民地反英派的专属，"辉格派"成为"爱国"事业的领导者，离不开温和派与保守派对"爱国"话语的争抢、嘲笑与贬低，也离不开"托利派"对"爱国"言行持续不断的污名化。

第一届大陆会议的决议并不是一个能弥合各方分歧的解决方案，而是为联合协议提供了绕开各殖民地立法主权的合法性支撑。这反而加速催化了各地因斗争方式不同而产生的阵营对立。第一届大陆会议得以顺利召开，保守派人士的推动至关重要。联合协议的施行虽然仍为殖民地向英国请愿留出了充足时间，但方案的公布却促使各殖民地迅速建立起从下至上的法外统治，殖民地的传统宪制框架被进一步颠覆，在宪制框架中与母国达成和解的希望愈加渺茫。而保守派继续坚持与母国的联合才是殖民地人最高利益，其亲善英国的态度与立场被激进派所利用，导致保守派人士迅速失势。激进派的崛起，挑战了殖民地传统的统治结构。以往需要考量出身、财产，并且需要数代积累的声望与地位才能跻身其中的政治精英圈，在此时却突然出现了大量政治"新人"。权力之争、手段之争与新旧之争杂糅在一起，都加速了由派系分化迅速走向阵营对立的过程。激进派与坚定的反英人士攻击保守派被英国政府收买，背弃了殖民地人的"共同事业"，而保守派开始着重强调殖民地的秩序、法律与安定，攻击激进派滥用权力，颠覆宪制秩序，形成了新的暴政。

对于殖民地的保守派来说，大陆会议的结果变更了"共同事业"的主题。大陆会议文件一公布，保守派随即展开反击。1774年11月下旬，伊丽莎白镇圣约翰教堂院长托马斯·布拉德伯里·钱德勒

(Thomas Bradbury Chandler），新泽西著名的保守派，就撰文指责大陆会议的失败完全是被狂热的马萨诸塞人，尤其是波士顿人裹挟所致。钱德勒质疑以波士顿充当受难者而构建的"共同事业"话语。在他看来，波士顿人倾倒东印度公司的茶叶乃是犯罪行为，既冒犯了主权权威，又损毁了商品价值，属于恶意作案，英方惩罚并未过重。北美殖民地的"共同事业"不应当建立在对波士顿人"不公"遭遇的辩护上。殖民地与大不列颠之间唯一的争端只有当前的茶税，结果却被上升为对母国统治美利坚合法性的质疑，这说明殖民地人"已经被自由所荼毒"。钱德勒强调，在大不列颠的帝国框架之内"建立一套美利坚宪制"，才应当是母国与殖民地当前的共同目标所在。这项计划只有凭借"得体、坦率与尊重的方式"才能达成，"强迫与威胁"的手段只能自证"无知、狂妄和愚蠢"，与"真正的爱国主义原则不相符"。①

菲利普·利文斯顿（Philip Livingston）率先反驳了这篇文章，他是纽约利文斯顿家族的重要成员，也是利文斯顿派的核心人物。18世纪60年代利文斯顿派掌控纽约民选议会时，就是由菲利普·利文斯顿担任议长。60年代末德兰西派再次成为议会中的多数派，利文斯顿派转而与门外的激进派联合，与德兰西派争权。作为纽约大地产利益的代表，利文斯顿派和德兰西派一样，都属于纽约殖民地传统的上层精英，其政治态度介于德兰西派与纽约激进派之间。菲利普·利文斯顿反驳了钱德勒文章中的不实之处。他特别指出，根据可靠消息，大陆会议代表并未采纳"萨福克决议书"，而一直都在讨论"稳健而平和"的建议。② 面对钱德勒试图分离波士顿遭遇和其他殖民地共同目标的策略，菲利普·利文斯顿再次回顾了"不可

---

① Thomas Bradbury Chandler, *A Friendly Address to all Reasonable Americans* (New York: 1774), Evans, 13224, pp. 17, 15–16, 19, 24–25, 47.

② 钱德勒将"萨福克决议书"视为揭开大陆会议真相的关键证据，见 Chadler, *A Friendly Address to all Reasonable Americans*, pp. 32–33; Philip Livingston, *The Other Side of the Question, or, A Defence of the Liberties of North-America...* (New York: Printed by James Rivington, 1774), Evans, 13381, p. 26。

容忍法令"之后开始被不断重申的"共同事业"叙事。波士顿人的倾茶事件是对英国政府长期以来不断施行的暴政的反抗举动。从《印花税法》开始,北美所有殖民地都在持续与英国政府抗争,捍卫其不断遭受侵扰的自由权利。波士顿人的举动是"受难者的防卫,不能被宣判有罪"。他们受到的一切惩罚都"是在为美利坚的自由事业遭受磨难"。①

钱德勒的另一位反驳者查尔斯·李(Charles Lee)更直白。他直接指出,钱德勒的这篇文章意在"消解联合的精神,扼制正在这片大陆上蔓延的激情"。查尔斯·李是英国军官,七年战争中曾在北美效力。因为同情殖民地人的遭遇,他于1773年再次回到美利坚,打算加入殖民地人自由的事业。反驳钱德勒的文章是他在公共领域中的第一次亮相。与利文斯顿派长期浸染于纽约派系斗争与帝国危机的双重氛围中不一样,查尔斯·李更看重将北美殖民地联结为整体的"共同事业"以及支撑这项事业的激情与精神。在解析了英国可调用的外援军团以及实际的战力储备之后,查尔斯·李反驳了钱德勒试图强调的英国之强大实力,为殖民地人支持联合协议的强硬措施注入了信心。用他的话来说,"继续你们全体一致与朝气蓬勃的精神吧,你们必将胜利,你们将作为人类的战士和守护者名垂千古"。②

二、辉格-托利之争

与对立情绪的升级同时发生的,还有"辉格"与"托利"作为政治标签在殖民地的再一次大规模出现。③ 从第一届大陆会议结束到列克星敦枪响之间的这段时期,殖民地人借用了母国的"辉格"与"托

---

① Philip Livingston, *The Other Side of the Question*, pp. 20-21, 17-21, 21.
② Charles Lee, *Stricture on a Pamphlet entitled a "Friendly Address to All Reasonable Americans, on the Subject of our Political Confusions." Addressed to the People of America*, (Philadelphia: Printed and Sold by William and Thomas Bradford, 1774), Evans, 13372, pp. 1, 15.
③ "辉格"首次在殖民地大量成为政治攻击的标签,是在18世纪60年代后期殖民地的一场"主教之争"中。钱德勒、西伯里以及库珀都是这场小册子之战中的 (转下页)

利"标签来区别称呼对大陆会议持不同态度的两派阵营。政党标签率先由哪一方所动用已不可考,但与"辉格"-"托利"党派标签大量出现相伴生的,是殖民地社会内部以新阵营取代旧派系,政治矛盾随之迅速升级的过程。支持大陆会议决议,尤其是依据联合协议权威迅速在殖民地各地建立起新权力机构的殖民地激进派,被对手称为"辉格派"。同时,反对大陆会议用贸易禁令的强制手段逼迫英国让步,尤其反感联合协议后四处冒出的新政治权威的殖民地人,被对手称为"托利派"。

殖民地的"辉格"与"托利"之分,既是前期派系争斗重新分化组合并升级的结果,也是之后爱国派与效忠派分野的前奏。研究效忠派的学者马娅·贾桑诺夫(Maya Jasanoff)认为,效忠派与爱国派本来都是殖民地人,他们之间的共性远超殖民地人与帝国中心的英国人。② 威廉·纳尔逊(William Nelson)也说过,后来成为效忠派的政治精英往往自视为"温和派"。③ 这些"温和"的政治精英在"不可容忍法令"之后,仍旧对英国当局抱有信心,希望优先通过和解而非施压的方式,解决因政制困局产生的全面危机。大陆会议之后,激进派推进的"共同事业"完全与这些温和人士原本的想法背道而驰。温和的保守派人士反而因为继续坚持在帝国体制中解决问题,被攻击为"托利派"。反过来,这些"托利派"也针锋相对地称对方为"辉格派"。这一时期殖民地论战中所借用的"辉格"与"托利"标签,依托于乔治三世上台以来英国政治文化中复兴的辉格-托利指称。自18世纪60年代始,乔治三世及其内阁大臣越来越成为英国政坛中被责难的对象。"托利"被重新用来贬斥不断扩大

(接上页) 主要写手,他们将反对在殖民地建立主教教区,并且抗议英国国教在美利坚持续扩张的殖民地人称为"辉格派"。论争的主要文献,见 *A Collection of Tracts from the Late Newspapers, & c. Containing Particularly The American Whig, A Whip for the American Whig, with Some Other Pieces...* (New York: Printed by John Holt, 1768), Evans, 10857。

② Maya Jasanoff, *Liberty's Exiles, American Loyalists in the Revolutionary World* (New York: Vintage Books, 2011), pp. 23-24.

③ William H. Nelson, *The American Tory* (London: Oxford University Press, 1961), p. 40.

的王权影响,而"辉格"再度被赋予了王位虚悬时期"第一代辉格派"所提倡的共和主义理念。波科克曾评价,"美利坚的政治社会,根本不在英国议会(管辖)境内,但却说着议会反对派的语言;它只能隔岸体会,但它的政治文化却都是批评(话语)"。① 正如波科克所说,殖民地的政治生态并没有能与母国辉格-托利对立话语完全契合的土壤,但这不妨碍殖民地人借用同时期母国的政治标签来供养本地的政治斗争。深植于母国政治文化的党争传统、讽刺文化与政治典故也为殖民地人内部的相互攻击提供了大量话语素材,加剧了阵营之间的分裂与对立。

1775年初,马萨诸塞的默西·奥蒂斯·沃伦(Mercy Otis Warren)在报纸上匿名发表了一出讽刺剧,形象地丑化了《马萨诸塞政府法》颁行之后接受总督任命的参事会成员。沃伦夫人设计了一群阿谀逢迎、寡廉鲜耻的无耻之徒,他们坚定地认为自己"生当做恶魔,死亦为禽兽",他们"可以为了丰厚的贿金出卖国家",并且时刻期待着"美利坚被战火包裹"。② 这部名为《团体》的双幕剧是沃伦夫人系列戏剧作品中的最后一部分。戏剧主要取材自马萨诸塞的政治现实,情节在不同部分之间没有叙事连贯性,但是主要人物有串联。在《团体》中充当引诱者的"Rapatio",是该系列最主要的反派角色,映射了现实中不受欢迎的前任总督托马斯·哈钦森。《团体》中有一位从"爱国道路"改弦易辙的"赛喇叭"(Beau Trumps),原型即马萨诸塞改换阵营的丹尼尔·莱奥纳德。③ "赛喇叭"回忆了自己背叛爱国事业的"心路历程":"初次迈

---

① J. G. A. Pocock, "The Varieties of Whiggism from Exclusion to Reform: A History of Ideology and Discourse", in J. G. A. Pocock, *Virtue, Commerce, and History: Essays on Political Thought and History, Chiefly in the Eighteenth Century* (New York: Cambridge University Press, 1985), pp. 256–258, 265.

② *The Group, a Farce* (New York: Printed by John Anderson, 1775), Evans, 14612, pp. 7, 14.

③ 对这出讽刺剧中人物原型的解读,主要参考:Sandra J. Sarkela, "Freedom's Call: The Persuasive Power of Mercy Otis Warren's Dramatic Sketches, 1772–1775", *Early American Literature*, Vol. 44, No. 3 (2009), pp. 541–568, esp. 542, 546, 548–549, 559.

入公共领域时,……美德看上去是公正的,散发着诱惑,透过真理的光明之镜,我看到了她的魅力,希望踏上爱国的道路";"我(在这条道路上)漫步了一阵,感受到了实实在在的平静";"但那是一条穷困潦倒且毫无益处的道路,除了平静的思维之外,再无收益,没有年金、地位和头衔";"这时'Rapatio'出现了,他看到了我的动摇","向我鞠躬,微笑地握住了我的手,并在我耳边轻柔地告知,我被他选中,与其他人一道成为团队的一员,他还讥讽,只有愚人才认为美德高贵,这打消了我的所有疑虑"。沃伦夫人虽然没有使用"托利"字样,但通过模拟这些"宫廷马屁精、泼皮、毫无原则的左右摇摆之徒"的心态与口吻,使得"爱国"事业的叛徒与国家的出卖者形象以脸谱化的表达方式跃然纸上,一目了然。① 通过虚构戏剧人物,借戏讽今,争取中间立场人士,很快成为两边阵营共用的政治斗争技巧。

如果说对"政府之友"的反面塑造,就是将其形象固化为谄媚奉承、为了厚禄封秩而出卖国家的小人,那么对激进人士的脸谱化,则主要是揭露他们不学无术、毫无政治能力、以自由之旗号践踏自由的"真实嘴脸"。波士顿律师乔纳森·休厄尔(Jonathan Sewall)曾是约翰·亚当斯的密友,后来成了马萨诸塞著名的保守派人士。他创作了一出荒诞剧,名为《被唤醒的美利坚人,顺气良药》(*Americans Roused, in a Cure for the Spleen*)。休厄尔的剧本不再简单影射马萨诸塞政治圈大人物,而是设计了独立角色。剧中代表"辉格派"的是"蓬蓬"(Puff)。"蓬蓬"不知道拉丁语与希腊语的区别,也听不懂法文,这说明他从未接受过精英教育。"蓬蓬"一旦开始长篇大论就磕磕巴巴,无法流利表达政治观点。他总是一惊一乍,以空洞的原则衡量立场、阵营,动辄大呼"托利派"或"国家公敌"。这都表明他还是政治新人,毫无政治经验。与"蓬蓬"形成鲜明对比的是"锋锋"(Sharp),剧中"托利派"的代表。"锋锋"先生在

---

① *The Group, a Farce*, pp. 13–14, "prologue".

阐释托利派的主要观点时，侃侃而谈，引经据典，显然是经验老道的政治领袖。① 休厄尔特意借剧中的理发匠"修剪"（Trim）和贵格会教友"帽沿"（Brim）的对话提到了奥利弗·克伦威尔："一位极致的自由之子"，"极致到他从不放手，直到国族所有的自由都被他握在手中……"。② 休厄尔这是在借剧中人物之口讽刺殖民地的激进辉格派高举自由之旗，最终只会将美利坚人引向更严苛的暴政。

休厄尔的剧本重在阐述托利派观点，讽刺辉格派只是附带意图。而著名的保守派人士，纽约国王学院的院长迈尔斯·库珀（Myles Cooper）就用更直白的冷嘲热讽，表达了对辉格派的轻蔑与不屑。1775年2月初，库珀通过里文顿印发了一篇讽刺诗，题为"北美的爱国者，一篇概述"③。讽刺诗发表之时，纽约有多处地区都已将里文顿视为公敌，聚众焚烧里文顿出版的小册子也成为展现抗争立场和决心的街头常见仪式。有鉴于此，这篇讽刺诗出版时匿去了作者和出版商。库珀全诗上下都充斥着传统政治精英对得势的激进派的极度轻蔑与不满。在库珀笔下，这些自称"辉格派"与"爱国者"的人心中只有私利，没有公善；他们为了"声望、权力与财富"，"以激越的言论、似是而非的谎言，僭取了爱国者神圣的外衣"；他们迎合了暴民，获得了权力，然而对于真实的政治一无所知；他们"如同小丑一般，趾高气扬，信誓旦旦，吵嚷喧闹，称呼更有资格的绅士为流氓和贱人"。他们的出身与教养"都是为了成为水手、车夫与工匠"，"但却为了统治与法律而狂热"；他们"乐于在委员会夸

---

① *The Americans Roused, in a Cure for the Spleen* (New York: Reprinted by James Rivington, 1775), Evans, 14455, pp. 8, 7-8, 6, 11-12; 关于这出讽刺剧中人物所代表的派别形象，主要参考 John J. Teunissen, "Blockheadism and the Propaganda Plays of the American Revolution", *Early American Literature*, Vol. 7, No. 2 (Fall, 1972), pp. 148-154, esp. 151-152。

② *The Americans Roused, in a Cure for the Spleen*, pp. 12-13。

③ *The Patriots of North-America: A Sketch. With Explanatory Notes* (New York: 1775), Evans, 14357; 这篇讽刺诗的作者、出版人以及出版时间，参见 Lewis Leary, "Literature in New York, 1775", *Early American Literature*, Vol. 11, No. 1 (Spring, 1976), pp. 4-21, esp. 9。

夸其谈"，然而"一旦慌乱，就成了吃奶的婴儿"；他们讥讽英国的有识之士纷纷为厚禄尊位所收买，然而却忘了"只有能力卓绝、内心公允和真挚诚恳之人，才会被许以重荣"，而他们"不过是拙劣虚弱之徒，美德从未经受住考验"；一旦坐拥权力，他们就"制定了几份非法而鲁莽的决议书，不少卑鄙的传单，以谋杀、柏油-羽毛和纵火来胁迫富贵之人，让贫贱之人鄙夷着决定每个长官的命运"。① 简而言之，他们不配享有"爱国者"名号，也无法充当殖民地自由的守护者。因为他们既不具备基本的政治能力，又缺乏对美德和荣誉的珍视，而且心中只有权力，根本不关心美利坚人真正的福祉。

库珀的讥讽并非空穴来风。在他自己对讽刺诗的注解中，库珀提到了最近由自称"辉格派"的人士出版的三四份小册子，其中包括查尔斯·李"责难"钱德勒的文章（见上文注释）。库珀认为，这些作者看起来都是有理智的坦率之人，"他们恰好可以证明，……如果年少轻狂、缺乏经验、目光短浅、难显从容，还知识空泛，那即便是从最高尚的原则出发，也容易得出错误而致命的结论"，"这已经成为对国家而言致命的流行病"。② 就话语策略而言，托利派进退维谷。面对激进派不断以"爱国"话语反复重申对联合协议的支持，进而美化各地冒出的法外机构，保守派要么采取防守性的策略，继续保留对"爱国"的诠释；要么变守为攻，转而攻击激进派以"爱国"为矫饰的行为之荒谬。库珀就采取了后一种策略。事实上，殖民地内部因为联合协议产生的分裂逐渐向充满情绪的口舌之争演变，这在两边阵营中都引起了反感，但他们也都把责任推给了对方。休厄尔在讽刺剧中借那位随口能引用拉丁格言、精通法文的理发匠"修剪"道出了自己的态度："我对于真正的辉格派与真诚的托利派之间的本质区别，一无所知。"③ 也有保守派人士认为殖民地此时出现的辉格-托利之争毫无意义。因为"我们的爱国者们"，早已"颠倒了

---

① *The Patriots of North-America: A Sketch. With Explanatory Notes*, pp. 1, 11, 3, 4, 17, 4.
② Ibid., p. 38.
③ *The Americans Roused, in a Cure for the Spleen*, p. 6.

自然与理性的秩序，使辉格派成了托利派，托利派成了辉格派"。①

被贴上"托利派"标签的保守派人士并不甘于就此成为"托利派"，更不愿意就这么成为辉格派笔下"国家的敌人"。相较于"不学无术"的政治新人，他们自认为更有资格和能力来捍卫殖民地人的自由。波士顿一位"转变的辉格派"自述了与辉格派分道扬镳的过程。帝国危机之初，但凡认同无代表不得征税原则的人士，都算得上是"真正的辉格派"。然而激进派排除异己，以及事态发展到倾茶事件，都让人开始"难以克制地指责这场行动"。大陆会议虽然没有采取萨福克决议方案，但会议最终通过的决议"都是在直接导向反叛"，"而辉格派兄弟们"，仍然毫不畏惧即将到来的风暴，反而孤注一掷地整合内部的统一与一致，仿佛"除了破坏我们联盟的恶棍托利派之外，再无所惧"。他们不再容忍不同阵营的人，并且"完全掌控了出版商，使他们不敢再出版任何与自由相悖的言论"。大陆会议之后陆续出现不同的意见，但并没有辉格人士严肃回应质疑。辉格派为了争取自由，正在践踏传统的言论自由。"因而，我现在完全确认，辉格派的事业是非正义的。"② 这篇匿名文章道出了保守派的普遍心声——现在"辉格派"领导的维护自由的"爱国事业"已经远远脱离了帝国危机前期共同事业的轨道，新的辉格派们开始诉诸暴力、党同伐异，一步步将殖民地人带入"叛国"的深渊。

在美利坚的托利-辉格论争中，最具有讽刺效果的莫过于双方不断为对方贴上讽刺性的标签反而坐实了彼此在名实之间本来存在的巨大鸿沟。在殖民地被重新赋予政治内涵的"辉格"与"托利"称号，在公共领域的论战中不断得到重复强化，成为公共话语中美利坚人广为接受的概念化指称。

《印花税法》危机时，所有同仇敌忾捍卫自由权利的殖民地人被

---

① "Letters from Philadelphia to Mr. Rivington in New-York", *American Archives*, 4th ser., 2: 134.

② "Letter from 'A Converted Whig,' against Committees and Congress", *American Archives*, 4th ser., 2: 103–105.

统称为"爱国者",那时的"爱国者"对于美利坚人来说,乃是指真诚的爱国之人,是会为了捍卫国家的最高福祉,即自由权利,而心甘情愿赴汤蹈火之人。十年间不断升级的帝国危机暴露了以自由为联盟的殖民地精英群体之间的分歧与矛盾。如何保障殖民地人的自由权利,是否仍要在帝国内部实现宪制自由,在哪一代人手中实现殖民地人的宪制自由,对于这些问题的不同理解使殖民地人内部产生了分化。自由与效忠渐行渐远,逐渐成为不可调和的矛盾。第一届大陆会议之后,是否还能在帝国政制框架中解决问题成为矛盾的焦点。划分阵营的标准由是否承认并捍卫殖民地人的自由权利,变为应以何种方式捍卫自由。法外抗争手段与宪制框架内继续请愿的两条道路迅速分流,"爱国"观中的自由意涵与传统的忠君爱国观开始撕裂。第一届大陆会议成为转折点。大陆会议的联合协议迅速被各地激进派利用,转化为建立各级政权的指导纲领。依托于帝国十年危机中搭建的通讯网络,激进派迅速在殖民地的公共话语中炮制出了和衷共济的"共同事业",抢占了对"爱国"的新诠释。温和派既无法容忍由联合协议带来的激进派得势,也无法默认超出帝国政制框架的本地法外政权。温和派与激进派之争演变为"托利"与"辉格"之战。

随着双方攻击性话语的不断演进,原本只是借英国的党派标签来丰富本地斗争的话术,结果成为用来谩骂对方的术语,反而在新语境中获得了独特的内涵。在对手不断通过讥讽来划清界限的努力之下,殖民地的"辉格派"标签成了激进派的代名词。殖民地的"爱国"内涵也不再充满争议,成为殖民地"辉格派"专属的政治话语。"爱国"即意味着依照联合协议、依托本地主权、联合各殖民地共同捍卫殖民地人自由的事业。与此同时,在帝国危机前期,曾掌握殖民地自由事业领导权的温和派不仅丧失了抗争领导权,而且作为英国宪制的维护者,反而被冠上了"托利"之名。玛丽·贝丝·诺顿(Mary Beth Norton)就认为,殖民地语境中"辉格"与"托利",实际上名实倒错。被称为"托利派"的,才是真正的辉格派,而被称为"辉格派"的殖民地激进人士,才是主流意识形态中的"异常"。① 殖民地语境中"辉格"-"托利"的赋名完成也标志着保守派在话语之争中的全面落败,辉格派的"爱国"之名由此被成就。大陆会议结束后纽约的舆论之战可以比较好地展现这个过程。

三、德兰西派的出局与辉格-托利之争的落幕

第一届大陆会议之后,纽约的德兰西派率先在众殖民地中顶住了激进风潮的压力,拒绝在民选议会中承认大陆会议的权威。这一风向鼓舞了其他殖民地的保守派。纽约也因此成为保守派与激进派争抢"爱国"话语的公共话语集中地。1775 年 1 月 27 日,一位巴尔的摩的保守派人士盛赞纽约的参事会与民选议会,"从他们身上真正的爱国主义,洞若观火的智慧与深思熟虑的沉稳来看,我们被扭曲变形的国家仍将得到最好的结局"。② 当焚烧西伯里的小册子与宣布里文顿是国家公敌成为纽约诸多地区的一种革命仪式之时,安纳波利斯的一位保守派声称,里文顿最近出版的"警告"在当地的"主要的爱国者"中反响甚好,其中最为睿智之士"当众宣布","美利坚的政治救赎,就要仰赖你们立法机构当下的举动"。③ 纽约萨福克县的本杰明·弗洛伊德(Benjamin Floyd)更是在 1775 年 3 月公开登报,抨击萨福克县的监督委员会"丧尽美德、荣誉、人性和基本的

---

① 诺顿指出,这些"托利派"人士完全认同政府起源的洛克式解释,对于个人自由与政府权力界限等问题的看法,都比殖民地"辉格派"更符合 18 世纪主流的英国辉格主义,他们支持光荣革命所奠定的英国宪制,也同样看到了英帝国体制自 18 世纪 60、70 年代以来浮现的诸多弊端,因而支持变革,但他们不认为殖民地的冤情苦难足以支持暴力反抗的合法性。Mary Beth Norton, "The Loyalist Critique of the Revolution", in *The Development of a Revolutionary Mentality, Papers presented at the first symposium, May 5 and 6, 1972*, (Washington: Library of Congress, 1972), pp. 127-148, esp. 129-139.

② "Letter form Baltimore to a Gentleman in New-York, dated January 27, 1775", *American Archives*, 4th ser., 1: 1190-1191.

③ "Letter from Annapolis, to a Gentleman in New-York, dated February, 1775", *American Archives*, 4th ser., 1: 1208-1209; Samuel Seabury, *An Alarm to the Legislature of the Province of New-York, occasioned by the present political disturbances, in North America* (New York: Rivington, 1775), Evasn, 14453.

公理",居然宣布"我们爱国的出版商"(里文顿)是国家的叛徒。①接连不断的伦敦来信,作为更具权威性的政治见解,也在持续地为保守派的主张提供支持。1774年底,纽约报纸上就不断刊载伦敦来信。这些伦敦来信宣扬大不列颠提供的宪制自由、商贸繁荣与安全保障才是美利坚人的最高利益,呼吁殖民地人保持克制,以温和的手段尽快与母国达成和解。至于那些自称"爱国者"的激进派们,"因为索求过多,很可能满盘皆输"。② 1775年2月,又有一封赞同请愿方式的伦敦来信见诸报端。据编者的按语,这位伦敦人士是"最心系国家福祉之人","与当代的自由之子不同,……他的爱国主义有着更纯粹的来源"。③

纽约民选议会拒绝承认大陆会议已成定局,但纽约不能脱离美利坚的"共同事业"也是纽约各方人士的共识。如何选派代表参加第二届大陆会议因而成为新的焦点。激进派借机推行他们一直以来的目标,召开殖民地大会取代德兰西派控制的民选议会。④ 德兰西派则希望由民众直选,而非通过殖民地大会来推选代表。1775年3月纽约城中再一次爆发了舆论之战。与1774年的大陆会议代表之争不同,这一次双方的相互攻击带有了更为明显的意识形态特征。舆论之战由德兰西派的代表约翰·瑟曼发布的一纸公开信引发。瑟曼是华尔街经营布料进口生意的商人。帝国危机开始之后,瑟曼曾参与"自由之子"的活动,也在前几轮的贸易禁运中积极督促不进口协议的执行。但瑟曼对激进派非常反感。1774年纽约第一届大陆会议代

---

① "Letter from Major Benjamin Floyd of Brook-haven, Suffolk County, New-York, to Mr. Rivington, in reply to some Resolutions adopted by a Committee at Smithtown, on the 23d of February", *American Archives*, 4th ser., 2: 36–37.

② "Letter from London, to a Gentleman in New-York, dated December 10, 1774", *American Archives*, 4th ser., 1: 1035–1036; "Letter from London to a Gentleman in New York, dated December 10, 1774", *American Archives*, 4th ser., 1: 1036–1037, 1036.

③ "Letter received in New-York, from London, dated February 6, 1775", *American Archives*, 4th ser., 1: 1214.

④ Tiedemann, *Reluctant Revolutionaries*, p. 216.

表之争中，正是瑟曼在 7 月 7 日的五十一人通讯委员会大会上谴责了麦克杜格尔等人在前日的分裂行为，最终导致激进派人士退出五十一人通讯委员会。①

瑟曼以"宪制自由之友"的名义，提出推迟民众会议，并建议将如何推选代表等问题交由民众决定。瑟曼的公开信在发布当天就遭到了激进派的猛烈回击。一位刻意署名"托利派"的激进人士，回敬瑟曼为"渊博、健谈、夸张、雄辩、好争、灵活、令人费解、不可理喻、可悲并且无可抗拒地能言善辩的主席先生"，并讥讽瑟曼等人自称"本城的选民与自由人"，实则不过是"内阁的秘密圈子"（ministerial junto）。另一位署名"美国人"（Americanus）的作者则痛斥瑟曼等人用意"奸诈"，他们推迟民众大会是为了让纽约来不及选派代表参加大陆会议，然而继续参与美利坚人"共同事业"对于纽约至关重要，因为"我们联合，凡事皆有可能；而分裂，则没落与毁灭"。这些"宫廷的宠臣"和"内阁的爪牙"是在为了"自己和子孙的年金与职位，奴役这片自由而幸福的土地"。菲利普·利文斯顿进一步强调了这种针对"托利派"的阴谋论调。他指出英国财政部一直在为美利坚的秘密行动提供资金，并且继续埋下怀疑的种子："你们认识一些人，他们曾经是热心的自由之子，现在却成了积极的政府之友"，"这种转变是如何发生的呢"？②

纽约的政治走向早已成为多方关注的焦点，消息源源不断从各地传来。利文斯顿故意抛出的"疑惑"迅速得到了回答。一位伦敦激进人士在寄往费城的信中就提到，纽约殖民地当前的态度，连同

---

① *Colonial Records of the New York Chamber of Commerce*, p.165, 书中这部分的年代有误，需注意甄别。

② *To the Freemen and Freeholders of the City and County of New-York* (New York, 1775), Evans, 14500; *To the Very Learned, Loquacious… Chairman… March 4, 1775* (New York: 1775), Evans, 14518; *To the Freeholders and Freemen of the City of New-York. Fellow Citizens, Several Members…. March 4, 1775* (New York, 1775), Evans, 13809; *To the Inhabitants of the City and County of New-York. The Wisest Men…. March 4, 1775* (New York, 1775), Evans, 14162.

北卡罗来纳和佐治亚,都是受英国政府利诱。英国内阁就是要"分而治之",以便最终全面实现对美利坚的"奴役"。① 英国议会正在酝酿新一轮惩罚措施的消息也同时传来。首相诺斯提议,除纽约外,所有不服从母国的殖民地都要和马萨诸塞一样,禁止向除大不列颠、爱尔兰和西印度群岛以外的地区出口商品。纽约街头随即出现了题为"阴谋被发现"的传单。这份爆料传单汇聚了所有英国政府贿赂"托利派"的近期消息,内容真假混杂,极富蛊惑性和传播效力。除了议会密谋的新一轮殖民地惩罚性立法要将纽约排除在外,传单还声称,德兰西派议员"每人确实收了1000英镑",并且领导人物还被许以了"有地位,有利润和有年俸的职位"以及大面积土地。所有的政府写手和"政府之友"都得到了丰厚的回报,比如库珀很快要成为美利坚的第一任国教主教;约翰·瓦迪尔(John Vardill)作为政府的写手,最近刚被任命为国王学院的教授,年俸200镑;菲利普·斯基恩(Philip Skene)少校被任命为克朗波因特(Crown Point)总督兼林地勘测员,并被授予了12万英亩土地。② 这份传单上既有惹人瞠目的土地授予,又提到了曾引发殖民地第一轮辉格-托利之争的主教问题,再结合贿金、腐败等字眼,俨然证明了帝国危机就是有计划、分步骤奴役美利坚的一场阴谋;而德兰西派在这场阴谋中扮演了英国政府代理人的角色,是殖民地人"共同事业"的叛徒,他们曾有的贡献也被一笔勾销。

殖民地"托利派"的脸谱化形象与母国政治文化中的托利派并无分别。被贴上了"托利"标签的保守派于母国相对和缓的态度,他们所推崇的温和手段,都成为激进派话语抨击与诘难的"罪证"。以激进派所运用的古典共和主义标准来看,殖民地的"托利派"已被英国宫廷所收买,成为"禄蠹"与"爪牙",打算合谋"奴役"

---

① "Letter from London, received in Philadelphia, Dated March 11, 1775", *American Archives*, 4th ser., 2: 118.

② *The Plot Discovered, Communicated by a Letter.... March 15, 1775* (New York, 1775), Evans, 14408.

美利坚。有了"托利派"这个标签，激进派人士将保守派的所作所为植入跨大西洋的阴谋论之中，显然更加顺理成章。① 纽约的德兰西派，因为反对在民选议会中认可大陆会议的权威性，成为激进派笔下与母国宫廷宠臣合谋算计自由权利欲陷所有民众于奴役的"敌人"。再没有什么新闻能比坐实"托利派"形象的"爆料"更为轰动。即便没有切实的证据，只给民众的长期臆测增添更多细节，也能增强说服力，激发轰动。平心而论，传单上的内容并非纯粹凭空捏造。有不少内容，比如议会新的立法，以及有关库珀、瓦迪尔和斯基恩少校的任命在其他消息来源中也被提及；② 但这些任命和回报的具体细节，以及德兰西派议员接受贿金等内容却没有同期的其他实证。

不过这一时期殖民地的辉格与托利之争早已上升到了意识形态层面。以联合协议为核心的大陆联合成为殖民地人新的"共同事业"。一切与之相违背的态度、内容和政策，在"共同事业"的主要推行者——激进派/辉格派看来，都不应当继续被容忍。来自母国的辉格与托利之争也正好为殖民地内部的分裂提供了话语资源和意义支撑。两相结合，帝国危机前期曾掌握抗争领导权的殖民地保守派被划归为"托利派"和"共同体的敌人"。殖民地的辉格派既是这套意识形态的受众，对此深信不疑；又是这套观念的传播者，不断为其注入新的内涵。从意识形态的层面理解辉格派的言论与作为，可以忽略其言说与事实之间的差距。因为意识形态本身就重在令人信服的说服力量，而不在于具体的真实性。这份"揭露阴谋"的传

---

① *A Dose for the Tories* (Ireland Printed; American Reprinted, 1775), Evans, 42806.

② 一封1775年3月4日由伦敦寄出的信件中就提到了瓦迪尔、斯基恩少校和库珀的任命消息，见"An Anonymous Letter", *Proceedings of the Massachusetts Historical Society*, Vol. 4, 1858-1860, pp. 229-230; 斯基恩少校返回美利坚之后随即被扣押，大陆会议对其阴谋展开了调查，约翰·亚当斯参与其中，参见"From John Adams to Joseph Palmer, 5 July 1775", esp. note 3, *Founders Online*, National Archives, last modified February 1, 2018, http://founders.archives.gov/documents/Adams/06-03-02-0034。[Original source: *The Adams Papers, Papers of John Adams*, vol. 3, May 1775 – January 1776, ed. Robert J. Taylor. Cambridge, MA: Harvard University Press, 1979, pp. 54-56.]

单于 3 月 15 日投放，正是纽约选民聚会表决是否召开殖民地大会的当天。最终，投票以 826∶163 的结果确立了激进派的胜利。①

相较而言，德兰西派对自身的辩解，对对手的攻击，因为缺少足以匹敌的意识形态支撑，显得说服力不够。在组织争辩话术时，德兰西派可以借用母国政治文化中用来攻击政治边缘群体的"党派"（faction）话语，对付激进派。但激进派所借用并予以发挥的话语组合，能让人联想到英国历史上第一代辉格党人高举自由大旗、对抗专制暴政的话语传统，既能唤醒历史记忆，又能激发群众共情的话语传统，同时还嵌入了阴谋论与"爆料"中的所谓实证，多重话语的复合嵌套更为完备。面对华丽的反对派话语，德兰西派也可以借用母国当权辉格派的反乌托邦论调，强调经验、谨慎和实干主义在政治中的重要性。② 但平心而论，在当时美利坚社会民情激愤、沸反盈天的群体性政治激情中，呼吁审慎，要求克制，选择理性，依赖经验的政治降温，很难与激进派渲染时机紧迫，呼唤即刻行动的煽动话语相匹敌。此外，德兰西派还多一重语境障碍。他们从未接受激进派对他们的攻击，依然保持对辉格主义的高度认同，难以自认"托利派"。这种认同，以及他们对殖民地自由权利主张的认可使他们在论争时难免束手束脚，无法直接炮轰"共同事业"，只能将言说的重点放在揭露激进派的"真面目"与"险恶用心"上。德兰西派只能论争激进派无法胜任抗争事业的领导权，而难以彻底否认抗争事业，因而始终难以形成可与激进派意识形态相匹敌的整套连贯话语。③

3 月 15 日的纽约选民大会召开之前，德兰西派人士并未放弃舆论战场。一份未注明日期的传单为德兰西派做了以下辩解。传单宣

---

① *New York Journal*, Mar 16, 1775.
② 戈尔迪、沃克勒主编：《剑桥十八世纪政治思想史》，第 76—79 页。
③ 也有不同的观点，比如贾尼斯·波特（Janice Potter）认为，爱国派与效忠派双方都在利用阴谋论对民众的吸引力，只不过效忠派的叙事被忽略了，参见 Potter, *The Liberty We Seek*, pp. 17-23。

称,德兰西派不同意召开殖民地大会并不是拒绝委派代表参加第二次大陆会议,更不是要退出"共同事业"或者"破坏诸殖民地的联合";反对殖民地大会是因为德兰西派担心这会让激进派掌控局面,并导致纽约和许多殖民地一样,关闭地方法院,开始募款和征兵。德兰西派指责激进派"纯粹是为了在本殖民地掌权",他们"将颠覆传统的美好宪制",并且彻底取代民选议会。所谓殖民地大会能更好代表整个殖民地的意愿只是激进派的借口,因为有某些县必然不会派代表参加。德兰西派通过传单发出呼吁:"不要成为派系弄权的工具!"毕竟,商人群体曾经"如此爱国地为了公共福祉牺牲个人利益","为了自由进行高尚的斗争","难道他们应当被称为政府的爪牙?难道他们会背叛自由的事业?"①

尽管德兰西派竭力捍卫自己的领导地位,但3月15日纽约市投票表决,最终同意召开全殖民地大会,德兰西派失势已成定局。落败的德兰西派只能借嘲讽文字抒发愤恨之意。在纽约殖民地大会召开期间,里文顿出版了一份名为"大会召开,辉格派的胜利"的匿名小册子。这篇泄愤文章一反直接斥责"辉格派"颠覆秩序、无视法律的传统话语策略,转而伪装了一种"友好"视角,通过全文反讽的效果,既讽刺激进派的"辉格"话语,又攻击"辉格派"主导下纽约大会的代表制与合法性存疑。

小册子作者首先"恭贺"纽约大会的召开使得"大美利坚共和国终于筑稳了基石","现在我们可以夸耀,我们的大会全面、自由且完美地代表了本殖民地的所有居民"。② 作者声称要"充满欣喜地"回顾"公平、公正且不受干扰的"大会代表推选方式,随即化身为一个千方百计为纽约大会寻找合法性的辉格派之友,逐一分析了各选区推选代表的过程。纽约城的选举是"光荣的征服",因为

---

① *To the Freeholders and Freemen of the City and County of New-York. Fellow-Citizens, as it is...* (New York, 1775), Evans, 14493.

② *The Triumph of the Whigs: or, T' other Congress Convened* (New York: Printed by Rivington, 1775), Evans, 14523, pp. 1-2.

"纽约城大约有 3 万居民，其中选民有 3000 人，……有 1000 人投票，九成都选择了我们"。金斯县、阿尔斯特县、奥兰治县和萨福克县也都采用了"类似的光荣方式"。没去投票的选民，"无论如何都必须认为"他们以默认的方式表达了同意，"如果我们采取任何其他解释，都绝无可能使本殖民地在下届大陆会议中被代表，那真是太过耻辱"。奥尔巴尼县代表由当地检察委员会直接"委派"，因为"选举可能会有麻烦"，"他们做得对，不然该县就会没有代表，那显然是不行的"。至于那些未派遣代表的特赖恩县、夏洛特县（Charlotte County）、格洛斯特县以及坎伯兰县（Cumberland County），"托利派当然想怎么说都可以"，但这些县都"全面、自由并且完美地被奥尔巴尼县代表所代表"。①

韦斯特切斯特县（Westchester County）的情况更为复杂，匿名作者对此态度尤为激愤。韦斯特切斯特县有不少纽约著名的保守派人物。国教牧师西伯里就是"韦斯特切斯特农夫来信"的作者。德兰西派的领袖小詹姆斯·德兰西，是当地的治安长官。小德兰西在议会中的盟友弗雷德里克·菲利普斯上校（Col. Frederick Phillips）是当地最大的地主，拥有 9.2 万英亩土地，由 272 户佃农租种。艾萨克·威尔金斯（Isaac Wilkins）是该县派往民选议会的代表。1775 年 2 月民选议会投票表决是否对大陆会议代表表达感谢时，威尔金斯投了反对票。② 韦斯特切斯特县的地方精英也并非尽数都是保守派。当地的另一位大地产所有者的政治代表皮埃尔·范·柯兰特（Pierre Van Cortlandt），自 1768 年进入民选议会，一直是坚定的利文斯顿派。还有一位在当地拥有大片地产家族的代表刘易斯·莫里斯

---

① *The Triumph of the Whigs: or, T' other Congress Convened*, pp. 5-6.
② Sung Bok Kim, "The Limits of Politicization in the American Revolution: The Experience of Westchester County, New York", *The Journal of American History*, Vol. 80, No. 3 (Dec., 1993), pp. 868-889, esp. 873; 关于 Isaac Wilkins, 参见 Lorenzo Sabine, *Biographical Sketches of Loyalists of the American Revolution with an Historical Essay*, in 2 volumes, vol. 2 (Boston: Little, Brown and Company, 1864), pp. 431-432。

（Lewis Morris）也是德兰西派的政敌。① 1775年4月11日，以威尔金斯和菲利普斯上校为首的保守派在本县大会上策动了一场反对行动。大会一共到场了500余人，由莫里斯担任主席。威尔金斯及追随者稍晚才进入会场，他们没有参与任何议程。威尔金斯当众宣布拒绝承认这场大会的权威，并抗议和反对一切委员会和法外大会。随即威尔金斯带领追随者离开了大会现场。在回到保守派集合的酒馆后，威尔金斯起草了一份立场声明，并且附上了300多个签名，公然与本地的民众大会唱起了反调。5月7日，莫里斯公开回应这份抗议书，宣布抗议书上的签名者均无选民资格。②

韦斯特切斯特县的风波暴露出当地的真实政治风向，显然不像激进派所描绘的那般全体人民万众一心。匿名作者以调侃口吻讥讽了"辉格派"们矫饰圆谎的拙劣话术。小册子的作者说，按照"辉格派"的说法，如果效忠派有300人，那么"蓝皮肤"（blue-skin，指激进民众）必须要有1500人，因为我们"从不说谎"的朋友，"不断宣称"当地的"蓝皮肤"是效忠派的5倍。而且"辉格派"们坚称，在抗议书上签名的全都是佃户，不是选民，更不是"自由持产者"（freeholder）。对此，小册子的作者举出了抗议者中最富有的菲利普斯上校，当地最大的地主，并且调侃道，"如果他能将自己的庄园让与高尚的自由之子们拥有，根据人类与生俱来的自由权利，他也就不再是佃户了，我们将和蔼地恩赏他成为自由人"，因为"在政治上，'自由持产者'并不是指自由占有地产的人，只有托利派才那么认为"。辉格派的"自由持产者"指的是"那些认为自由就是为所欲为的人，不用理会什么真理、荣誉、法律、宗教以及良心"，"如果要受到任何约束，哪里还称得上是自由？法律开始之处，就是自由终结之所。真理、荣誉、正义和宗教也都是一样，因此我

---

① Jacob Judd, "Westchester County", in *The Other New York*, pp. 107–126, esp. 110–111.
② Otto Hufeland, *Westchester County during the American Revolution, 1775–1783*, (White Plains, NY: Westchester County Historical Society, 1926), pp. 61–63. 该书在1973年有再版，此处注明的是原版页码。

们的朋友明智地抛弃了这些概念的内容，徒留其外壳，由此享有了生来的自由以及自然权利"。① 显然作者是借机嘲讽"辉格派"所主张的自由权利在抛弃法治，颠覆政治社会。

小册子作者选用的派系术语也饶有趣味。在模拟"辉格派"口吻的文章中，作者以"蓝皮肤"代指激进民众。"蓝皮肤"这个词是国教徒用来称呼那些思想僵化的加尔文派人士的惯用语。② 在纽约殖民地，国教虽属于宗教少数派，但拥有包括德兰西派以及不少富庶之士在内的大批信众，韦斯特切斯特县更是在18世纪初就建成了国教教堂。③ 虽然从美利坚殖民地的总体情况来看，信仰国教还是加尔文教与选择革命还是保持效忠并不完全对应，但纽约地区的国教徒大部分都属于政治上的保守派。与激进派的阴谋想象类似，纽约的保守派们也一直怀疑，激进派在夺取政权之后将全面取缔国教教会。小册子作者启用了"蓝皮肤"的标签，意在勾连起加尔文派所制造的血腥历史记忆，并以此提醒殖民地民众，如若放任这些"蓝皮肤"们继续冲击政治秩序，可怖的前景将如同英格兰共和国时期，疯狂的加尔文派不仅将英王与坎特伯雷大主教都送上了断头台，还完全废止了国教。④

虽然小册子作者代入的是"辉格派"口吻，但作者本人显然是对辉格派充满怨怼的保守派。他将对于理智的期待寄托在了"托利派"的语言中，并且用"效忠派"来称呼那些反对或不愿加入辉格派"共同事业"的人士。显然，这位作者眼中的"辉格"与"托利"之名已产生了倒转，而作者也已经认同了托利与效忠之名。

---

① *The Triumph of the Whigs*, pp. 7, 8.
② Jeffrey H. Richard, "Revolution, Domestic Life, and the End of 'Common Mercy' in Crévecoeur's 'Landscapes'", *The William and Mary Quarterly*, Apr 1998, vol. 55, no. 2, p. 283.
③ Robert Bolton, *History of the Protestant Episcopal Church, in the County of Westchester, From its Foundation, from 1693 to 1853* (New York: Stanford & Swords publisher, 1855), pp. 8-10.
④ David L. Holmes, "The Episcopal Church and the American Revolution", *Historical Magazine of the Protestant Episcopal Church*, Sept 1978, vol. 47, no. 3, pp. 266, 273-274.

作者通篇的视角揭示了他更深层次的讽刺意味。揭露辉格派所谓的纽约大会"完美代表"全体纽约人明显与事实不符,这只是这位作者的第一层用意;主动为辉格派的谎言"千方百计"寻找荒诞不羁的借口,是为了更深层次地反讽辉格派将"共同事业"变成压迫性的口号。显然在这位作者看来,辉格派矫饰真相的根本原因在于他们对于"全体一致"与"共同事业"的偏执。第一届大陆会议之后,激进派开始片面强调一致性与联合性,将联合协议奉为圭臬,不断强化自身对"共同话语"的垄断,同时,将由他们所主导的"共同事业"当作排挤和封杀保守派不同政治主张的话语武器,排挤和封杀保守派的其他政治言论,谋求政治话语的一致性,以话语压力造成保守派的失势,借此取而代之。

　　这位保守派作者描述的是在政治投机分子掌控下黑白颠倒、上下失序的混乱世界。在他笔下,传统的地方领袖被鼓动暴民的政客所取代,殖民地的传统政治社会正在被带离原本的轨道,一步步踏上反叛作乱的自我毁灭之路。对于自己所在的阵营被贴上"托利"标签,进而被嵌入辉格与托利二元对立的政治宣传话语之中,作者深感愤懑与无力,只能在文中提及"自由人"还是"自由持产者"的概念分歧,希望为"托利派"保守人士赢回话语主导权。保守派的立场局限使其无法正视民众政治热情觉醒所激发的势能。他们所仇视的变化正是联合决议迅速在各地得到响应与支持所依托的力量。① 在文章的最后,作者再次讥讽了纽约大会所谓的全面代表性,因为这是一次无论男女、少幼、人畜都得到了"全面、自由且充分"

---

① 有关民众政治参与和美国革命的民主特征,Ray Raphael 对这一时期新英格兰地区村镇会议的分析提供了很多论证,见 Ray Raphael, "The Democratic Moment: The Revolution and Popular Politics", in *The Oxford Handbook of The American Revolution*, pp. 121-138; 关于纽约殖民地民众的政治热情在学界存在一定争议,Edward Countryman 认为纽约革命是一场民众革命,见 Edward Countryman, *A People in Revolution, The American Revolution and Political Society in New York, 1760-1790*(Baltimore: The Johns Hopkins University Press, 1981)。也有学者坚持,美国革命中民众政治参与有限,漫长的独立战争消耗了民众的公共精神,见 Sung Bok Kim, "The Limits of Politicization in the American Revolution"。

代表的大会。但作者也深知，激进人士现在已经势不可挡，要想逆转，只能寄希望于"共同事业"的失败。只有这样，激进派才会成为"叛乱之徒"。① 纽约的"辉格"－"托利"之争，至此基本告一段落。

诸殖民地范围内的辉格与托利之争有一定的地域局限，争论的主要参与者集中在以费城、纽约和波士顿为中心的殖民地范围内。其他殖民地如北卡罗来纳，虽然受到纽约议会保守主义的影响，推迟了议会的召开时间，但其托利派的公开言论相对较少。像马里兰和弗吉尼亚这种辉格派完全掌握事态主导权的地区，即便有零星的托利派言论出现，也是孤掌难鸣。深受"乡村派"意识形态浸染的南卡罗来纳政治精英阶层，对于大陆会议之后以联合协议为核心的"共同事业"，无疑是接受最快的地区之一。南卡罗来纳不仅在大陆会议召开之前就成立了法外的殖民地大会，而且大陆会议代表返回之后，殖民地大会对联合协议的争论焦点仅限于，联合协议中南卡罗来纳代表为本地水稻利益争取来的例外是否破坏了美利坚"共同事业"。②

纽约保守派承认了辉格与托利的二元对立标签，放弃了对"爱国"的争夺，这也标志着在公共话语层面，"辉格"－"托利"之争落幕。随着列克星敦战事的爆发以及战事消息的火速传播，托利派彻底丧失了在殖民地公共领域中的话语权。

---

① *The Triumph of the Whigs*, p. 8.
② Robert M. Weir, "'The Harmony We Were Famous For': An Interpretation of Pre-Revolutionary South Carolina Politics", *The William and Mary Quarterly*, Vol. 26, No. 4 (Oct., 1969), pp. 473-501, 473; "South Carolina Provincial Congress", *American Archives*, 4th ser., 1: 1111-1112 note; *Considerations on the Impropriety of Exporting Rice to Great-Britain, addressed to the Provincial Congress of South-Carolina, to Meet on January 11th, 1775*, (Charles-Town: Printed by Peter Timothy, 1775), Evans, 13888.

第五章
"爱国"与"叛国":
美利坚爱国主义问世

叛国概念的转化是美利坚爱国话语与独立运动完成结合的最后一个环节,也宣告了美利坚爱国主义的正式问世。战争的骤然爆发加速了殖民地内部的敌我对立,但如何惩治殖民地内部仍然效忠于英王的殖民地人成了法理上的难题。虽然殖民地的辉格派早已在公共话语层面确立了鉴别敌我的标准,可只要殖民地的《叛国法》仍以英王作为保护对象,政治话语层面的"敌人"就不能受到法律的制裁,"爱国"的行为也依然构成叛国罪。在缺乏合法政治权威的前提下,殖民地辉格派精英利用"非理性"的民众情绪对共同体的敌人施以惩戒。待到独立正式宣告,以新的主权州为保护对象的《叛国法》在各州出台,美利坚叛国罪的法理困境迎刃而解。然而,获得政权的辉格派精英们在严格执行新《叛国法》的过程中,却遭遇了民意的反复。从宣告独立前后围绕叛国产生的复杂变化,可以看到美国革命中独立本身的意义。

一、战争的爆发与"敌我"的对立

1775年5月18日,一封纽约国教牧师塞缪尔·奥克缪蒂(Samuel Auchmuty)写给驻扎波士顿的约翰·蒙特雷索上尉(Captain. John Montresor)的信件被披露。① 这封信在列克星敦和康科德之战

---

① *Norwich Packet*, May 18, 1775, p. 2; "A Notice of this Letter, and of Mr. Auchmuty, the Writer of it, (Note)", *American Archives*, 4th ser., 2: 350 note.

爆发当天被寄出，传递了英军军备即将运往波士顿的消息，同时奥克缪蒂还嘲笑了辉格事业的不堪一击："大陆会议的代表们当下何在？""亚当斯、汉考克们现在如何？还依然勇敢吗？"① 辉格派们显然是经过精挑细选才曝光了这样一封惹人厌恶的托利派书信。塞勒姆（Salem, MA）的辉格派更是不惜"添油加醋"："爱国者们正在竭尽全力确保她的自由，他们乐于为此付出自己的生命，以挫败像这封信的作者一样的叛徒们的阴谋。"此前，"美利坚自由之敌"与英国政府的"爪牙们"不断质疑要"如何看待大陆会议"。战争的爆发回答了这个问题：4月19日表明了大陆会议的决议是多么有效，证实了"美利坚人不自由，毋宁死！"② 托利派的书信也再次坐实了"爱国者们"对他们的指控——他们背叛了美利坚的事业，是美利坚自由真正的敌人。随着托利话语在公共领域被迅速敌化，殖民地人内部以"辉格"-"托利"话语区分的派别之争迅速升级为了尖锐对立的敌我矛盾。

除了冲突对立的升级，战事的骤然爆发也全面激化了殖民地社会内部的紧张局势。各地的委员会，本来是依托联合协议成立的，只负责监督各地区贸易与消费禁令的执行情况。但随着战事爆发，保卫本地安全，肃清共同体内部的敌人成为各地委员会更为紧迫的任务。然而战事的爆发虽然制造了敌我矛盾，但却难以为"敌我"的界定给出清晰的标准界限。究竟谁是共同事业的敌人？如何找出敌人？除了直接反抗和违反联合协议的人以外，还有什么举动和言行应当被怀疑？可疑的举动是否能被断定为敌意，进而施加惩处？如何惩处？骤然获得地方治理权威的委员会需要即刻面对这些棘手问题，而他们的判断与裁决还需迎合当地的激进情势。

---

① *Norwich Packet*, May 18, 1775, p. 2; "A Notice of this Letter, and of Mr. Auchmuty, the Writer of it, (Note)", *American Archives*, 4th ser., 2: 350 note.

② "如何看待大陆会议"正是托马斯·布拉德伯里·钱德勒之前发表的一篇小册子的标题，见 Thomas Bradbury Chandler, *What think ye of the Congress Now* (New York: Printed by James Rivington, 1775), Evans, 13866。

马里兰的乔治·芒罗（George Munro）与理查德·亨德森（Richard Henderson）的遭遇可以让我们看到地方委员会在敌我甄别问题上的试探、犹疑以及委员会标准与地方民情之间的交错互动。芒罗是苏格兰移民，在亨德森的公司里当学徒。他的一封书信内容被当地委员会判断有重大嫌疑，布莱登斯堡（Bladensburgh, MD）的委员会决定逮捕他。缉捕当天，亨德森公司门外聚集了大批"暴民"，扬言无论委员会最终作何决定，都要以"柏油加羽毛"对付芒罗。芒罗慌乱逃逸。"暴民们"发现之后，开始将矛头指向芒罗的雇主亨德森。亨德森安抚"暴民"并要求一定时间宽限，拿出了自证"爱国"的证据，这才幸免于难。可是芒罗的逃跑显然没有成功，他在一周后接受了布莱登斯堡委员会的问讯，被委员会判定为"对美利坚自由怀有敌意"。① 被断定怀有"恶意"的芒罗信件，以及亨德森的"爱国"举证都被寄往《马里兰公报》予以公布。②

芒罗的信件被开封检查，说明当地委员会已经将"监督"的执行推向了新高度。芒罗早有警觉，"这些天，所有发往北方的信件都会被打开"，因此自认并未在信中留下任何惹人怀疑的内容。从信件内容来看，芒罗并不热心"爱国"事业，而是屡次提到要离开美利坚，另谋生路。他将报纸新闻称为"谎言"，认为"不值一提"。最终为他招来怀疑的是信中的这样一句话，"我们最终不得不召集人手"，以便同本地的人们相安无事，和平共处。对此，芒罗辩解自己只是"言语不谨慎"，但从未想过要加入英方行伍，"因为我在这儿一无所有，没有什么值得我为之战斗"。芒罗意识到了政治立场可能才是问题的关键，因此特意强调，"我真诚地认为，如果大不列颠的全体民众都能够冷静地考虑大陆会议给出的理由，并且能充分了解

---

① "Proceedings of the Committee for Bladensburgh, in Prince George's County, Maryland", *American Archives*, 4th ser., 3: 51-56.
② *Maryland Gazette*, August 17, 1775, pp. 242-243. （Maryland Gazette [MSA SC 2731], Maryland State Archives: http://msa.maryland.gov/megafile/msa/speccol/sc4800/sc4872/001282/html/m1282-0920.html）

英国政府施加的压迫,他们不会不赞同美利坚"。然而芒罗的判断再一次失误,当地的委员会没有被他临时表明的政治立场所打动,依然决定逮捕。芒罗逃跑失败后,接受了委员会的当面问讯。委员会的重点依然是"召集人手"。芒罗一再强调自己绝无此意图,但最终仍被视为"对美利坚自由怀有敌意"。

那么什么证据才足以自证清白呢？芒罗的雇主亨德森对此就更为老道。在遭到"暴民"威胁之后,亨德森随即给乔舒亚·比尔（Joshua Beall）写信,复述了事件经过,强调自己"一直以来"都是美利坚事业的支持者,并随信附上了一封他在1年前写给助手的信作为"爱国"证据。亨德森特别说明,安纳波利斯的查尔斯·华莱士（Charles Wallace）在1774年底见过这封信,华莱士当时就同意,这封信能证明自己是美利坚自由事业坚定的支持者。即便旧时书信在手,能够举证自己一直以来的"爱国"立场,亨德森仍然觉得不够。乔舒亚·比尔是布莱登斯堡所属的乔治王子县（Prince George County, MD）派往马里兰大会（Maryland Convention）的代表之一。此时向他写信,显然是亨德森怀疑自证清白对于本地激进民众不够有说服力,而本地委员会的态度又模糊不清,因此需要寻求更高级别的权威来为自己证明清白。他强调自己是暴民的"受害者",希望个人遭遇能够促使马里兰大会感觉到,"有必要制定一些规则"来约束民众的行为。这些民众,亨德森坦言,应当"接受委员会的管理","就像委员会要接受马里兰大会的指导一样"。① 两天之后,亨德森向马里兰大会提交了请愿书,提到暴民带来的威胁中掺杂着"私人恩怨"已经威胁到了自己的财产安全,并使自己的家人陷入了极大恐慌之中。②

亨德森的一系列行动终于证明了自己的清白。他的请愿书进入

---

① "Letter from Richard Henderson to Col. Joshua Beall, dated August 2", *American Archives*, 4th ser., 3: 53–54.

② "Petition of Richard Henderson, of Bladensburgh, Presented and Read", *American Archives*, 4th ser., 3: 127–128.

了马里兰大会的议程。大会授权乔治王子县的监督委员会，调查亨德森是否曾协助芒罗逃跑，同时要求"所有人停止对亨德森本人及其财产的暴行"。此前，乔治王子县监督委员会的一位委员作证，向亨德森施暴的"暴民"是由贾斯珀·沃特（Jasper Wirt）率领的。沃特亲口承认他因为一桩房屋工程曾与亨德森结怨，一直不能释怀。数日之后，马里兰大会的书函也抵达了布莱登斯堡，多重权威之下，布莱登斯堡委员会宣布了亨德森的清白。① 随着亨德森自证"爱国"的旧书信连同见证人华莱士的证词一同被刊登在《马里兰公报》上，"大众、朋友与熟人周知了"亨德森对美利坚事业的态度与立场，事情才算真正告一段落。②

芒罗与亨德森的遭遇，充分说明开战的局势为地方委员会施加了极大压力。找出托利派，揪出英军的盟友，甄别后方的敌人成为各地委员会的当务之急，在这种紧迫之下怀疑的范围扩大了，芒罗与亨德森都沦为被怀疑的对像。但是，潜在敌人增多的同时，如何区分敌我却并没有一定之规，前期论战中的托利派论调顺理成章就成为最便捷的鉴别标准。言论成为污点与罪证，也是由于辉格派此时开始掌控殖民地邮路，从而得以截获大批私人信件，作为排查敌人的新手段。芒罗就是因此而"暴露"的。芒罗意识到了通信会遭拦截，自以为没有留下任何证据，结果还是因为"召集人手"一词被视为对美利坚事业"怀有敌意"。与托利派言论成为罪证相对应，"爱国"言论则成了能够洗刷罪证，证明清白的证据。在亨德森的一系列举动中，最有力的证据还是来自他曾经的一封书信。信中他以"爱国"话语热情赞美了辉格派的事业，呼应了1774年精神。芒罗临时表达的对美利坚事业"并不反对"则未见成效。

---

① "Prince George's County, Aug. 3, 1775", *American Archives*, 4th ser., 3: 129; "Committee of Bladensburgh Declare that Mr. Henderson was No Ways Aiding, Assisting, or even Privy to George Munro's Escape", *American Archives*, 4th ser., 3: 128.

② "Letter from Charles Wallace to Mr. Green", *American Archives*, 4th ser., 3: 55; *Maryland Gazette*, August 17, 1775.

第五章　"爱国"与"叛国"：美利坚爱国主义问世　｜　155

在大部分地区，只要被认定为"美利坚的敌人"，即意味着将被当地委员会予以公示和孤立。情节严重者，可能再加派罚款并予以放逐。比如巴尔的摩的商人詹姆斯·克里斯蒂（James Christie），就被马里兰大会宣布为"敌人"。他被处以 500 英镑罚款，并遭驱逐出境（马里兰）。① 情节相对较轻的，可能只需当众承认过错。比如伍斯特县（Worcester, MA）的内厄姆·威拉德（Nahum Willard）经常在公共场合诋毁大陆会议与殖民地大会的决议。当地委员会考虑到其恶劣影响，传唤了威拉德。在判定威拉德的敌对言论之后，当地委员会起草了一份文书，要求他连夜签署，并在隔日当众宣读。② 各地惩处手段的严厉程度主要受当地民众的主流政治态度左右。比如新泽西的新不伦瑞克地区（New-Brunswick, NJ），因为临近战事前线，当地摇摆不定者甚多。一位叫威廉·斯蒂尔（William Steele）的居民拒绝签署联合协议，并且公开抵制和咒骂当地委员会的措施，委员会的传唤也无法使其现身。当地委员会只能在他缺席的情况下，宣布他为"国家的敌人"，并且寄希望于"内心充满了荣誉、美德和爱国主义的民众们"能够主动孤立斯蒂尔，使委员会的判决产生应有的效力。③

在缺乏能进一步明确区分敌我的权威标准的情况下，各地委员会开始以新的方式试探民众对共同事业的同意。1775 年夏秋之际，各地先后将拒绝签署联合协议的人士列成名单，定期印发，在各地

---

① "Maryland Convention-August 7, 1775, James Christie Declared to Have Manifested a Spirit and Principle inimical to the Rights and Liberties of America...", *American Archives*, 4th ser., 3: 105–106; "Proceedings of the Committee of Baltimore County, on the Complaint against Mr. Chrisite, Presented and Read", *American Archives*, 4th ser., 3: 124–127; "Memorial of James Christie, Jun. of Baltimore Town, presented and read", *American Archives*, 4th ser., 3: 129–130.

② "Proceedings of the People of Worcester in regard to Dr. Nahum Willard", *American Archives*, 4th ser., 3: 462.

③ "New-Brunswick (New-Jersey) Committee", *American Archives*, 4th ser., 5: 749–750.

传阅。① 将拒绝签字的反对者以名单方式定期公布，迅速有效地扩充了辉格事业的支持群体，但也使得政治选择变得公开化、集体化和教条化。② 亨利·劳伦斯（Henry Laurens）就对此表示忧心。在1775年6月的南卡罗来纳大会上，他提出警告：联合协议使立场区分过于僵化和教条，极有可能让敌人轻而易举地就能混入辉格派的阵营。③ 劳伦斯的警告不无道理，但却显得有些不切实际。事实上，战事的压力迫使地方委员会必须以便捷高效的方式迅速区分敌友，以便采取进一步的措施。临近战场的地区开始限制居民跨区自由流动，尤其是要穿越防线，必须获得证明本人"爱国"的专门路引。1776年2月底，曾在1775年魁北克战役中效力于斯凯勒将军（General Schuyler）麾下的约瑟夫·布思（Joseph Booth），需要负责将一批牲畜运往纽约城。他手持由牛顿乡（Newton, Fairfield County, NY）通讯委员会签署的证明信，其中介绍了他的服役背景，并且证明他是"国家之友"，结果仍然在贝德福德（Bedford）遭到了拦截。纽约大会为其重新开具了一份证明，才使得布思能够在纽约各县畅通无阻。④

随着爱国路引迅速成为惯例，敌友的判断无可避免地陷入标准化、简化和流程化。1776年3月中旬，纽约奥尔巴尼县的委员会出台了决议，规定只有经过其居住地的委员会证明，该居民在本决议施行之前就已经签署过联合协议，并且"行为举止一直都符合美

---

① 比如纽约萨福克县从5月上旬开始就同时公布所有联合协议的签名名单与拒绝签名者的名单，见"Signers and Objectors against the Association in Suffolk County", *American Archives*, 4th ser., 3: 608-618。

② Robert Patrick Reed, "Loyalists, Patriots, and Trimmers: The Committee System in the American Revolution, 1774-1776" (Ph.D. diss., Cornell University, 1988), pp. 186-195.

③ *South Carolina Magazine of History and Genealogy*, Vol. 4 (January 1903)，没有找到原始出处，转引自Reed, "Loyalists, Patriots, and Trimmers: The Committee System in the American Revolution, 1774-1776", p. 201。

④ "New York Provincial Congress-Feb 29, 1776, Permission given to All Persons, not adjudged to be Inimical to the Country, to Pass through any County in the Colony with Cattle, &c", *American Archives*, 4th ser., 5: 320-321.

利坚自由之友的标准",才能进入纽约城。① 1776 年 5 月,纽约韦斯特切斯特县的杰西·亨特上尉(Captain Jesse Hunt)要南下前往南卡罗来纳。纽约大会为他开具了路引,证明他是"国家自由权利的捍卫者和坚定的支持者"。② 类似的爱国证明也被用来"化敌为友"。在批准布思的爱国路引的前一天,来自金斯顿(Kingston)的阿祖尔·贝茨(Azor Betts)向纽约大会请愿,"请求重新认识到对于国家的义务,要求原谅和保护"。贝茨持有金斯顿委员会主席开具的证明书,证实他已经签下了悔过书,并承诺了未来会有良好表现。贝茨的请愿得到了肯定的回复。③

敌友判断的简单化与化敌为友的流程化,是开战后情势的客观需求。以劳伦斯为代表的辉格派领袖对此惴惴不安,折射出美国革命由政治论辩向现实政治转变而产生的焦虑情绪。长年论战形成的宣传思维可以从大陆会议 1776 年 1 月通过的《托利法》中窥见一斑。④《托利法》第一条,建议各地委员会对不满民众投放"大陆会议记录、英国议会里的爱国派发言以及其他能阐明美利坚事业价值的小册子和文件",以帮助他们理解"当前争端的起源、本质与严重性"。⑤ 至于已经襄助过英方,或者打算投入敌军阵营的人士,《托利法》建议,应当缴械、羁押或者收取足够保证金,防止他们作乱。⑥

从独立前的大陆会议记录不难发现,针对殖民地居民内部的敌

---

① "Albany (New-York) Committee Prohibit All Persons from Moving into the City or County...", *American Archives,* 4th ser., 5: 250.

② "New-York Committee of Safety-May 3, 1776, Certificate to Captain Hunt...", *American Archives,* 4th ser., 5: 1486.

③ "New-York Provincial Congress-February 28, 1776, Petition from Azor Betts...", *American Archives,* 4th ser., 5: 319.

④ *Journals of the Continental Congress, 1774-1789,* vol. 4, pp. 19-21.《托利法》包含了 1776 年 1 月 2 日通过的六条决议,这六条决议被一齐印发,并在印发的传单上被冠以了《托利法》之名,见 *The Tory Act* (Philadelphia, 1776), Evans, 15147。

⑤ *Journals of the Continental Congress, 1774-1789,* vol. 4, p. 19.

⑥ Ibid., p. 20.

我甄别与惩戒，大陆会议态度一直较为模糊，具体标准与执行均交由各地委员会负责。大陆会议明确建议的敌我鉴别指标，除了《联合协议》之外，只有大陆币一项。① 大陆会议曾数次建议地方委员会对"心怀不满者""危害殖民地安全者""妨害美利坚自由者"采取行动，但如何划定范围、采取何种措施以及怎样确保执行则基本都由各地自行掌握和判断。② 对于是否走向脱英独立的道路，大陆会议一直犹豫不决，代表们的意见分歧巨大。列克星敦战役之后，殖民地人对于以武力反抗武力的抗争手段并无太大异议。1775 年 7 月，大陆会议通过了宣言（Declaration of the Causes and Necessity of Taking Up Arms），力陈举兵反抗之必要性，但也再三确保不会脱离帝国。③ 是否独立，前景未明。因此大陆会议在"敌我"问题上刻意保持了模糊，而各地法外委员会在缺乏"法统"的情况下，根据各地情况，制定简便易行的敌我标准，并交由本地社会力量来执行的模式也就不难理解。

对待独立问题的含混态度还导致殖民地人在身份认同上的混乱与彷徨。因而，诸多地区即便能轻易划分敌我，也无法对"国家的敌人"施以规范的惩处办法。有些地区因为对托利派施加了过激的惩罚，反而引发了民意的不满。1775 年 9 月费城的艾萨克·亨特（Isaac Hunt）游街事件就是其中一例。艾萨克·亨特是费城的一名律师。1775 年 8 月，他揽下了一位布料商人与百人委员会之间的官

---

① Journals of the Continental Congress, 1774–1789, vol. 4, p. 49.
② 1775 年 10 月 6 日，大陆会议曾建议各省区大会以及各地安全委员会，逮捕他们认为在本殖民地内所有妨害殖民地安全以及美利坚自由的个人，Journals of the Continental Congress, 1774–1789, vol. 3, p. 280；1776 年 1 月 2 日，大陆会议决议通过了被称为"托利法"的六项决议，见上页注4；1776 年 1 月 11 日，大陆会议决议，所有拒收大陆币或者妨碍大陆币流通的人士都应当被地方委员会合理定罪为"国家的敌人"，见 Journals of the Continental Congress, 1774–1789, vol. 4, p. 49；1776 年 3 月 14 日，大陆会议决定建议各地解除所有对美利坚事业心怀不满者，以及拒绝武力捍卫殖民地人士的武装，Journals of the Continental Congress, 1774–1789, vol. 4, p. 205。
③ A Declaration by the Representatives of the United Colonies of North-America, now met in General Congress at Philadelphia, Setting forth the Causes and Necessity of Taking up Arms［July 6, 1775］(Portsmouth, 1775), Evans, 14550.

司，公然挑战和质疑费城百人委员会的权威。两周之后，亨特迫于压力，最终同意公开悔过。激进人士将此设计成了一场公共惩戒。他们要求公开对亨特施以"柏油加羽毛"的惩罚，并将他驱逐出境，还把惩罚地点选在费城另一位托利派人士约翰·基尔斯利（John Kearsley）的家门口。这场街头仪式酿成了混乱。基尔斯利与激进民众之间发生了冲突，最终基尔斯利的房子被激进民众砸毁。① 真正让费城激进的辉格派们震惊的不是暴民的骚乱，而是事件发生之后费城民众的态度。民众对于亨特与基尔斯利的遭遇"深感悲痛"，对他们的家眷深表"同情"。百人委员会的权威受到了质疑，他们只能呼吁民众，在表达对"美利坚敌人"的同情时，多想想那些"已经将鲜血洒在了北部山林的爱国者们"。②

战争源源不断的牺牲者本来应该能够为殖民地人注入共同的敌意，然而，从对殉难者英雄形象的塑造来看，展现更多的仍是传统精英式的古典共和主义理想。随着战事的持续进行，美利坚事业的牺牲者也越来越多。邦克山之战后，在战场上牺牲的约瑟夫·沃伦（Joseph Warren）就迅速被塑造成为国殉难的爱国英雄。③ 1775 年底，理查德·蒙哥马利将军（General Richard Montgomery）在攻打魁北克时被敌军击中落马牺牲，不久之后，加拿大远征彻底宣告失败。④ 大陆会议为蒙哥马利将军以及与他一起"为了捍卫自由原则而

---

① "Proceedings of the Committee of Philadelphia, on the Complaint against Isaac Hunt", *American Archives,* 4th ser., 3: 170-176, Richard Alan Ryerson 在其著作中也提到了这起事件，但主要是为了以此展现百人委员会的权威性，见 Richard Alan Ryerson, *The Revolution is Now Begun, The Radical Committees of Philadelphia, 1765-1776,* (Philadelphia: University of Pennsylvania Press, 1978), pp. 131-132。

② "To the Printers of the Pennsylvania Journal", *American Archives,* 4th ser., 3: 174, 175.

③ Sarah J. Purcell, *Sealed with Blood: War, Sacrifice, and Memory in Revolutionary America* (Philadelphia: University of Pennsylvania Press, 2002), p. 19; *American Archives,* 4th ser., 5: 1262.

④ Don Higginbotham, *The War of American Independence, Military Attitudes, Policies, and Practice, 1763-1789* (Boston: Northeastern University Press, 1983 A Classics Edition), pp. 113-115.

牺牲的"的士兵举行了国家公祭。① 在公祭仪典上,费城学院的学督威廉·史密斯(William Smith)做了纪念性的演说。史密斯将蒙哥马利的牺牲嵌入了古典共和式的美德话语之中,强调蒙哥马利以及战死的士兵们都是为了自由的事业而牺牲。他们"为了公共福祉而放弃安逸,牺牲性命与财富,应当被朋友与国家赋予不朽的声誉",他们是"美利坚的爱国者"。②

纪念在一场战争中殉难的烈士,就不得不探讨这场战争本身的目的与意义。对于列克星敦-康科德战斗,史密斯维持了1775年7月大陆会议宣言中的官方立场,坚持美利坚是自卫,绝非叛国。而对于远征加拿大,史密斯也强调天主教徒和印第安人打算"涌向我们的边界",美利坚人只是出于自卫而先发制人。③ 总体而言,史密斯的演说充满了对美德和公共精神的赞美,这种精英式的古典共和主义可能是政治精英们想要向民众传达的一种理想和信念。毕竟,为战争的死者赋予"爱国者"的名号,为战场上的伤亡赋予更宏大和高贵的意义,从而呼唤民众的美德,以维持古典共和式统治下的自由,这是殖民地"爱国"话语固有的内涵。然而,威廉·史密斯本身是国教牧师,他对于英王的效忠不允许他在公祭仪式上散播仇恨的种子。史密斯对古典共和主义的援引更多还是为了掩盖和弥合殖民地与母国之间越来越破裂的关系。史密斯的个人立场使他无法完成为这场战争赋予更宏大意义的使命。公祭结束后,大陆会议没有同意出版史密斯的长篇祭文,就是对其不满的表现。④

二、"爱国"与"叛国"的法理困境

只要没有宣布独立,各殖民地的居民就仍然是英王臣民。尽管

---

① 有关大陆会议如何筹备纪念蒙哥马利将军的一系列充满象征意义的活动,以及公祭当天的仪式与场面描述,Purcell 在她的研究中都有非常充分的论述,参见 Purcell, *Sealed with Blood*, pp. 25-32。

② "Dr. William Smith's Oration", *American Archives*, 4th ser., 4: 1675-1684.

③ "Dr. William Smith's Oration", *American Archives*, 4th ser., 4: 1678, 1681, 1682.

④ 见 Purcell, *Sealed with Blood*, p. 31。

大陆会议申明，向英王军队动武只是出于自卫，绝非叛国，但十三个殖民地与英国的关系究竟是走向和解还是完全独立仍然不甚明朗。对殖民地前景缺乏共识，同时又要继续支持前线，稳定后方，这就是各地面临的窘境。显然，利用社会情绪来惩戒"公敌"，以遏制托利派的敌对行为是辉格派为数不多的选择，因为援引《叛国法》进行惩处的权柄尚且在英国当局与殖民地亲英派手中。

对于独立前夕的殖民地人而言，法律层面上的叛国罪绝不是一个陌生概念。1351年，英王爱德华三世第二十五年，议会通过了《叛逆法》，第一次以制定法的形式规定了构成叛逆罪的具体内容。《叛逆法》区分了重叛逆罪和轻叛逆罪。重叛逆罪包括：想象或设想国王、王后及其长子和嗣子之死；冒犯国王的伴侣、未婚长公主与国王长子和嗣子之妻；在境内向国王发动战争，依附于国王的敌人，为他们提供帮助；伪造国玺、王玺和国王的货币；明知是假币还将其带入境内，并在境内使用；杀害御前大臣、首席财政大臣、大法官、巡回法院法官以及所有在履行公职中的法官。另一类罪行属于轻叛逆罪，包括：奴隶杀主，妻子杀夫，以及信徒或低级教士杀害主教。① 显然，在法理上被界定为"叛逆"的举动，是本应效忠和服从王权、父权和神权的人直接严重冒犯了这些权威。随着国家主权逐渐从王权中分离，叛逆罪中的重叛逆罪也逐渐等同于"叛国"。本章所要讨论的"叛国"，主要是叛逆罪中属于重叛逆罪的这一部分内容。

亨利八世第三十五年制定的《叛逆法》宣布，所有诽谤国王的公开言论和文字都属于叛国行为。爱德华六世第一年新的《叛逆法》出台。新的《叛逆法》除了保留直接非议国王至尊地位以及直接否认王位合法性的文辞之外，不再将1534年《叛逆法》中规定的其他攻击性言辞定为叛国。到了伊丽莎白一世时期，王家律师对原有法律条文的内涵予以扩充，新的叛国罪从中构建而来。文辞重新成为

---

① 25 Edward III, st. 5, c. 2.

可被指控叛国的罪行。斯图亚特王朝时期,以文字定(叛逆)罪的做法在由国王掌控的法官手中被推向了极致。①著名的阿尔杰农·西德尼(Algernon Sydney)叛国案,大法官乔治·杰弗里(George Jeffreys)在只有一位目击证人的情况下,便将西德尼反驳菲尔默的未发表手稿列为关键证据,最终使得西德尼叛国罪名成立,被处以绞刑。

光荣革命之后,叛国罪的程序规则获得了专门立法。1696 年议会通过的《叛国审判法》为受审方提供了一系列保障公平审判的权利。其中,始于 1547 年爱德华六世第一年《叛逆法》的双人证规则,被更严格和明晰地确定下来。双人证规则是指:叛国罪名的确定必须要有两名"合法目击者","在誓词之下指证同一公开行为",或者是"分别指证构成同一叛国罪名的两次公开行为"。此外,叛国案的被告还有权在开审五日之前获得一份隐去证人名单的公诉书,在开审两日前得到陪审团成员名单。被告有获得律师为其辩护的权利。所有对叛国罪的公诉必须在叛国行为发生后的三年之内由大陪审团决定提起控诉。②

帝国危机爆发之后,英国政府曾三度考虑以司法手段严惩殖民地反抗活动的领导人,分别是 1768 年殖民地人对"汤森税法"的抵制,1773 年纽波特的葛斯比号事件(Gaspee Affair)以及 1774 年波士顿的倾茶事件。可是,如果在殖民地开庭审理这类案件,由当地人组成的陪审团极有可能做出无罪裁定,因此将嫌疑人带往英格兰开庭成为关键。英国政府的考虑依据的是亨利八世和伊丽莎白一世时期的《叛国法》。前者规定,在海外发生的叛国行径,将送交王座法庭审理;后者则规定,所有否认普通法效力、拒不执行制定法的行为,均为叛国。英国政府的动议引起了殖民地人的警觉。激进派

---

① 24 Hen. 8, c. 13; 1 Ed. 6, c. 12; Bradley Chapin, *The American Law of Treason, Revolutionary and Early National Origins* (Seattle: University of Washington Press), 1964, pp. 3-4

② 7 & 8 Gul. 3. c. 3

高呼英国人的自由权利，痛斥异地审判乃是英国内阁的新一轮阴谋。"葛斯比号"被焚事件后，英国政府悬赏重金搜罗人证物证，然而殖民地人拒不配合，导致取证困难，最终迫使当局放弃了司法手段，转向立法制裁。同时，将犯事者"拖去三千英里之外"的异地受审，反被殖民地人列为英国政府"失义"的又一项暴政罪状。①

英国当局几度试图以叛国罪为名惩治殖民地反英运动的领头人物，从而分化少数激进人士与殖民地广大居民，压制殖民地的独立势头。接替托马斯·哈钦森的马萨诸塞新总督托马斯·盖奇到任之后就两次以总督名义发布公告，先后谴责波士顿通讯委员会和殖民地大会是在图谋"叛国"。② 新官上任的盖奇到达马萨诸塞之后，发现总督权威在当地已荡然无存。马萨诸塞激进的民情经由盖奇汇报给了达特茅斯伯爵。达特茅斯伯爵再向皇家法律顾问总检察长爱德华·瑟洛（Edward Thurlow）和副总检察长亚历山大·韦德伯恩（Alexander Wedderburn）征询殖民地人的行为是否构成叛国。这些报告和文件成为英国议员与政府高层判断马萨诸塞人以及殖民地人正在谋反叛乱的主要证据，也为乔治三世先后宣布马萨诸塞局部作乱

---

① Chapin, *The American Law of Treason*, pp. 13-23; 35 Hen. 8, c. 2; 13 Eliz. 1, c. 1; John Allen, "To the Right-Honorable the Earl of DARTMOUTH", preface in *An Oration, Upon the Beauties of Liberty, Or the Essential Rights of the Americans*, Wilmington, DE: printed by James Adams, 1775, pp. iv, vi.这篇《论自由之美》的布道词出版后，当即成了在殖民地反响最大的小册子之一。1773 年首印之后，在三年之内（1773—1775）、四城之间（马萨诸塞的波士顿、康涅狄格的新伦敦、哈特福德，以及特拉华的威尔明顿）先后被再版7 次。

② 在盖奇发布的公告中，"反叛"一词首先出现于 1774 年 6 月 29 日。盖奇在这份公告里谴责波士顿通讯委员会在马萨诸塞境内散播"神圣同盟与誓约"，认为这是煽动民众加入"反叛"的联合，见 *American Archives*, 4th ser., 1: 491-492；第二份指责激进派的公告发布于 1774 年 11 月 10 日，意在谴责 10 月召开的马萨诸塞殖民地大会（provincial congress）"篡夺政府的权力与权威"，"藐视国王专权"，"诱使殖民地居民……作乱、造反和叛逆"，见 *By the Governor. A Proclamation* [*Provincial Congress. Dated Nov. 10, 1774*] (Boston, Draper, 1774), Evans, 13414；邦克山战役前夕（1775 年 6 月 12 日），盖奇颁布了戒严令（Law-Martial）。在公告书中，盖奇正式宣布所有参战的士兵都是"公开叛乱"，但只要"立刻放下武器，重归平和的臣民义务"，除约翰·汉考克和塞缪尔·亚当斯以外的所有人都能得到赦免，见 *A Proclamation* [*Martial Law. June 12, 1775*] (Boston, 1775), Evans, 14184。

与美利坚人公开叛国的皇家宣言提供了依据。①

殖民地的亲英派作者在小册子与报纸专栏中传递并呼应了皇家官员与英国官方的态度。他们在公共媒介上"宣判"激进派的"叛国"行径,意在告诫与警示。丹尼尔·莱奥纳德就在他的"马萨诸塞人"系列中专辟一篇大谈叛国罪。莱奥纳德刻意完整地引述了叛国者被游街示众、公开处决和裂尸焚烧的酷刑过程:"罪犯,既不能乘囚车也不能步行,而是被拖去绞刑架;他的脖子被吊起,然后直接被斩首;在他还有呼吸时取出他的腑脏,将之焚烧;他被斩首,他的身体被大卸四块,其首级和四块躯体交由国王处置。"除酷刑之外,罪犯也将被褫夺一切财产,包括妻子的嫁妆,同时导致血统败坏(corruption of blood)。②

殖民地人的一系列反英举动,在英国政府高层与殖民地保守派看来,早已等同于"向国王发动战争",是叛国无疑。莱奥纳德专门列举了"向国王发动战争"的内涵:"武装反抗制定法","摧毁任何贸易",或者"任何成群结队,意图解决公共冤屈(redress any public grievance)",都属于构成叛国的公开行为;"向国王发动战争,不是只有废除国王才算,假借改革宗教或法律,或者要求罢免昏庸的顾问,以及其他无论真伪的伸冤"都属于开战,因为这是"据国王之权威来反对国王";"占领国王的城堡或要塞,抵御国王的部队"也是向国王开战;"所有为了实行公共革新的武装起义",虽然没有针对国王本人,但因为目标是王权的政治权威,也都属于开战,视同叛国。莱奥纳德从判例法中挑出这些叛国内容显然指向明

---

① Neil L. York, "Imperial Impotence: Treason in 1774 Massachusetts", *Law and History Review*, Vol. 29, No. 3 (August 2011), pp. 657-701.

② Anonymous, *Massachusettensis*, Boston: Printed by Mills and Hicks, 1775, Letter IX, Jan 23, 1775, p. 65. 血统败坏是指败坏、玷污了其祖上及后代的血统,因此既不能继承土地或其他财产、维持财产的所有权,也不能将财产留给其继承人,其后代地产权利的合法性不能追溯到这位败坏家族血统的人。他的土地、财产由其领主收回。参见薛波主编:《元照英美法词典》,北京:法律出版社,2003 年,"corruption of blood"词条,第 328 页。

确。他还特别强调，叛国罪中没有从犯一说，一旦参与谋划，只要战争最终发动，那么所有的共谋者（无论是否亲自参与战争）都犯了叛国罪。① 莱奥纳德的思路与英国当局的策略一致，都是借叛逆罪之名，告诫广大的殖民地人警惕某些煽风点火的少数激进人士，避免与之为伍，免得毫不知情就犯下了重叛逆罪。

莱奥纳德用叛国罪警告、威胁与恫吓殖民地人立即停止反抗行为，而约翰·亚当斯针锋相对地指出，主权问题才是界定叛国罪的关键。叛国是针对主权的攻击。如果承认英国议会对殖民地的最高主权，那抵制英国议会的立法才能构成叛国，但在殖民地人的心中，英国议会对他们并无权威。相反，"如果英国议会并无合法权威"，那么"接受了委任，并将这些立法付诸实施"之人，才是"犯了公开的叛国罪"。② 约翰·亚当斯显然也不愿在政论中触及尚不明朗的独立问题，所以仍然将殖民地的主权权威寄托于英王之上，这才能够在法理上指责迫使殖民地人服从未经同意的议会立法行径都是针对王权的叛国。

莱奥纳德将是否承认英国议会的统治权力作为"鉴别对国家是敌是友，是爱国还是叛乱，是效忠还是造反的真正考验"。一位自称"来自汉普夏县"的匿名作者反驳道：如果按照这种标准，那么"'马萨诸塞人'（原文斜体，莱奥纳德的笔名）就是叛国的别名；政府之友，秩序和法律的推崇者，从它们在当代已被滥用的意义来说，就成了失义、压迫、暴政和反叛的同义词"。这位匿名作者所说的不仅仅是义愤之言。他与约翰·亚当斯一样，都看到了主权所在才是鉴别叛国和爱国的关键。他在下一篇文章中继续阐明了这种观点："叛国和造反存在于对合法权威的反抗中"，而大不列颠的立法

---

① *Massachusettensis*, Letter IX, pp. 67, 68, 70.
② John Adams, "To the Inhabitants of the Colony of Massachusetts-Bay [6 February 1775]", *Papers of John Adams*, eds. Robert J. Taylor, Mary-Jo Kline and Gregg L. Lint, vol. 2(Cambridge, MA: The Belknap Press of Harvard University Press, 1977), pp. 246–247. (Founding Families: Digital Editions of the Papers of the Winthrops and the Adamses, ed. C. James Taylor. Boston: Massachusetts Historical Society, 2018. http://www.masshist.org/apde2/)

主权"无权为我们制定法律,也无权强迫我们服从",反抗这样的法律"既不是叛国也不是造反……而是义不容辞的义务"。①

正当各殖民地之间谋求联合的政治情绪最为高涨之时,盖奇发布了第一份"叛国"公告,直指波士顿激进派呼吁广泛联合、号召共商贸易禁运是在诱使民众叛国。盖奇的公告非但没有起到"当头棒喝"的效果,反而进一步触怒了殖民地的辉格派。南卡罗来纳的一位匿名作者就将叛国公告嵌入了一连串的事件中加以诠释:一方面是英国派来了"常备军"以保障法律的实施,而马萨诸塞的总督任命由"战士"取代了"律师";另一方面,殖民地人"平和"的联合贸易禁令却被一纸"土耳其式的敕令"宣布为叛国,这恰恰说明"压迫"与"暴政"进入了新阶段,暗示"备受压迫"的殖民地人可能不得不采用更激烈的手段捍卫自由权利。② 除了阴谋论式的反驳,统治者与被统治者之间的原始契约也是辉格派惯用的观点。这种观点坚持原始契约双方的权利与义务,暗示如果国王没有保护臣民的自由权利,就随时存在"解约"的可能性。某位匿名作者就强调,如果国王违反了原始契约,他也免除了臣民对他的效忠,同时使得政治体得以"退出帝国",进入"自然状态";"如果他不再是他们的国王,那他的总督……也就不再有任何合法权威来统治殖民地人"。③

辉格派以殖民地人的自由权利为基点构建的本地主权观,消解了英国对殖民地的统治合法性,从而论证了所有反对英国议会立法的行为并非叛国,而是真正的爱国。不仅如此,随着殖民地人开始

---

① "Letter to the Inhabitants of the Province of Massachusetts-Bay, Jan 16, 1775", *Massachusettensis*, p. 47; "Address to the Inhabitants of the Massachusetts-Bay. No. 8, from the County of Hampshire. On the Right of the Parliament to an Unlimited Control over the Colonies", *American Archives*, 4th ser., 2: 289-296, esp. 294; "Letter to the Inhabiatnats of the Massachusetts-Bay. No. 9, from the County of Hampshire", *American Archives*, 4th ser., 2: 329-334, 332.

② "Some of the Blessing of Military Law; or, The Insolence of Governor G-E, to the inhabitants of South-Carolina", *Essex Journal*, Sept 28, 1774, p. 4.

③ "To the G-R." *Essex Journal*, Aug 10, 1774, p.1.

以"共同事业"为口号,谋求捍卫自由,并在各殖民地之间达成联合,在手段与立场上形成一致,叛国也开始从捍卫英国主权的概念转变成维护美利坚事业的概念,从被殖民地人驳斥的罪名成为被主动使用的政治话语。在第一届大陆会议召开之后,对"共同事业"的想象成为有纲领、可实施的具体举措。无论是攻击美利坚的自由事业、大陆会议还是联合协议,都被视为"国家的敌人"。大陆会议结束后,费城就有激进人士高呼"但凡偏离大陆会议决议,都是叛国",这不仅背叛了殖民地当前以及未来的居民,还背叛了"人类仅存的自由与幸福"。①

与匿名作者报纸和小册子文章中的政治攻讦不一样,总督公告是具有政治权威的官方文件。虽然身为总督的盖奇已经没有任何实际的政治威信可言,但只要殖民地人还自认英王臣民,对皇家总督的叛国公告书就必须从法理上予以回应。弗吉尼亚大会上通过了一封致本地大陆会议代表的指导意见书,就直接挑战了盖奇以公告形式宣布叛国的合法性。这封被广泛转载的意见书援引了1351年《叛国法》,并且特别指出,1351年《叛国法》以明文确定了构成叛国罪的各种行为,就是为了防止"暴君"滥用专权,随意捏造叛国罪名。其言下之意显然是谴责盖奇的公告假借王权之威,随意捏造叛国罪。②

要从法理角度反驳殖民地人的抗争行为构成叛国,就必然不能承认英国《叛国法》长期积累形成的规则,尤其是亨利八世第三十五年修改的《叛国法》。这项法律是英国当局能够通过异地审判裁定

---

① "Political Observations, without order; addressed to the People of America", *American Archives*, 4th ser., 1: 976–978, esp. 976.

② "Instrction for the Deputies Appointed to Meet in General Congress on the Part of Colony of Virginia", *Pennsylavania Packet*, Aug 15, 1774, page supplement 3; Rivington's *New York Gazetteer*, Aug 25, 1774, p. 1; *New-Hampshire Gazette*, Aug 26, 1774, p. 1; *New-York Gazette, and Weekly Mercury*, Aug 29, 1774, p. 2; *Essex Gazette*, Aug 23 to Aug 30, 1774, p. 2; *New-York Journal*, Aug 8, 1774, page supplement 1; *Connecticut Journal*, Sept 2, 1774, p. 2; *Norwich Packet*, Sept 1 to Sept 8, 1774, p. 4.

殖民地人犯了叛国罪的主要法律依据，也是弗吉尼亚大会给出的指导意见中绝口不提爱德华三世之后《叛国法》如何发展的原因。殖民地不少地区更是将反对亨利八世第三十五年的《叛国法》和抗议英国剥夺殖民地人的陪审团权利放在一起，共同列为殖民地人的冤屈与苦情，提请陈诉。虽然殖民地人在政治和道德层面都可以反驳叛国指控，但要实现法理上的反转，还需要等到彻底抛弃对英王效忠才能达成。

反对英国议会是爱国而非叛国，殖民地人的逻辑自洽得益于辉格派们拆解了王在议会的英国主权观，使得对英国议会的反抗与抵制可以与名义上效忠英王共存。在大多数殖民地人的认知中，美利坚人的"爱国"并不与对英王的效忠直接冲突，反而一直都能自洽。

殖民地人采用的"爱国"话语是以自由权利为核心的一套高度理想化的政治话语。这套政治理想认为在自由的统治之下，弥漫于全社会且无所不在的公共美德是支撑统治的主要因素。英国的政坛反对派与激进边缘人物利用这套话语攻击当权的政治人物，制造了英国美德被腐蚀，自由危在旦夕的危机语境。当殖民地人套用这一政治话语，构建出暴政与自由的二元对立时，他们往往将跨大西洋的自由事业视为整体，将美利坚人的抗争视同帝国的爱国事业，他们正与母国的爱国者们携手挽救不断滑向腐朽的帝国。美利坚的爱国者们一直坚信，英国议会中有众多爱国议员同情殖民地的遭遇，支持殖民地的事业。而且，维持与英国的商贸关系，继续享有英国的保护，也符合殖民地的利益。因而，无论是在殖民地还是英国，都有一大批呼吁和解的政治势力存在。

对于殖民地人来说，"爱国"话语和效忠英王之间最终的冲突来自两个方面。一方面是战争带来的影响。随着战争的爆发与持续，前线的伤亡，后方的敌我分立，包容英美共同自由事业的"爱国"话语再难以完全支撑起战争的目的与意义。另一方面是英王的举动。邦克山战役的消息传回英国之后，乔治三世在1775年8月23日发布了《镇压叛乱与骚乱宣言》，宣布美利坚人已经处于公开叛乱状态。

在不少美利坚人眼中，宣布美利坚为叛乱是英王主动切断了殖民地与帝国的联系，同时也意味着君主单方面停止了对臣民的保护，与之相对的，臣民也就可以终止对国王的效忠。① 1775 年 10 月底，乔治三世宣布美利坚叛乱的消息传回了殖民地。② 德雷顿如此诠释这份宣言与独立之间的关系。他认为，与母国的争端早已"迫使美利坚"处在了"独立状态"，但殖民地人还是寄希望于国王"会治愈我们的伤口，阻止分裂"，直到国王宣布"美利坚人不再受王权保护"，这才"终于将美利坚从大不列颠中解放了出来"。在德雷顿看来，保护的停止意味着国王"实际上解除了国王与人民之间的原始契约"，从此之后，任何一个美利坚人都不再能被诉以重叛逆罪，因为"在法律中，如果不再受这位国王的保护，也就无需对其效忠"，没有了效忠关系，叛国也就无从谈起。③

除了乔治三世宣布美利坚公开叛乱，1775 年 11 月 20 日，诺斯向英国议会提出了一项《禁止法案》(Prohibitory Act)，要求严惩所有反叛的美利坚殖民地。《禁止法案》规定，英国海军将封锁殖民地的海外贸易，所有俘获的美利坚船只与货物都被视为战利品，无论货主的政治倾向。1775 年 12 月 20 日，《禁止法案》在英国议会通过。随着乔治三世的镇压叛乱宣言与《禁止法案》的消息先后传回殖民地④，1776 年 1 月 23 日，马萨诸塞大议会在诸殖民地中率先发布宣言，正式宣告不再效忠英王。⑤ 1776 年 3 月 23 日，大陆会议针

---

① 有关效忠究竟是否可以终止的政治理论及其对美国独立的影响，参见 Thomas S. Martin, "Nemo Potest Exuere Patriam: Indelibility of Allegiance and the American Revolution", *The American Journal of Legal History*, Vol. 35, No. 2 (Apr., 1991), pp. 205-218。
② William Duane ed., *Extracts from the Diary of Christopher Marshall: kept in Philadelphia and Lancaster, during the American Revolution, 1774-1781* (Albany: Joel Munsell, 1877), p. 50.
③ "Judge Drayton's Charge to Grand Jury of Charleston", *American Archives*, 5th ser., 2: 1047-1058, esp. 1049.
④ 1776 年 2 月下旬，诺斯提案的消息传到了殖民地。
⑤ *By the Great and General Court of the Colony of Massachusetts-Bay. A Proclamation* [Watertown, 1776], Evans, 14839.

对《禁止法案》通过决议，宣布凡在公海与近岸水域上截获的英国人船只，一律视为合法战利品。① 内忧外患之下，殖民地宣告独立已是迫在眉睫之举，"叛国"与"爱国"之间的反转也呼之欲出。

三、"叛国"和"爱国"的反转

从宣示独立的文件来看，在 1775 年 5 月 20 日，北卡罗来纳的梅克伦堡县（Mecklenburgh County）就率先成为北美殖民地中最早宣布独立的地区。② 波林·梅尔（Pauline Maier）的研究揭示了 1776 年 4 月到 6 月之间各地通过指导意见、决议书等方式，先于大陆会议宣告了本地的独立。③ 从政策的取向上看，激进地区率先采取了更体现独立主权性质的措施，再由大陆会议统筹与协调，以指导意见和命令的形式向各地普及推广。④ 其实，独立态度最为坚决的是来自大陆军的意见。大陆会议代表、各殖民地法外大会与各层级的地方委员会都可以在模糊立场中左右权衡，但对于冲杀在最前线与英军作战的大陆军将领和士兵来说，早已没有其他选择。无论大陆会议如何以自卫来辩解，成立大陆军并且派遣军队与国王士兵作战，已经毫无疑问构成了重叛逆罪。这一点盖奇在邦克山战役前夕的公告中已经表达得非常清楚。⑤

只有赢得一场以独立为目标的战争，才是大陆军将士们免受英国《叛逆法》惩罚的唯一可能。前线形势的瞬息万变要求军中举措必须比犹豫不决的大陆会议要更坚定和激进。军情的需要成为引导大陆会议迈向独立的重要因素。大陆军中的一桩"叛国案"暴露了

---

① *Journals of the Continental Congress, 1774–1789*, vol. 4, edited by Worthington Chauncey Ford (Washington: Government Printing Office, 1906) pp. 229–232.

② "Declaration of Independence", *American Archives,* 4th ser., 2: 856.

③ Pauline Maier, *American Scripture, Making the Declaration of Independence* (New York: Vintage Books, 1998), chap. 2: "The 'Other' Declaration of Independence", esp. pp. 69–90.

④ Reed, "Loyalists, Patriots, and Trimmers", pp. 155–158.

⑤ *A Proclamation*[*Martial Law. June 12, 1775*] (Bosten, 1775), Erans, 14184.

不独立产生的合法性缺失与持续战争之间的矛盾。

1775 年 9 月底,大陆军的首席军医本杰明·丘奇(Benjamin Church)向敌人输送军事情报的消息被曝光,一时舆论哗然。① 丘奇一直属于核心的辉格派精英圈,在此之前一直被视为马萨诸塞最为坚定的激进人士。他从 1775 年 5 月就开始为盖奇将军输送情报,但从未引人怀疑。丘奇此前营造的激进派形象有多成功,其真实身份曝光之后就有多遭人仇视。然而,丘奇的"叛国"却无法被定罪。首先,殖民地现有的《叛国法》都是以英王作为最高主权象征来规定的,殖民地人即便已经掌握了实际的统治权力,却并没有名义上的政权合法性。其次,无论是马萨诸塞大会,还是大陆会议,为了避免触发实质性的独立,都在回避合法性的问题。丘奇的处置被来回推诿。丘奇先后接受了军事法庭以及马萨诸塞大会的审判与讯问。前者依据的是大陆军成立之时大陆会议通过的战争条例,但条例规定的惩罚(没有死刑)对于丘奇的"叛国"行径来说显得过轻。② 马萨诸塞大会的讯问则是因为丘奇在大会中拥有席位,讯问的结果也只是将丘奇从大会中除名。"叛国"的丘奇无法被定罪为叛国,只能被长期拘禁。1778 年《马萨诸塞放逐法》通过之后,丘奇被放逐,最后死于海难。

为了共同事业而浴血奋战的将士时刻担心因叛逆罪被惩以绞刑,而向英军输送情报的叛徒却无法被处以叛国应有的惩罚。这就是丘奇事发之后美利坚事业的窘境。华盛顿要求大陆会议修改战争条例,使军中哗变、煽动谋反以及与敌人通信等行为能够受到死刑的惩处。大陆会议批准了华盛顿的要求。1775 年底,查尔斯·李(Charles Lee)将军在纽波特首度要求托利派人士发誓不为英军提供情报与物资,并要求当地委员会配合执行,拒绝宣誓者随即被当场监禁。这份誓词首次将平民援助英军的行为定义为"叛国"。誓词不仅要求宣

---

① David James Kiracofe, "Dr. Benjamin Church and the Dilemma of Treason in Revolutionary Massachusetts", *The New England Quarterly*, Vol. 70, No. 3 (Sep., 1997), pp. 443–462.

② Chapin, *The American Law of Treason*, p. 31.

誓者本人不得直接帮助英军，还要求宣誓人及时向当地的安全委员会举报这类"叛国"行为。① 随着查尔斯·李将军一路行军，要求托利派人士发誓的做法也一路普及到了纽约。查尔斯·李将军用强制性誓词排除民众中立立场的做法，在1776年1月由大陆会议通过决议成为对各地委员会的指导建议。大陆会议建议各地将"骑墙派"视为"被蒙蔽的对美利坚事业缺乏足够了解的人"，在假设这些人的错误观念只是由于"缺乏了解，而非缺乏美德与公共精神"的情况下，要求各地加强宣传。同时，如果仍有不能接受"共同事业"的人士，大陆会议建议各地立即解除其枪械，情节严重者收监关押，同时授权各地相机向大陆军求援，完成对托利派的控制。②

1776年5月10日，大陆会议全体成员通过决议，建议各殖民地建立新政府，同时委派以约翰·亚当斯为首的三人小组为决议书起草一段引言。5月15日，大陆会议讨论通过了亚当斯起草的引言，宣布"应当停止一切以王权为基础的权威，政府的所有权力都以殖民地人民的权威而行使"。③ 1776年6月7日到10日，经过三天商议，大陆会议全体委员会终于决定"解除对不列颠王权的一切效忠，解散诸殖民地与不列颠之间的一切政治联系"。6月10日，大会委派了专门委员会负责起草"独立宣言"，并决定在三周之后对草稿进行讨论。④ 一旦最终决定独立，许多问题都迎刃而解。6月下旬，大陆会议通过了三项决议，界定了美利坚的效忠与叛国概念。新的美利坚效忠以契约关系为基础，以被统治者享有保护为前提，体现了双

---

① Samuel Greene Arnold, *History of the State of Rhode Island and Providence Plantations, from the Settlement of the State, 1636, to the Adoption of the Federal Constitution, 1790*, in 2 volumes (New York: D. Appleton & Company, 1859-1860), 2: 365-366; Chapin, *The American Law of Treason*, pp. 33-34.

② *Journals of the Continental Congress, 1774-1789*, vol. 4, pp. 18-22。

③ Ibid., pp. 342, 357-358.

④ *Journal of the Continental Congress, 1774-1789*, vol. 5, edited by Worthington Chauncey Ford (Washington: Government Printing Office, 1906), pp. 424-429.

向的权利与义务关系。大陆会议的决议规定,"所有生活在联合殖民地边界之内,受其法律保护的个人,都有义务效忠于这些法律,并且都是该殖民地的成员"。拥有立法主权的政治体成为民众的效忠对象。以效忠概念为基础,大陆会议进一步界定了什么是叛国:"所有效忠殖民地的个人,……如果向殖民地发动战争,或者追随英王或其他的殖民地之敌,向他们提供帮助和支持,都是对该殖民地犯了叛逆之罪。"大陆会议同时建议各殖民地立法机构应尽快制定合适的法律,来惩处那些公开叛国之徒。①

对于不少美利坚人而言,独立最大的意义就是终于可以惩处背叛美利坚事业的叛徒。1776年7月10日,《独立宣言》的签署者凯撒·罗德尼(Caesar Rodney)在给他的兄弟托马斯·罗德尼(Thomas Rodney)的信中就分享了这种喜悦。凯撒·罗德尼认为,"《宣言》奠定了基础,后续将会制定法律来确定罪名的级别与相应的惩罚",大陆会议以及各州政府都即将开始着手处理这个重要问题。凯撒·罗德尼显然是对于本杰明·丘奇之辈的"叛而无罚"心怀怨念。他在信中说道,"现在到了严惩那些公然作乱的敌人的时候了","有些人的所作所为,如果还在将来发生,那只有付出生命才能赎罪"。② 马萨诸塞的约瑟夫·霍利(Joseph Hawley)更是质问本州在大陆会议的代表埃尔布里奇·格里(Elbridge Gerry),为什么在发布《独立宣言》的同时没有宣布重叛逆罪。霍利强调制定一部叛逆法刻不容缓,因为"缺少它,我们的事业每分每秒都充满威胁",这是"人民的普遍想法","他们希望……让所有那些试图公开摧毁本州的人士,永远消失在世间"。③

大陆会议以独立为前提,界定了效忠和叛国的一般概念;各殖民地大会则将叛国概念具体划分为不同程度的犯罪行为,并予以量刑。比如宾夕法尼亚就沿袭英国《叛逆法》的旧例,将叛逆分

---

① *Journal of the Continental Congress, 1774-1789*, vol. 5, pp. 475-476.
② "Caesar Rodney to Thomas Rodney", *American Archives,* 5th ser., 1: 160.
③ "Major Hawley to Elbridge Gerry", *American Archives,* 5th ser., 1: 403-404.

为重叛逆罪与包庇叛国罪（misprision of treason），区分了直接加入、援助敌军与包庇他人叛国的行为，前者将被处以极刑，后者则处以一年以内的监禁，两种叛国罪行所判处的收没财产也有轻重区别。① 宾夕法尼亚在制宪大会过程中制定了《叛国条例》。大部分地区在转换最高主权的同时也都相应地界定了叛国罪。虽然各州在变更主权、宣告独立、制定宪法（罗德岛没有制定新宪法）以及界定叛国等奠基举动上各有不同的顺序，但有一点是共通的，叛国的清晰界定是定义主权国家的根本问题，这是各州的共识。②

通过宣告独立与各州的立宪，殖民地人自帝国危机爆发以来，尤其是"不可容忍法令"之后建立起来的新政权终于有了名正言顺的合法性。随着殖民地人对英王效忠关系终止，新的效忠关系建立，旧有的效忠与叛国也相应地转变了对象。

四、叛国审判——新的效忠关系的严厉界定

从各州在独立后出台的叛国法条来看，新生的美利坚合众国对于构成叛国的罪行有所扩展，重在阻断境内居民与英军之间的勾连。各州对于叛国罪行的惩处方式也多有变通，没收财产、充军服役以

---

① *A Proposed Ordinance…Declaring what shall be Treason* (Philadelphia: Printed by Styner and Cist, 1776), Evans, 14992; *An Ordinance of the State of Pennsylvania, Declaring what shall be Treason* (Philadelphia: Printed by Styner and Cist, 1776), Evans, 14991.

② *Minutes of the Proceedings of the Convention of the State of Pennsylvania, held at Philadelphia, the fifteenth day of July, 1776* (Philadelphia: Printed by Henry Miller, 1776), Evans, 14977; 各州的叛逆法，见 Chapin, *The American Law of Treason*, pp. 38-45, 比如南卡罗来纳在 1776 年 3 月就制定了州宪法，完全掌握了独立于王权的殖民地全部主权，事实上已经完成了独立，见 "South-Carolina Provincial Congress-Constitution, or Form of Government, Agreed to, and Resolved upon, by the Representatives of South-Carolina", *American Archives*, 4th ser., 5: 609-614; 纽约在 1776 年 7 月 16 日就宣布了以州界为范围，在此地域内所有受本州法律保护的居民一律要对本州效忠，并规定叛国者最高可处以死刑。纽约的《叛国条例》先于纽约州的 8 月立宪，见 "New-York Convention-July 16, Resolution Defining Treason against the State", *American Archives*, 5th ser., 1: 1410。

及驱逐出境取代死刑，成为更主要的刑罚。① 有学者估算，美国革命期间，十三州统共也只有 61 人因为叛国罪被处决。② 战时的叛国审判与公开行刑虽然不多，但意在震慑。整个独立战争时期，大范围拘捕虽然常见，然而一旦进入公诉阶段，从大陪审团、法官再到各州州长都对叛国者的定罪显得分外谨慎。③ 1777 年 3 月 19 日，康涅狄格的摩西·邓巴（Moses Dunbar）以重叛逆罪在哈特福德被公开处决。根据邓巴的临终自述，他是个不愿放弃对英王效忠的康涅狄格居民。他曾因政治立场受到激进民众的攻击，也被本地委员会拘禁过。邓巴在长岛接受了埃德蒙·范宁上校（Col. Edmund Fanning）的招募，结果遭人举报，坐实叛国无疑。④ 公开处决之前，当地辉格派安排哈特福德的牧师内森·斯特朗（Nathan Strong）做了一场布道，以论公开惩处之必要性。斯特朗强调，公开行刑就是为了让其他人"看到并恐惧"，"让我们从他的命运里了解到怂恿叛国，密谋危害国家，将有多么危险"，"我们必须要敬爱我们的国家，服从其法律，为其效力，并且憎恶一切加重公共苦难的行为"。斯特朗的布道强化了观刑者关于死刑犯被吊死的恐怖记忆，并且将恐惧的情绪与叛国行为联系在一起，以此劝诫民众珍惜"自由权利与自由的宪制"，维持对政府的效忠。⑤ 斯特朗措辞的严厉与直白极有可能是因为革命政府并没有多余的能力严办每一个叛国者。邓巴是整个新英格兰地区唯一一个因重叛逆罪被处以死刑的案例。⑥

在所有地区中，宾夕法尼亚对于叛国者的定罪是最为严厉的。

---

① Aaron N. Coleman, "Loyalists in War, American in Peace: The Reintegration of the Loyalists, 1775-1800" (Ph.D. diss., University of Kentucky, 2008), pp. 229-230.

② Ibid., p. 243.

③ Chapin, *The American Law of Treason*, pp. 70-71.

④ Epaphroditus Peck, *The Loyalists of Connecticut* (New Haven: Yale University Press, 1934), pp. 23-27.

⑤ Nathan Strong, *The Reason and Design of Public Punishment, A Sermon Delivered before the People who were Collected to the Execution of Moses Dunbar* (Hartford: Printed by Eben. Watson, 1777), Evans, 15707, pp. 9, 15.

⑥ Chapin, *The American Law of Treason*, p. 46.

费城在战时的失而复得,使得英军占领期间积压的仇恨在英军撤离后全面爆发出来。宾夕法尼亚政府必须要在严惩叛徒的汹涌民意和消弭分裂、恢复秩序之间谋求平衡。1778 年到 1781 年,宾夕法尼亚的行政委员会(executive council)通过了十份公告,前后一共宣布近 500 人(未经司法审判而)被褫夺公权,限期其到场"自首"。近 500 人的名单中有 450 人是因为英军占领费城期间的叛国行为而被褫夺公权。公告名单上的人士,如果在规定时限内到场"自首",则能够接受叛国罪审判;如果超过时限,则被完全褫夺公权——没收全部财产,剥夺继承权,以及一旦被抓,将被吊死。在这 450 人中,最终"自首"的不到 150 人。其中除了军事法庭的审判之外,最终只有 2 人依照宾夕法尼亚的《叛逆法》被判处死刑。①

这 2 名被判处"重叛逆罪"的宾夕法尼亚人是亚伯拉罕·卡莱尔(Abraham Carlisle)和约翰·罗伯茨(John Roberts)。在英军占领费城期间,二人都曾援助英军。英军撤离后,他们被邻居举报,所以上了辉格派的叛国者名单。面对大批的叛国案件,有必要巩固政府和主权的权威,依法惩治叛国罪人,维持公正与正义,这种初衷在宾夕法尼亚各界是存在一定共识的。但最终审理的结果,只有卡莱尔和罗伯茨两人被定罪,其他人都因证据不足而被开释,叛国的罪名与惩罚最终落到了两个教友派信徒身上。这使得政治精英内部、精英与民众之间,以及民众内部都产生了不同程度的裂隙。②

卡莱尔与罗伯茨都不是什么大人物,他们就是普通的宾夕法尼亚教友派教徒。罗伯茨的祖上是威尔士的教友派移民,与其他威尔士教友派信徒一起得到了威廉·佩恩授予的一大片土地。罗伯茨是

---

① Henry J. Young, "Treason and Its Punishment in Revolutionary Pennsylvania", *The Pennsylvania Magazine of History and Biography*, Vol. 90, No. 3 (Jul. 1966), pp. 287-311.

② Peter C. Messer, "'A Species of Treason & Not the Least Dangerous Kind': The Treason Trials of Abraham Carlisle and John Roberts", *The Pennsylvania Magazine of History and Biography*, Vol. 123, No. 4 (Oct. 1999), pp. 303-332.

第三代，在费城附近的蒙哥马利县（Montgomery County）拥有大片田产以及一座磨坊。① 卡莱尔只是费城的一个木匠。处决两个普通的教友派信徒，并不能缓解民间高涨的恨意。"暴民"们想要攻击的是更有名望的大人物。比如为这批叛国者担任首席辩护律师的詹姆斯·威尔逊（James Wilson）。威尔逊运用他精湛的法律技巧以及对叛国的理解，成功帮助同批受审的其他叛国罪嫌犯洗脱了罪名。可是，他本人也由于为叛徒辩护，遭到了激进民众的围堵与袭击。②

对罗伯茨和卡莱尔判处叛国罪，非但没有激发同仇敌忾的集体情感，反倒为二人博得了广泛的同情。依据《叛国法》，二人襄助英军的行为都构成了重叛逆罪，但在更多的民众眼中，这不过是普通人为求生存而做的选择。与威尔逊合作的律师威廉·刘易斯（William Lewis）试图利用这一点。他在法庭上提出，"应当允许被征服的城市加入征服者之列。费城人民当时并不处于法律的保护之下"。③ 这显然是希望利用大陆会议对效忠关系的契约式定义，说明被告丧失宾夕法尼亚政府保护在先，这才被动解除效忠关系。然而刘易斯的观点无异于为所有英军占领期间兴风作浪的托利派脱罪，这在政治上显然行不通。刘易斯的观点没有影响陪审团依照《叛国法》做出有罪裁决，但它却在之后源源不断的请愿书中成为说明人犯并无恶意的佐证，用来吁求当局予以宽赦。④

判定二人有罪的陪审团成员在给出罪名成立的裁定之后，当庭请求延缓执行死刑，以便民选议会能够更好地考虑案情，给与恩赦。

---

① David W. Maxey, *Treason on Trial in Revolutionary Pennsylvania, The Case of John Roberts, Miller* (Philadelphia: American Philosophical Society, 2011), pp. 9–13.
② Smith, *James Wilson*, pp. 119–123; Maxey, *Treason on Trial in Revolutionary Pennsylvania,* p. 95.
③ "Notes of C. J. McKean in Case of Ab'm Carlisle, 1778", in *Pennsylvania Archives, Selected and Arranged from Original Documents in the Office of the Secretary of the Commonwealth,* edited by Samuel Hazard, Series 1, vol. 7 (Philadelphia: Printed by Joseph Severns & Co., 1853), p. 50.
④ "Memorial In-Favor of Abr'm Carlisle, 1778", *Pennsylvania Archives,* Ser., 1, vol. 7, p. 55.

陪审团的两份请愿书表达的论点类似：根据宾夕法尼亚的法律，"我们都必须要给出有罪裁断"，但"出于人性……我们希望，法律能在该案上减其严苛"。① 承认政府与法律的权威是所有请愿书的前提，换言之，请愿表达的不是对叛逆罪应当受死刑的不满，而是对惩罚的具体对象有不同意见。大部分请愿书都强调：罗伯茨与卡莱尔的叛国不是出于恶意，而只是因为延续了对国王的效忠，或者是出于对自身安全的考虑；罗伯茨在英军占领期间，还曾经帮助本地居民免遭英军迫害，而且罗伯茨与卡莱尔都属于主动到当局"自首"的人士，他们年纪已长，未来不会再对社会构成危害，因此没必要以他们的死刑来让全社会引以为戒。②

宾夕法尼亚的民选议会握有宽赦叛逆罪犯死刑的权力。但要让民选议会能够考虑罗伯茨与卡莱尔的案件，必须先由行政委员会同意暂缓执行死刑。从其他州对于叛国罪的官方态度来看，宽赦时有发生，并不少见。然而最终，行政委员会没有选择将案件移交给民选议会，而是拒绝延期，直接将行刑日定在了 11 月 4 日。行政委员会顶住了大量请愿书所代表的民意压力，坚决执行了死刑，这体现了辉格派内部坚定捍卫新政权的立场。公诉人之一约瑟夫·里德（Joseph Reed）就是力主严惩的辉格派代表。在里德看来，宾夕法尼亚民众不断为叛国罪人请愿并且要求宽赦，都是极为危险的倾向，他在私人信函中甚至说道，"这种受欢迎的人性（尽管我们的《叛国法》中没提），本身就是一种叛国，而且还是最危险的那种"。③

负责审判的首席大法官托马斯·麦基恩（Thomas McKean）的意见与里德近似。行刑结束后，辉格派将麦基恩的判决书公布在了当地的《宾夕法尼亚邮报》（*Pennsylvania Packet*）上，并被新泽西和

---

① "Petition of the Jury in Case of John Roberts", "Memorial of Jurors and Judges in Favor of Ara'm Carlisle, 1778", in *Pennsylvania Archives*, Ser., 1, vol. 7, pp. 24–25, 52–53, 52.

② 为罗伯茨与卡莱尔求情的请愿书，见 *Pennsylvania Archives*, Ser., 1, vol. 7, pp. 21–44, 52–58。

③ Joseph Reed to Supreme Executive Council Oct. 23, 1778, 转引自 Messer, "'A Species of Treason & Not the Least Dangerous Kind'", p. 320。

马萨诸塞的报纸转载。判决书中郑重地界定了对叛国罪应有的态度："叛国是一种对社会最有危害，最为致命的犯罪，它有着最邪恶的本质"，叛国行为"邪恶地剥夺了他人的生命，只有血债血偿才是正义"。麦基恩将叛国行为与英军的残暴形象相结合，试图以仇恨唤起人民对于叛国者的敌意，进而树立起清晰的敌我概念："当他加入了与国家敌对的阵营，试图完全摧毁他的同胞们的生命、自由和财产，当他主动为这样邪恶的事业提供帮助，……使得成千上万无辜而善良的民众被屠杀，甚至是将他们活活烧死、饿死"，这种大恶之人应当受到什么样的惩罚呢？除了死刑之外，没有其他正义的选择。①

以里德和麦基恩为代表的辉格派如此"义正言辞"恰恰说明，在执掌革命政权的辉格派精英与民众之间存在对于叛国的差别认识。这种分歧与张力的存在是新国家权威尚不稳固、政治效忠尚未完全形成的表现。在卡莱尔和罗伯茨的叛国审判中，作为民意代表的请愿书，充分说明了民意对待新政权的含混态度。

叛国是一个兼具法律、政治和道德三重义项的概念。殖民地的辉格派人士正是利用了这一点，成功地在主权权威转换与效忠对象的转变过程中，为源自英国的叛国罪赋予了新主权之下的新内涵，确保了敌我标准的建立。虽然围绕新的主权实体，形成了相应的法律规则，严格确立了新的效忠与叛国的概念，但民众如何接受新的规则以及如何进一步形成对新主权的强烈认同，仍然亟待解决。但无论如何，随着独立的宣布和各州《叛国法》的施行，法理上的叛国与"爱国"事业之间的矛盾得以消解，以自由为导向的"爱国"观，在传统忠君观被彻底边缘化之后，以新的独立主权体作为效忠对象，成为美利坚爱国主义的核心。

---

① *Pennsylvania Packet*, Nov. 7, 1778, p. 2; *New-Jersey Gazette*, Nov. 11, 1778, pp. 2-3; *Massachusetts Spy*, No. 17, 1778, p. 2.

结 语

从理论上说，爱国主义是以爱国为核心的一套概念组合。以自由为导向的美利坚爱国主义的出现，是传统爱国主义内部概念组合结构变动的结果。本书的主体部分讨论了这个转变过程。在帝国危机爆发之前，殖民地人的"爱国"观以忠君爱国为主要特征。殖民地人的"爱国"意味着效忠英王、维护自由权利与增进帝国繁荣。忠君观与自由观更是被博林布鲁克的"爱国君主观"紧密黏合在了大不列颠的爱国主义之中。《印花税法》危机暴露了"爱国"观之中自由权利与效忠君主之间的张力。但"爱国"观作为概念组合的包容性，使得效忠概念虽然地位有所下降，却仍然作为"爱国"观的毗邻概念而得以保留。然而，"爱国"观内部自由与效忠之间日趋紧张的拉扯使得殖民地产生了主权之争的大论战。通过对主权概念的辨析和争论，殖民地的激进派精英重新界定了效忠。政治上臣服英国议会与效忠英王被剥离开来，效忠开始只意味着效忠英王。新的效忠概念也被进一步边缘化，自由成为"爱国"观中最为显著的特征。"不可容忍法令"之后，"共同事业"成为殖民地的激进派以美利坚自由为号召，联合各殖民地、统一协调抗争立场的旗帜。"共同事业"也逐渐成为殖民地"爱国"观中重要的"毗邻概念"。在公共话语的论说之中，共同事业、自由事业与爱国事业被划上了等号。美利坚人"爱国"观的新变化，折射为具体的政治言说，牵引着不断重复、逐渐融贯的爱国主义意识形态雏形，在现实政治层面，与殖民地激进派从基层到大陆的夺权斗争互相支撑，汇聚为磅礴而真实的社会权力，自下而上地取代了殖民地政府的政治权力。在"爱国"的转变中，殖民地人内部不可避免地发生了分裂。辉格主义被等同于美利坚的爱国主义，而"托利派"则成为美利坚事业的敌人。随着独立的宣布以及各州《叛国法》的出台，殖民地"爱国"观念中的忠君观被彻底边缘化，成为不再能够影响爱国语义的边缘概念，以自由为特征的美利坚爱国主义由此初步形成。

在以忠君爱国为特征的"爱国"观向以自由为特征的爱国主义的转变过程中，国族主义倾向曾短暂地影响这一进程，尤其是在"共同事业"的想象过程中。然而，独立既宣告了殖民地与英王之间效忠关系的终结，也意味着各殖民地成为拥有完整主权的共同体。美利坚共同体随着独立的宣告被消解了。一度以美利坚共同事业为服从目标，呼唤美利坚人为美利坚自由事业而付出的国族化爱国内涵也随着独立的宣告而逐渐淡化。

美利坚爱国主义包括了自由、"共同事业"、独立、主权、公共精神、美德、公共福祉等等毗邻概念，自由是其中最靠近爱国核心的。美利坚爱国主义的形成与北美独立运动的发生发展相伴相生。"爱国"观在殖民地人由抵制走向反抗再到独立的过程中，被赋予了新的重心，改变了传统不列颠爱国观的组合结构，反过来又支撑了殖民地脱英独立的事业。不可否认，革命一代在宣布独立之时心中怀有对未来的希冀；但同时也不能忽视，随着美国革命的展开而依次浮现的各项宏大意义，如民主化、现代化、宪制主义等在宣告独立之际都远未呈现明朗的前景。在成为美国革命的开端之前，政治独立实际处于紧张的政治和道德困境之中。从亲历独立的美利坚人的视角来看，宣告独立是为了捍卫自由而不得不终止对英王的传统效忠。在一个仍是君主制当道的时代，臣民对君王效忠一贯被视为不可终止，美利坚人的举动与叛乱无异。以叛乱的方式谋求独立，意味着美利坚人既脱离了对英国内战与光荣革命"剧本"的简单效仿，又无法通过此时尚未明朗的美国革命"剧本"来化解独立产生的焦虑。[①] 殖民地人对"爱国"观的

---

① Keith Michael Baker and Dan Edelstein, "Introduction", *Scripting Revolution, A Historical Approach to the Comparative Study of Revolutions*, Keith Michael Baker and Dan Edelstein eds. (Stanford: Stanford University Press, 2015), pp. 2-4.

改造过程，也是殖民地人将反叛正当化与合法化的过程。在革命尚未成型，革命话语暂时缺失的情况下，殖民地人既利用了"爱国"话语，又改造了"爱国"中的关键结构，从而有效地纾解了独立所产生的"叛国"困境。从这个角度来说，对"爱国"观念的考察为理解美利坚的独立增添了新的肌理。

以自由为特征的美利坚爱国主义的形成是一个复杂的过程。美利坚爱国主义的形成既受到北美殖民地人由抗争转向独立的政治运动进程的影响，又反过来推动了政治运动的升级。除了政治行动与政治话语之间不断的相互形塑之外，美利坚爱国主义的形成还是一个不断与其他观念相竞争的过程。以效忠英王为关键的传统爱国观在北美殖民地始终都有一大批追随者。传统的"爱国"观并非没有对自由权利的强调，但自由与效忠并不存在明显的矛盾，二者的次序关系也不同。对于持传统"爱国"观的殖民地人而言，美利坚人的政治自由始终不能压倒以效忠为前提的臣民身份认同。换言之，新旧"爱国"观之间的斗争与转化过程并非分析单一价值取向可以展示，而必须考察多种概念之间相互关系的变动才能获得更为深入的解释。新旧"爱国"观之间的博弈既直接影响了两种博弈意识形态的内涵，也刺激了独立运动的发展态势。殖民地人的政治话语、行动及其背后的观念与意识形态，以及这些要素的特征和不同要素之间的互动关系，都对美利坚爱国主义的形成有直接的影响。

美利坚的"爱国事业"话语因托利派的退出，正式成为与独立运动相契合的政治表述。以自由为特征的美利坚爱国主义并未随着独立的宣告而被定型。新旧爱国观之间的博弈延续到了革命时期，政治认同与服从的斗争在独立后的各州仍频繁发生。爱国主义的概念组合中，自由概念因为革命所释放的激情而备受考验，共同福祉、美德与公共精神等前现代的政治理念，同样受到了各州派系政治的直接冲击，因"共同事业"口号而凝聚的国族化爱国内涵昙花一现。辉格派虽然在何为美利坚爱国主义的论争中战胜了托利派，但此后美利坚爱国主义内涵的生长与爱国叙事的书写却并不为他们所垄断。

与独立运动相伴而生的美利坚爱国主义还远不是成熟、稳定且融贯的意识形态。不过,诞生时刻的美利坚爱国主义仍然为此后爱国主义的流变奠定了重要的传统。对爱国言说的不断争夺以及持续的抗争成为美利坚爱国主义的鲜明底色。从这个意义而言,美利坚式爱国主义可能始终都在经历"自下而上"的言说,与行动反复交错,以及不断改写的徘徊与探索过程。

参考文献

一、原始文献

(一) 殖民地政府文件

Ford, Worthington Chauncey. ed. *Journals of the Continental Congress, 1774-1789*, vol. 4, Washington: Government Printing Office, 1906.

——.*Journals of the Continental Congress, 1774-1789*, vol. 5, Washington: Government Printing Office, 1906.

Hazard, Samuel. ed. *Pennsylvania Archives, Selected and Arranged from Original Documents in the Office of the Secretary of the Commonwealth*, Series 1, vol. 7, Philadelphia: Printed by Joseph Severns & Co., 1853.

Kennedy, John Pendleton. ed. *Journals of the House of Burgesses of Virginia, 1773-1776, including the Records of the Committee of Correspondence*, edited by Richmond, VA: E. Waddey co., 1905.

Journals of the House of Representatives of Massachusetts, 1773-1774, Boston: Massachusetts Historical Society, 1981.

Minutes of the Common Council of the City of New York, 1675-1776, v. 6, in 8 volumes (New York: Dodd, Mead and Company, 1905), v. 6.

Minutes of the Proceedings of the Convention of the State of Pennsylvania held at Philadelphia, the fifteenth day of July, 1776, Philadelphia, 1776.

Minutes of the Lower House of the North Carolina General Assembly, Mar 2, 1774-Mar 25, 1774, vol. 9.

Saunders, William L. ed. *The Colonial Records of North Carolina*, vol. 9. Raleigh, N.C.: Josephus Daniels, Printer to the State, 1890. (Documenting the American South. 2018. University Library, The University of North Carolina at Chapel Hill. 27 November 2007 (http://docsouth.unc.edu/csr/)

United States. Continental Congress, *Journal of the Proceedings of the Congress, held at Philadelphia, September 5, 1774*, Philadelphia, 1774.

(二)出版物(布道词、小册子)

Allen, John. *An Oration, upon the Beauties of Liberty, or the Essential Rights of the Americans*, Wilmington, DE, 1775.

The Americans Roused, in a Cure for the Spleen, New York, 1775.

Bolingbroke, Henry St John, "A Letter on the Spirit of Patriotism", in *The Works of the Late Right Honorable Henry St. John, Lord Viscount* in 5 volumes, vol. 3, London, 1777.

Blair, Samuel. *An Oration Pronounced at Nassau-Hall, On Occasion of the Death of His Late Majesty King George II*, New Jersey, 1761.

Bland, Richard. *An Inquiry into the Rights of the British Colonies, Intended as an Answer to The Regulations lately Made Concerning the Colonies, and the Taxes imposed upon them considered*, Williamsburg, 1766.

Boucher, Jonathan. *A Letter From a Virginian, To the Members of the Congress*, New York, 1774.

Chandler, Thomas Bradbury. *A Friendly Address to all Reasonable Americans*, New York, 1774.

——.*What Think Ye of the Congress Now*, New York, 1775.

A Collection of Tracts from the late Newspapers, &c. Containing Particularly The American Whig, A Whip for the American Whig, with Some Other Pieces, on the Subject of the Residence of Protestant Bishops in the American Colonies, and in Answer to the Writers who Opposed it, &c., New York, 1768.

Considerations on the Impropriety of Exporting Rice to Great-Britain, addressed to the Provincial Congress of South-Carolina, to Meet on Janu-

ary 11th, 1775, Charles-Town, 1775.

Cooper, Samuel. *A Sermon Preached in the Audience of His Honour Spencer Philps, Esq.*, Boston, 1756.

Davies, Samuel. *Religion and Patriotism the Constituents of A Good Soldier—A Sermon Preached to Captain Overton's Independent Company of Volunteers, Raised in Hanover County, Virginia*, Philadelphia, 1755.

——.*The Curse of Cowardice, a Sermon Preached to the Militia of Hanover County, Virginia*, Boston, 1759.

——.*A Sermon Delivered at Nassau-Hall, On the Death of His Late Majesty King George II*, Boston, 1761.

A Declaration by the Representatives of the United Colonies of North-America, Now Met in General Congress at Philadelphia, Setting Forth the Causes and Necessity of Taking up Arms [*July 6, 1775*], Portsmouth, 1775.

Dulany, Daniel. *Considerations on the Propriety of Imposing Taxes in the British Colonies, for the Purpose of Raising a Revenue, by Act of Parliament*, Annapolis, 1765.

Dickinson, John and Charles Thomason. "To the Author of a Pamphlet entitled 'A Candid Examination'", *Pennsylvania Journal*, Mar 8, 1775.

Dickinson, John. *An Essay on the Constitutional Power of Great-Britain over the Colonies in America, with the Resolves of the Committee for the Province of Pennsylvania and Their Instructions to Their Representatives in Assembly*, Philadelphia, 1774.

Downer, Silas. *A Discourse, delivered in Providence, in the Colony of Rhode-Island, upon the 25th. day of July, 1768. At the Dedication of the Tree of Liberty, from the Summer House in the Tree. By a Son of Liberty*, Providence, 1768.

Galloway, Joseph. *A Candid Examination of the Mutual Claims of Great-Britain and the Colonies*, New York, 1775.

——.*A Reply to the Author of a Pamphlet, entitled "A Candid Examina-

tion…", New York, 1775.

The Group, a Farce, New York, 1775.

Hopkinson, Thomas. *An Exercise Containing a Dialogue and two Odes, Performed at the Public Commencement in the College of Philadelphia*, Philadelphia, 1766.

Hutchinson, Thomas. *The History of the Colony and Province of Massachusetts-Bay from the first Settlement thereof in 1628 until its Incorporation with the Colony of Plimouth, Province of Main, &c. By the Charter of King William and Queen Mary, in 1691*, London, 1765.

Johnson, Stephen. *Some Important Observations, Occasioned by, and Adapted to, the Publick Fast*, Newport, 1766.

Lee, Charles. *Stricture on a Pamphlet entitled a "Friendly Address to All Reasonable Americans, on the Subject of our Political Confusions"*, Philadelphia, 1774.

Leonard, Daniel. *Massachusettensis*, Boston, 1775.

Livingston, Philip. *The Other Side of the Question, or, A Defence of the Liberties of North-America, in Answer to a late Friendly Address to All Reasonable Americas, on the Subject of our Political Confusions*, New York, 1774.

Livingston, William. *A Funeral Elogium, on the Reverend Aaron Burr, Late President of the College of New-Jersey*, New York, 1757.

Lockwood, James. *The Worth and Excellence of Civil Freedom and Liberty Illustrated, and a Public Spirit and the Love of our Country Recommended*, New London, CT, 1759.

Mayhew, Jonathan. "Of The Great Things which GOD Hath Done for us", in *Two Discourses Delivered October 25th, 1759*, Boston, 1759.

The Patriots of North-America: A Sketch. With Explanatory Notes, New York, 1775.

Pollen, Thomas. *The Principle Marks of True Patriotism—A Sermon*

Preached in Trinity‑Church, at Newport in Rhode‑Island*, New Port, 1758.

Rowland, David S. *Divine Providence Illustrated and Improved, A Thanksgiving‑Discourse Preached (by desire) in the Presbyterian, or Congregational Church*, Providence, 1766.

Seabury, Samuel. *An Alarm to the Legislature of the Province of New‑York, Occasioned by the Present Political Disturbances, in North America*, New York, 1775.

Smith, William. *Some Thoughts on Education with Reasons for Erecting a College in this Province, and Fixing the Same at the City of New‑York*, New York, 1752.

The Speeches of His Excellency Governor Hutchinson, to the General Assembly of the Massachusetts‑Bay. At a Session Begun and Held on the sixth of January, 1773. With the Answers of His Majesty's Council and the House of Representatives respectively, Boston, 1773.

Stillman, Samuel. *Good News from a Far Country, A Sermon Preached at Boston, upon the Arrival of the Important News of the Repeal of the STAMP‑ACT*, Boston, 1766.

Strong, Nathan. *The Reason and Design of Public Punishment, A Sermon Delivered before the People who were Collected to the Execution of Moses Dunbar*, Hartford, 1777.

The Triumph of the Whigs: or, T' other Congress Convened, New York, 1775.

Walter, Nathaniel. *The Character of a True Patriot—A Sermon Preached at the Thursday‑Lecture in Boston*, Boston, 1745.

Welles, Noah. *Patriotism Described and Recommended, in A Sermon Preached Before the General Assembly of the Colony of Connecticut*, New London, CT, 1764.

Williams, Samuel. *A Discourse on the Love of Our Country, delivered on a day of Thanksgiving, December 15, 1775, Salem, 1775.

The Votes and Proceedings of the Freeholders and other Inhabitants of the Town of Boston, In Town Meeting assembled, According to Law, Boston, 1772.

(三)殖民地传单

Advertisement... Jul 6, 1774, New York, 1774. (Evans, 13093)

Advertisement. The Enemie of the Liberties of America..., New York, 1774. (Evans, 13095)

A Committee of Twenty-Five, New York, 1774. (Evans, 13474)

Debates at the Robin-Hood Society, on Monday Night, 19th of July, 1774, New York, 1774. (Evans, 42691)

A Dose for the Tories, Ireland Printed; American Reprinted, 1775. (Evans, 42806)

By the Governor. A Proclamation [Provincial Congress. Dated Nov. 10, 1774], Boston, 1774. (Evans, 13414)

By the Great and General Court of the Colony of Massachusetts-Bay. A Proclamation, Watertown, 1776. (Evans, 14839)

At a Meeting of the True Sons of Liberty, in the City of New-York, July 27, 1774, New York, 1774. (Evans, 13126)

In Committee of Inspection and Observation, February 5th, 1775, New York, 1775. (Evans, 14316)

On Tuesday the 19th day of July, 1774, New York, 1774. (Evans, 13480)

An Ordinance of the State of Pennsylvania, Declaring what shall be treason, Philadelphia, 1776. (Evans, 14991)

The Plot Discovered, Communicated by a Letter... March 15, 1775, New York, 1775. (Evans, 14408)

A Proclamation [Martial Law. June 12, 1775], Boston, 1775. (Evans, 14184)

A Proposed Ordinance... Declaring what shall be Treason, Philadelphia,

1776. (Evans, 14992)

Remarks upon the Resolves of the New Committee… July 22, 1774, New York, 1774. (Evans, 13244)

To the Inhabitants of the City and County of New-York, New York, 1774. (Evans, 42652)

To the Free and Loyal Inhabitants of the City and Colony of New-York, New York, 1774. (Evans, 13180)

To the Freeborn Citizens of New-York, Gentleman… July 11, 1774, New York: 1774. (Evans, 13655)

To the Freeholders, Freemen, and Inhabitants of the city and county of New-York, New York, 1775. (Evans, 14497)

To the Freeholders and Freemen of the City and County of New-York. Fellow-Citizens, As it is… New York, 1775. (Evans, 14493)

To the Freemen and Freeholders of the City and County of New-York, New York, 1775. (Evans, 14500)

To the Freeholders… Jul 9, 1774, New York, 1774. (Evans, 13389)

To the Freeholders and Freemen of the City of New-York. Fellow Citizens, Several Members… March 4, 1775, New York, 1775. (Evans, 13809)

To the Inhabitants of the City and County of New-York, July 12, 1774, New York, 1774. (Evans, 13097)

To the Inhabitants of the City and County of New-York. The Wisest Men… March 4, 1775, New York, 1775. (Evans, 14162)

To the Respectable Publick. Certain Resolves… July 20, 1774, New York, 1774. (Evans, 13681)

To the Respectable Public. Have a Good End in View… July 25, 1774, New York, 1774. (Evans, 13679)

To the Very Learned, Loquacious… Chairman…March 4, 1775, New York, 1775. (Evans, 14518)

To the Worthy Inhabitants of the City of New York, New York, 1773, (Evans, 12956)

Williamsburg, May 31, 1774, (Williamsburg, 1774), Evans, 42753.

(四) 殖民地报纸、期刊

Boston Post-Boy

Boston News-Letter

Boston Evening-Post

Connecticut Journal

Essex Journal

Essex Gazette

London Magazine: or, Gentleman's Monthly Intelligencer.

Maryland Gazette (Maryland State Archives: http://msa.maryland.gov/)

New-Hampshire Gazette

New-Jersey Gazette

Newport Mercury

New York Gazette

New-York Journal

Norwich Packet

Massachusetts Gazette

Massachusetts House Journal

Massachusetts Spy

Pennsylvania Gazette

Pennsylvania Packet

Pinkney's Virginia Gazette

Providence Gazette

Public Advertiser

Purdie and Dixon's Virginia Gazette

Rind's Virginia Gazette

Rivington's New-York Gazetteer

(五)历史词典

Bailey, Nathan. *An Universal Etymological English Dictionary: Comprehending the Derivation of the Generality of Words in the English Tongue, either Ancient or Modern, from the Antient British, Saxon, Danish, Norman and Modern French, Teutonic, Dutch, Spanish, Italian, Latin, Greek, and Hebrew Languages, each in their Proper Characters.* London, 1721. Eighteenth Century Colletions Online, ESTC No: T087493.

Johnson, Samuel. *A Dictionary of English Language: in which the Words are Deduced from their Originals and Illustrated in their Different Significations by Examples from the Best Writer, to which are Prefixed, a History of the Language, and an English Grammar.* London, 1755–1756. v. 2, ESTC No: T014931.

——. *A Dictionary of the English Language.* Dublin, 1775. v. 2, ESTC No: T117233.

——. *A Dictionary of the English Language.* London, 1799. v. 2, ESTC No: T116650.

(六)资料集

Force, Peter. ed. *American Archives: Consisting of a Collection of Authentick Records, State Papers, Debates, and Letters and Other Notices of Publick Affairs, the Whole Forming a Documentary History of the Origin and Progress of the North American Colonies*, 4th ser., 6 vols, Washington: M. St. Clair Clarke and Peter Force, 1837–1846.

——. ed. *American Archives: Consisting of a Collection of Authentick Records, State Papers, Debates, and Letters and Other Notices of Publick Affairs, the Whole Forming a Documentary History of the Origin and Progress of the North American Colonies*, 5th ser., 3 vols, Washington: M. St. Clair Clarke and Peter Force, 1848–1853.

Hamilton, Alexander. *The Revolutionary Writings of Alexander Hamilton,* ed. Richard B. Vernier, Indianpolis; IN: Liberty Fund, 2008.

McIlwaine, H. R. ed. *Justices of Peace of Colonial Virginia, 1757-1775*, as *Bulletin of the Virginia State Library, vol. XIV., Apr, Jul, 1921, Nos. 2, 3*, Richmond: Davis Bottom, Superintendent Public Printing, 1922.

Schribner, Robert L. ed. *Revolutionary Virginia-The Road to Independence, v.1, Forming Thunderclouds and the First Convention, 1763-1774, A Documentary Record*, Charlottesville, VA: University Press of Virginia, 1973.

——. *Revolutionary Virginia—The Road to Independence, v.2, the Committees and the Second Convention, 1773-1775, A Documentary Record*, Charlottesville, VA: University Press of Virginia, 1975.

Stevens, Jr., John Austin. ed. *Colonial Records of the New York Chamber of Commerce, 1768-1784*, New York: J. F. Trow & Co, 1867.

Taylor, Robert J., Mary-Jo Kline and Gregg L Lint ed. *Papers of John Adams*, vol. 2, Cambridge: The Belknap Press of Harvard University Press, 1977. (http://www.masshist.org/apde2/)

——. ed. *Papers of John Adams*, vol. 3. Cambridge: The Belknap Press of Harvard University Press, 1979. (http://www.masshist.org/apde2/)

Vernier, Richard B. ed. *The Revolutionary Writings of Alexander Hamilton*, Indianpolis, IN: Liberty Fund, 2008.

二、研究论著、论文

（一）中文译著、论著、论文

汉娜·阿伦特：《论革命》，陈周旺译，南京：译林出版社，2007年。

本尼迪克特·安德森：《想象的共同体——民族主义的起源与散布》，吴叡人译，上海：上海人民出版社，2005年。

让·博丹：《主权论》，朱利安·H.富兰克林编，李卫海、钱俊文译，北京：北京大学出版社，2008年。

威廉·布莱克斯通：《英国法释义》第一卷，游云庭、缪苗译，上海：上海人民出版社，2006年。

马克·戈尔迪、罗伯特·沃克勒主编：《剑桥十八世纪政治思想史》，刘北成、马万利、刘耀辉、唐科译，北京：商务印书馆，2017年。

乔·古尔迪、大卫·阿米蒂奇：《历史学宣言》，孙岳译，上海：上海人民出版社，2017年。

李剑鸣：《"克罗齐命题"的当代回响——中美两国美国史研究的趋向》，北京：北京大学出版社，2016年。

李剑鸣：《"共和"与"民主"的趋同——美国革命时期对"共和政体"的重新界定》，《史学集刊》2009年第5期，第3—26页。

李剑鸣：《美国的奠基时代（1585-1775）》（修订版），北京：中国人民大学出版社，2011年。

安东尼·史密斯：《民族主义——理论、意识形态、历史》（第二版），叶江译，上海：上海人民出版社，2011年。

（二）英文专著、论文

Adams, Thomas R. *American Independence, The Growth of An Idea, A Bibliographical Study of the American Political Pamphlets Printed Between 1764 and 1776 Dealing with the Dispute Between Great Britain and Her Colonies*, Providence, RI: Brown University Press, 1965.

Ammerman, David. *In the Common Cause, American Response to the Coercive Act of 1774*, New York: W. W. Norton & Company, 1974.

Appleby, Joyce. "The Social Origins of American Revolutionary Ideology", *The Journal of American History*, vol. 64, no. 4 (Mar., 1978), pp. 935-958.

——. "Liberalism and Republicanism in the Historical Imagination", in *Liberalism and Republicanism in the Historical Imagination*, Cambridge: Harvard University Press, 1992.

Armitage, David. *The Ideological Origins of the British Empire*, Cambridge: Cambridge University Press, 2000.

——. "A Patriot for Whom? The Afterlives of Bolingbroke's Patriot King", *Journal of British Studies*, vol. 36, no. 4 (Oct., 1997), pp. 397–418.

——. *Civil Wars, A History in Ideas*, New York: Alfred A. Knopf, 2017.

Arnold, Samuel Greene. *History of the State of Rhode Island and Providence Plantations, from the Settlement of the State, 1636, to the Adoption of the Federal Constitution, 1790*, 2 volumes, New York: D. Appleton & Company, 1859–1860.

Bailyn, Bernard. *The Ordeal of Thomas Hutchinson*, Cambridge: The Belknap Press of Harvard University Press, 1974.

——. *The Ideologial Origins of the American Revolution*, enlarged edition, Cambridge: The Belknap Press of Harvard University Press, 1992.

Baker, Keith Michael and Dan Edelstein. eds., *Scripting Revolution, A Historical Approach to the Comparative Study of Revolutions*, Stanford: Stanford University Press, 2015.

Becker, Carl Lotus. *The Declaration of Independence, A Study in the History of Political Ideas*, New York: Harcourt, Brace And Company, 1922.

Beeman, Richard. Stephan Botein and Edward C. Carter II eds., *Beyond Confederation: Origins of the Constitution and American National Identity*, Chapel Hill: the University of North Carolina Press, 1987.

Blackstone, William. *Commentaries on the Laws of England, A Facsimile of the First Edition of 1765–1769*, vol. 1, 1765, with an Introduction by Stanley N. Katz, Chicago: the University of Chicago Press, 1979.

Bodnar, John. *Bonds of Affection, American Define Their Patriotism*, Princeton: Princeton University Press, 1996.

Botein, Stephen. "Printers and the American Revolution", Bernard Bailyn, John B. Hench, eds., *The Press and the American Revolution*, Boston: Northeastern University Press, 1981.

Boyer, Paul S. "Borrowed Rhetoric: The Massachusetts Excise Controversy of 1754", *The William and Mary Quarterly*, vol. 21, no. 3 (Jul. 1964), pp. 328−351.

Boyd, Julian P. *The Papers of Thomas Jefferson*, vol. 1, 1760-1776, Princeton: Princeton University Press, 1950

Breen, T. H. "Ideology and Nationalism on the Eve of the American Revolution: Revisions Once More in Need of Revising", *The Journal of American History*, vol. 84, no. 1 (Jun. 1997), pp. 13−39.

——. *American Insurgents, American Patriots*, New York: Hill and Wang, 2010.

Bumsted, John M. and Charles E. Clark, "New England's Tom Paine: John Allen and the Spirit of Liberty", *The William and Mary Quarterly* vol. 21, no. 4 (Oct. 1964): pp. 561-570.

Burlamaqui, Jean−Jacques. *The Principles of Natural and Politc Law*, translated by Thomas Nugent, edited and with an Introduction by Petter Korkman, Indianapolis, IN: Liberty Fund, 2006.

Chapin, Bradley. *The American Law of Treason, Revolutionary and Early National Origins*, Seattle: University of Washington Press, 1964.

Clark, J. C. D. *The Language of Liberty, 1660−1832, Political Discourse and Social Dynamics in the Anglo−American World*, New York: Cambridge University Press, 1994.

Colley, Linda. "Radical Patriotism in Eighteenth−Century England", in Raphael Samuel ed., *Patriotism: The Making and Unmaking of British National Identity*, v. 1, New York: Routledge, 1989.

Countryman, Edward. *A People in Revolution, The American Revolution and Political Society in New York, 1760−1790*, Baltimore: The John Hopkins University Press, 1981.

Cunningham, Hugh. "The Language of Patriotism, 1750−1914", *History Workshop*, no. 12 (Autumn, 1981), pp. 8−33.

Cushing, Harry A. ed., *The Writings of Samuel Adams*, vol. 3, New York:

G. P. Putnam's Sons, 1907.

David, James Corbett. *Dunmore's New World: The Extraordinary Life of a Royal Governor in Revolutionary America—with Jacobites, Counterfeiters, Land Schemes, Shipwrecks, Scalping, Indian Politics, Runaway Slaves, and Two Illegal Royal Weddings*, Charlottesville: University of Virginia Press, 2013.

Doyle, Don H. and Eric Van Young, "Independence and Nationalism in the Americas", John Breuilly ed. *The Oxford Handbook of the History of Nationalism*, Oxford: Oxford University Press, 2013, pp. 97-126.

Duane, William. ed. *Extracts from the Diary of Christopher Marshall: kept in Philadelphia and Lancaster, during the American Revolution, 1774-1781*, Albany: Joel Munsell, 1877.

Egnal, Marc. *A Mighty Empire, The Origins of the American Revolution*, Ithaca: Cornell University Press, 1988.

Ferguson, Isabel. "County Court in Virginia, 1700-1830", *The North Carolina Historical Review*, vol. 8, no. 1 (Jan, 1931), pp. 14-40.

Fordyce, David. *The Elements of Moral Philosophy, in Three Books with a Brief Account of the Nature, Progress, and Origin of Philosophy*, edited by Thomas Kennedy, Indianapolis: Liberty Fund, 2003.

Freeden, Michael. *Ideologies and Political Theory: A Conceptual Approach*, Oxford: Oxford University Press, 1996.

——. "Ideology and Conceptual History: The Interrelationship between Method and Meaning", Javier Fernández Sebastián ed., *Political Concepts and Time: New Approaches to Conceptual History*, Santander: Cantabria University Press and McGraw-Hill, 2011, pp. 73-101.

Gerrard, Christine. *The Patriot Opposition to Walpole-Politics, Poetry, and National Myth, 1725-1742*, New York: Oxford University Press, 1994.

Gould, Christopher. "The South Carolina and Continental Associations: Prelude to Revolution", *The South Carolina Historical Magazine*, vol. 87, no. 1 (Jan., 1986), pp. 30-48.

Greene, Jack P. "State Formation, Resistance, and the Creation of Revolutionary Traditions in the Early Modern Era", Michael A. Morrison and Melinda Zook ed., *Revolutaionry Currents: Nation Building in the Transatlantic World*, Lanham, MD: Rowman & Littlefield Publishers, Inc. 2004, pp. 1-34.

Hartz, Louis. *The Liberal Tradition in America*, New York: Harcourt, Brace, and World, Inc, 1955.

Higginbotham, Don. *The War of American Independence, Military Attitudes, Policies, and Practice, 1763-1789*, Boston: Northeastern University Press, 1983, A Classics Edition, pp. 113-115.

Holton, Woody. "The Ohio Indians and the Coming of the American Revolution in Virginia", *The Journal of Southern History*, vol. 60, no. 3 (Aug. 1994), pp. 453-478.

Hooker, Richard J. "The American Revolution seen through a Wine Glass", *The William and Mary Quarterly*, vol. 11, no. 1 (Jan. 1954), pp. 52-77.

Hufeland, Otto. *Westchester County During the American Revolution, 1775-1783*, White Plains, NY: Westchester County Historical Society, 1926.

Irvin, Benjamin H. *Clothed in Robes of Sovereignty-The Continental Congress and the People Out of Doors*, New York: Oxford University Press, 2011.

Jasanoff, Maya. *Liberty's Exiles—American Loyalists in the Revolutionary World*, New York: Vintage Books, 2011.

Jefferson, Thomas. "A Summary View of the Rights of British America", in Wayne Franklin ed., *The Selected Writings of Thomas Jefferson*, New York: W. W. Norton & Company, 2010.

Kantorowicz, Ernst H. *The King's Two Bodies—A Study in Mediaeval Po-*

litical Theology. Princeton: Princeton University Press, 1957.

Kim, Sung Bok. "The Limits of Politicization in the American Revolution: The Experience of Westchester County, New York", *The Journal of American History*, vol. 80, no. 3 (Dec. 1993), pp. 868-889.

Kiracofe, David James. "Dr. Benjamin Church and the Dilemma of Treason in Revolutionary Massachusetts", *The New England Quarterly*, vol. 70, no. 3 (Sep. 1997), pp. 443-462.

Knowles, Ronald. "The 'All-Attoning Name': The Word 'Patriot' in Seventeenth-Century England", *The Modern Language Review*, vol. 96, no. 3 (Jul. 2001), pp. 624-643.

Kohn, Hans. *American Nationalism, An Interpretative Essay*. New York: The Macmillan Company, 1957.

Koselleck, Reinhart. *Futruc's Past, On the Semantics of Historical Time*, translated by Keith Tribe. New York: Columbia University Press, 2004.

Leary, Lewis. "Literature in New York, 1775", *Early American Literature*, vol. 11, no. 1 (Spr. 1976), pp. 4-21.

Liebich, Andre. "Searching for the Perfect Nation: the Itinerary of Hans Kohn (1891-1971)", *Nations and Nationalism*, vol. 12, Issue. 4, 2006, pp. 579-596.

Littleton, William David. "'A Patriot King, or None': Lord Bolingbroke and the American Renunciation of George III", *The Journal of American History*, vol. 65, no. 4 (Mar. 1979), pp. 951-970.

Maier, Pauline. *From Resistance to Revolution: Colonial Radicals and the Development of American Opposition to Britain, 1765-1776*. New York: Vintage Books, 1974, p. 266.

——. *American Scripture, Making the Declaration of Independence*, New York: Vintage Books, 1998.

Marston, Jerrilyn Greene. *King and Congress: The Transfer of Political Legitimacy, 1774-1776*, Princeton, N. J: Princeton University Press,

1987.

Martin, Thomas S. "Nemo Potest Exuere Patriam: Indelibility of Allegiance and the American Revolution", *The American Journal of Legal History*, vol. 35, no. 2 (Apr. 1991), pp. 205-218.

Maxey, David W. *Treason on Trial in Revolutionary Pennsylvania: The Case of John Roberts, Miller*, Philadelphia: American Philosophical Society, 2011.

Messer, Peter C. "'A Species of Treason & Not the Least Dangerous Kind': The Treason Trials of Abraham Carlisle and John Roberts", *The Pennsylvania Magazine of History and Biography*, vol. 123, no. 4 (Oct. 1999), pp. 303-332.

McDonnell, Michael. "National Identity and the American War for Independence Reconsidered", *Australasion Journal of American Studies*, vol. 20, no. 1 (July 2001), pp. 3-17.

——. *The Politics of War: Race, Class, and Conflict in Revolutionary Virginia*, Chapel Hill, NC: The University of North Carolina Press, 2007.

Morgan, Edmund S. & Helen M. Morgan. *The Stamp Act Crisis, Prologue to Revolution* new revised edition, New York: Collier Macmillan Publisher, 1962.

Murrin, John M. "A Roof without Walls: The Dilemma of American National Identity", *Beyond Confederation: Origins of the Constitution and American National Identity*, pp. 333-348

Nelson, Eric. *The Royalist Revolution, Monarchy and the American Founding*, Cambridge: The Belknap Press of Harvard University Press, 2014.

Nelson, William H. *The American Tory*, London: Oxford University Press, 1961.

Norton, Mary Beth. "The Loyalist Critique of the Revolution", *The Development of a Revolutionary Mentality*, papers presented at the first symposium, May 5 and 6, 1972, Washington: Library of Congress, 1972, pp.

127-148.

O'Leary, Cecilia Elizabeth. *To Die For: The Paradox of American Patriotism*, Princeton: Princeton University Press, 1999.

Peck, Epaphroditus. *The Loyalists of Connecticut*, New Haven: Yale University Press, 1934.

Pocock, J. G. A. "Machiavelli, Harrington and English Political Ideologies in the Eighteenth Century", *The William and Mary Quarterly*, Third Series, vol. 22, no. 4 (Oct. 1965), pp. 549-537.

——."The Varieties of Whiggism from Exclusion to Reform: A History of Ideology and Discourse", *Virtue, Commerce, and History: Essays on Political Thought and History, Chiefly in the Eighteenth Century*, New York: Cambridge University Press, 1985.

Potter, David M. "The Historian's Use of Nationalism and Vice Versa", *The American Historical Review*, vol. 67, no. 4 (Jul. 1962), pp. 924-950.

Potter, Janice. *The Liberty We Seek, Loyalist Ideology in Colonial New York and Massachusetts*, Cambridge: Harvard University Press, 1983.

Purcell, Sarah J. *Sealed with Blood: War, Sacrifice, and Memory in Revolutionary America*, Philadelphia: University of Pennsylvania Press, 2002, p. 19.

Randall, Dale. "Dodsley's Preceptor—A Window into the eighteenth century", *Journal of the Rutgers University Library*, 22 (Dec. 1958), pp. 10-22.

Raphael, Ray. "The Democratic Moment: The Revolution and Popular Politics", *The Oxford Handbook of The American Revolution*, pp. 121-138.

Reid, Joseph Philip. *Constitutional History of the American Revolution: The Authority of Law*, Madison, WI: The University of Wisconsin Press, 1993.

Reid, Joseph Philip. *Constitutional History of the American Revolution: The Authority to Legislate*, Madison, WI: The University of Wisconsin Press, 1991.

Ryerson, Richard Alan. *The Revolution is Now Begun, The Radical Committees of Philadelphia, 1765-1776, Philadelphia: University of Pennsylvania Press, 1978.

Sabine, Lorenzo. *Biographical Sketches of Loyalists of the American Revolution with an Historical Essay*, 2 volumes, Boston: Little, Brown and Company, 1864.

Sarkela, Sandra J. "Freedom's Call: The Persuasive Power of Mercy Otis Warren's Dramatic Sketches, 1772–1775", *Early American Literature*, vol. 44, no. 3 (2009), pp. 541-568.

Savelle, Max. "Review of American Nationalism: An Interpretative Essay by Hans Kohn", *The American Historical Review*, vol. 63, no. 3 (Apr. 1958), pp, 692-693.

Seabury, Samuel. *Letters of a Westchester Farmer (1774-1775)*, edited with an introductory essay by Clarence Hayden Vance. White Plains, N.Y.: Pub. for Westchester County by the Westchester county historical society, 1930.

Shaffer, Jason. *Performing Patriotism, National Identity in the Colonial and Revolutionary American Theater*, Philadelphia: University of Pennsylvania Press, 2007.

Shalhope, Robert E. "Toward a Republican Synthesis: The Emergence of an Understanding of Republicanism in American Historiography", *The William and Mary Quarterly*, vol. 29, no. 1 (Jan. 1972), pp. 49-80.

——."Republicanism and Early American Historiography", *The William and Mary Quarterly*, vol. 39, no. 2 (Apr. 1982), pp. 334-356.

Shaw, Peter. *American Patriots and the Rituals of Revolution*, Cambridge: Harvard University Press, 1981.

Skinner, Quentin. "The Principles and Practice of Opposition: The Case of Bolingbroke versus Walpole", in Neil McKendrick, ed., *Historical Perspective: Studies in English Thought and Society in Honour of J. H. Plumb*, London: Europa Publications, 1974, pp. 93-128.

——."Augustan Party and Renaissance Constitutional Thought", in Quentin Skinner, *Vision of Politics, v. 2: Renaissance Virtues*, Cambridge: Cambridge University Press, 2002.

Smith, Charles Page. *James Wilson, Founding Father, 1742–1798*, Chapel Hill, NC: The University of North Carolina Press, 1956.

Strang, Cameron B. "The Mason–Dixon and Proclamation Lines: Land Surveying and Native Americans in Pennsylvania's Borderlands", *The Pennsylvania Magazine of History and Biography*, vol. 136, no. 1 (Jan 2012), pp. 5–23.

Taylor, H. Braughn. "The Foreign Attachment Law and the Coming of the Revolution in North Carolina", *The North Carolina Historical Review*, vol. 52, no. 1 (Jan, 1975), pp. 20–36.

Teunissen, John J. "Blockheadism and the Propaganda Plays of the American Revolution", *Early American Literature*, vol. 7, no. 2 (Fall, 1972), pp. 148–154.

Tiedemann, Joseph S. *Reluctant Revolutionaries: New York City and the road to indepedence, 1763–1776*, Ithaca: Cornell University Press, 1997.

Trautsch, Jasper M. "The Origins and Nature of American Nationalism", *National Identities*, vol. 18, Issue. 3, 2016, p. 291. (https://doi.org/10.1080/14608944.2015.1027761).

Travers, Len. *Celebrating the Fourth: Independence Day and the Rites of Nationalism in the Early Republic*, Amherst, MA: University of Massachusetts Press, 1999.

Vecchio, Giorgio Del. "Burlamaqui and Rousseau", *Journal of the History of Ideas*, vol. 23, no. 3 (Jul.–Sep. 1962), p. 421.

Waldstreicher, David. *In the Midst of Perpetual Fetes, The Making of American Nationalism, 1776–1820*, Chapel Hill: The University of North Carolina Press, 1997.

Warner, Michael. *The Letters of the Republic, Publication and the Public*

Sphere in Eighteenth-Century America, Cambridge: Harvard University Press, 1990.

Warner, William B. "The Invention of a Public Machine for Revolutionary Sentiment: The Boston Committee of Correspondence", *The Eighteenth Century*, vol. 50, no. 2/3 (Summer/Fall 2009), pp. 145–164

Weir, Robert M. "'The Harmony We Were Famous For': An Interpretation of Pre-Revolutionary South Carolina Politics", *The William and Mary Quarterly*, vol. 26, no. 4 (Oct. 1969), pp. 473–501.

Wills, Garry. *Inventing America, Jefferson's Declaration of Independence*, Garden City, NY: Doubleday & Company, Inc. 1978.

Wilson, James. "Considerations on the Nature and Extent of the Legislative Authority of the British Parliament", in Kermit L. Hall, Mark David Hall eds., *Collected Works of James Wilson*, 2 vols, Indianapolis, IN: Liberty Fund, 2007, v.1, pp. 14–15.

Wilson, Judith A. "My Country Is My Colony: A Study In Anglo-American Patriotism, 1739–1760", *The Historian*, vol. 30, Iss. 3, (May 1, 1968), pp. 333–349.

Withington, Ann Fairfax. *Toward a More Perfect Union, Virtue and the Formation of American Republics*, New York: Oxford University Press, 1991.

Wood, Gordon. *The Creation of the American Republic, 1776–1787*, Chapel Hill, NC: The University of Carolina Press, 1969.

Yirush, Craig. *Settlers, Liberty and Empire: The Roots of Early American Political Theory, 1675–1775*, New York: Cambridge University Press, 2011.

Young, Henry J. "Treason and Its Punishment in Revolutionary Pennsylvania", *The Pennsylvania Magazine of History and Biography*, vol. 90, no. 3 (Jul. 1966), pp. 287–311.

(三) 英文未刊博士论文

Hewlett, Leroy. "James Rivington, Loyalist Printer, Publisher, and Bookseller of the American Revolution, 1724–1802; A Biographical Study", Ph.D. diss., University of Michigan, 1958.

Reed, Robert Patrick. "Loyalists, Patriots, and Trimmers: The Committee System in the American Revolution, 1774–1776", Ph.D. diss., Cornell University, 1988.

后 记

本书的雏形源自我在北大历史系求学期间完成的博士学位论文。在博士求学阶段,我获得了众多温暖的关怀。首先要感谢的是我的导师李剑鸣教授。正是在阅读李老师所布置的课程书目时,我找到了现在的研究论题。选题之初,李老师就推荐了概念史研究的相关书籍给我,让我"仔细揣摩"。概念史的研究方法也成为我后来深化论文构思的重要理论基础。在我对于研究的问题意识以及问题域陷入苦思之际,也是李老师及时提点我要将讨论置于美国革命思想起源的问题域之中,尤其是要从捍卫自由与效忠君主之间的张力来重新思考讨论爱国观念转变的意义。李老师的点拨令我的思路豁然开朗。回想求学的八年时光,李老师宽严相济的指导风格,尤其是对于学术作品的严格把关,一直都是激励我不断努力的直接动力。

我还要感谢我在宾夕法尼亚大学交流期间的指导老师 Michael Zuckerman 教授。我在 2013 年申请到了国家留学基金委的资助,赴美学习交流一年,Zuckerman 教授是我得以赴美的担保人。我在费城期间,Zuckerman 教授总是保证半月一次的见面。尽管 Zuckerman 教授没有任何指导我的义务,但他总是热情而主动地询问我的研究近况,为我提供帮助与指导。Zuckerman 教授本人的研究是社会史。虽然我的选题与最后的成文是政治话语和意识形态的研究,但 Zuckerman 教授所坚持的历史学家的担当,尤其是他强调历史学家的书写要"创造一个有用的过去"(make a usable past),对我触动颇深。现在回想,本书最终的构思与取材其实潜移默化地受到了 Zuckerman 教授在这方面主张的影响。在此向 Mike 表达我深切的感谢。

我在联系申请出国访学的过程中,还有幸曾与 Pauline Maier

(1938—2013)教授有过若干封邮件的来往。Maier教授曾阅读过我最初的思路,是她向我指出,爱国与效忠之间的概念对立不能轻易地建构在以"爱国者"与"效忠派"两个术语所描述的敌对双方的关系上,因为当时的"效忠派"更多地是用"托利派"来指代。这为本书第四章提供了思路指引。可惜我到美国之后不久就收到了Maier教授仙逝的消息,从未有机会向她当面致谢。虽然不确定是否合适,但我依然想在这里对Maier教授表示感谢。

我还想要感谢北大美国史与世界史的研究团队。我总是觉得自己非常幸运,能够在北大美国史的学术共同体中一待八年。在北大求学期间,王希老师、王立新老师、牛可老师和董经胜老师或通过专业课程,或通过日常的学术活动向我展示了美国史研究的深度与广度。各位老师还全程参与了我博士论文从开题到预答辩的过程。老师们犀利的问题与深刻的质疑都成为我构思和修改博士论文的珍贵养分。还要感谢北大历史系的蔡萌、曹鸿、王禹、杜华、杨钊、滕延海、张慕智、薛冰清、焦姣,他们都曾在历史系的工作坊中阅读过本书中的部分章节,为我提供了精妙的指点。此外,我的同学石芳、陈肖寒也曾为我提出不少文字修改意见,在此一并致谢。

小书的几个章节曾在期刊上发表。第一章发表在《史学月刊》(2015年第9期),第二章发表在《历史教学》(2018年第3期)。在此向这些期刊与论文的审稿人深表谢意。书稿修改完成之际,我已进入国际关系学院工作六年。进入工作岗位以来,我获得了行政、教学与科研方面的全新锻炼,获益匪浅,感谢单位的全方位培养,也感谢单位提供了本书的出版资助。感谢北京大学出版社编辑李学宜老师对书稿的专业编校,本书得以顺利出版,离不开她的全力助推。

最后要感谢我的家人。我的父母向我倾注了纯粹又无穷的爱。感谢你们,一路毫无保留地支持着我任性的决定,一路鼓励着我,一路包容着我,一路为我提供最安稳的后方。感谢我的丈夫阿源。你我都深知学术道路之艰辛,所幸彼此陪伴、信任、鼓励、见证,学海漫漫,方不至于孤悬浮寄。你对学术的坚持、专注与纯粹,常能感染到我。几番彷徨犹疑之际，都是因为看到你在高深莫测的证明中乐此不疲，在量化考核的强压中坚守教学，在经受不公的风波中宽宏大度，我才能平复些许的心绪波动，重新回到书桌前，继续专属于自己的苦思冥想。感谢你让我的人生更加丰富。

2024 年 5 月 20 日

记于北京昌平朱辛庄